ESSENCIAIS SÃO
OS LIVROS NÃO ESCRITOS

György Lukács (1885-1971).

GYÖRGY LUKÁCS
ESSENCIAIS SÃO OS LIVROS NÃO ESCRITOS
últimas entrevistas (1966-1971)

Organização, tradução, notas e apresentação
Ronaldo Vielmi Fortes

Revisão técnica e apresentação
Alexandre Aranha Arbia

© Boitempo, 2020

Direção-geral Ivana Jinkings
Coordenação da Biblioteca Lukács José Paulo Netto e Ronaldo Vielmi Fortes
Edição Isabella Marcatti
Coordenação de produção Livia Campos
Assistência editorial Pedro Davoglio e Thais Rimkus
Tradução e notas Ronaldo Vielmi Fortes
Revisão técnica Alexandre Aranha Arbia
Preparação e índice onomástico Mariana Echalar
Revisão Clara Baldrati
Capa David Amiel
sobre foto, na contracapa, de György Lukács
(de autoria não identificada)
Diagramação Antonio Kehl

Equipe de apoio: Artur Renzo, Carolina Mercês, Débora Rodrigues, Dharla Soares,
Elaine Ramos, Frederico Indiani, Heleni Andrade, Higor Alves, Ivam Oliveira,
Kim Doria, Luciana Capelli, Marina Valeriano, Marissol Robles, Marlene Baptista,
Maurício Barbosa, Raí Alves, Talita Lima, Tulio Candiotto

CIP-BRASIL. CATALOGAÇÃO NA PUBLICAÇÃO
SINDICATO NACIONAL DOS EDITORES DE LIVROS, RJ

L98e

Lukács, György, 1885-1971
Essenciais são os livros não escritos : últimas entrevistas (1966-1971)
/ György Lukács ; Organização, tradução, notas e apresentação Ronaldo
Vielmi Fortes ; revisão técnica e apresentação Alexandre Aranha Arbia. -
1. ed. - São Paulo : Boitempo, 2020.
304 p. (Biblioteca Lukács)

Inclui índice
"Compilação de entrevistas dadas por György Lukács nos últimos cinco
anos de sua vida"
ISBN 978-85-7559-762-0

1. Lukács, György, 1885-1971 - Entrevistas. 2. Filósofos - Hungria -
Entrevistas. I. Fortes, Ronaldo Vielmi. II. Título. III. Série.

20-63519

CDD: 921
CDU: 929:1

Meri Gleice Rodrigues de Souza - Bibliotecária CRB-7/6439

É vedada a reprodução de qualquer parte deste livro sem a expressa autorização da editora.

1ª edição: agosto de 2020

BOITEMPO
Jinkings Editores Associados Ltda.
Rua Pereira Leite, 373
05442-000 São Paulo SP
Tel.: (11) 3875-7250 | 3875-7285
editor@boitempoeditorial.com.br | www.boitempoeditorial.com.br
www.blogdaboitempo.com.br | www.facebook.com/boitempo
www.twitter.com/editoraboitempo | www.youtube.com/tvboitempo

A Biblioteca Lukács

Desde 2010, a Boitempo desenvolve sistematicamente o projeto de publicação das obras de György Lukács (1885-1971). O diferencial dessas edições, em face das anteriores de textos lukácsianos em português, não se reduz ao esmero da apresentação gráfica nem ao cuidado na escolha de especialistas para a redação dos subsídios (prefácio, posfácio, texto para as orelhas e para a quarta capa dos volumes) oferecidos ao público. O diferencial consiste na tradução – com revisões técnicas – que se vale dos originais alemães, devidamente autorizada pelos detentores dos direitos autorais.

A Boitempo não se propõe a entregar ao leitor de língua portuguesa as obras completas de Lukács, como também não ambiciona elaborar – no sentido estrito – edições críticas. O projeto em curso ousa oferecer o essencial do pensamento lukácsiano em traduções confiáveis e dignas de crédito, posto que se conhecem a complexidade e a dificuldade da tarefa de verter textos tão densos, substanciais e polêmicos.

Aos livros anteriormente publicados (*Prolegômenos para uma ontologia do ser social*, 2010; *O romance histórico*, 2011; *Lênin* e *Para uma ontologia do ser social I*, 2012; e *Para uma ontologia do ser social II*, 2013), juntaram-se *Reboquismo e dialética* (2015), que inaugurou uma nova fase do projeto, batizado como Biblioteca Lukács, *Marx e Engels como historiadores da literatura* (2016) e *O jovem Hegel* (2018). Este *Essenciais são os livros não escritos*, que reúne entrevistas concedidas por Lukács de 1966 a 1971, é o quarto volume dessa nova fase.

Verifica-se como, ao longo de quase uma década, com o trabalho de tradutores de competência comprovada, de revisores técnicos de alto nível e com subsídios de intelectuais destacados, vem avançando a missão de divulgação para o leitor brasileiro do pensamento daquele que foi o maior filósofo marxista do século XX. E a Boitempo, empenhada em alcançar seu objetivo, tem orgulho de contar, na equipe responsável pela Biblioteca Lukács, com a colaboração permanente dos professores José Paulo Netto e Ronaldo Vielmi Fortes, coordenadores da coleção.

Sumário

Apresentação, *Ronaldo Vielmi Fortes e Alexandre Aranha Arbia* 9

1. A reforma econômica da Hungria e os problemas da democracia socialista 21

2. Lukács: retorno ao concreto 29

3. Novos modelos humanos 35

4. Todos os dogmáticos são derrotistas 45

5. O marxismo na coexistência 53

6. Cinema e cultura húngara 71

7. A nova direção econômica e a cultura socialista 87

8. A Alemanha, uma nação de desenvolvimento tardio? 105

9. A cultura e a República dos Conselhos 119

10. O astronauta na encruzilhada da ciência e do estranhamento 125

11. Após Hegel, nada de novo 127

12. Conversa com Lukács 143

13. Essenciais são os livros não escritos 157

14. O sistema de conselhos é inevitável 165

15. Colóquio com György Lukács 201

16. A última entrevista de Lukács 219

Cronologia da vida e da obra de György Lukács 243

Índice onomástico 267

Obras de György Lukács publicadas no Brasil 299

Biblioteca Lukács 302

Apresentação

O conjunto de entrevistas reunidas nesta coletânea constitui parte considerável dos depoimentos dados pelo pensador marxista húngaro György Lukács no período de 1966 a 1971. Nelas o autor aborda temas que foram muito caros em todo o seu decurso intelectual, questões relativas a ontologia, estética, política e cultura, entre outras. Podemos acompanhar, nesse contexto, um Lukács concentrado em duas tarefas principais: concluir sua obra sobre a ontologia do ser social, imprescindível, em sua avaliação, para uma renovação do marxismo e, concomitantemente, demonstrar como o pensamento marxista pode interpretar e oferecer soluções para os problemas contemporâneos.

No período em que estas entrevistas foram concedidas, o primeiro tomo (dos três previstos originalmente) de *Die Eigenart des Ästhetischen*[1] [A peculiaridade do estético] já estava publicado e o plano de redigir uma ética já havia sido suplantado pela primazia de escrever a ontologia do ser social. Todo o movimento do pensamento do autor na década de 1960 demonstra um amplo esforço em constituir bases teóricas seguras e rigorosas, capazes de fornecer orientações precisas para a prática política, cultural e social de seu tempo. A inserção no debate da ontologia do ser social e a persistência em realizar a crítica da sociabilidade contemporânea, tanto a considerada socialista quanto a capitalista, não eram fruto de inclinações e interesses circunscritos

---

[1] Berlim, Aufbau, 1981, 2 v.

à esfera pessoal, levavam em conta a necessidade da transformação da realidade frente aos grandes dilemas que se apresentavam em seus dias, algo que somente poderia ter eficácia mediante a reflexão rigorosa acerca da gênese e dos processos de desenvolvimento do ser social.

Os depoimentos dados pelo pensador no período demonstram a relação direta entre seus posicionamentos políticos e suas obras teóricas. Entre a prática política e as reflexões filosóficas do autor há em comum a prerrogativa do "retorno a Marx", meio necessário, segundo ele, para alcançar alternativas reais para a superação das grandes contradições de sua época. Lukács se mostra convencido da necessidade da retomada do pensamento marxiano em seus traços originais – perdidos pelos marxistas ao longo do século XX –, insiste em suas elaborações sobre a suficiência das reflexões marxianas para a produção de um conhecimento abrangente, capaz de espelhar, no plano ideal, a realidade, de modo mais fiel *possível*, por meio da apreensão rigorosa da dinâmica social em seus múltiplos complexos constitutivos.

Vale insistir: o campo da teoria, para Lukács, encontra-se em uma articulação in/eliminável com a atividade política. Não há como separar ambos. Como ele afirma em suas entrevistas autobiográficas, "o movimento é sempre útil ao trabalho, pois assim as tendências se delineiam com maior nitidez e fica claro o que as pessoas querem"[2]. Nesse sentido, o papel do ideólogo na construção de um conhecimento científico de rigor é também uma forma de militância. Essa convicção da função do pensador na determinação dos princípios e elementos mais fundamentais da luta revolucionária condiz com a proposição de Marx segundo a qual "a arma da crítica não pode, é claro, substituir a crítica da arma, o poder material tem de ser derrubado pelo poder material, mas a teoria também se torna força material quando se apodera das massas"[3].

Lutando no campo em que podia melhor contribuir – o da ideologia –, o marxista húngaro teve de "mover-se entre luzes e sombras" para expor suas contraposições, a partir de um ponto de vista marxista, na grande batalha filosófica do período. Para nosso autor, trata-se de restituir ao marxismo a dignidade de uma filosofia de grande porte, de demonstrar no pensamento

---

[2] *Pensamento vivido: autobiografia em diálogo* (trad. Cristina Alberta Franco, São Paulo/Viçosa, Ad Hominem/Editora da UFV, 1999), p. 131.

[3] Karl Marx, *Crítica da filosofia do direito de Hegel* (trad. Rubens Enderle e Leonardo de Deus, São Paulo, Boitempo, 2005), p. 157.

Apresentação | 11

de Marx o ponto de chegada da filosofia como momento de inflexão decisiva das grandes questões filosóficas da humanidade.

Tal intenção faz com que sua obra termine por se circunscrever em duas frentes fundamentais: a crítica às interpretações deturpadoras do pensamento de Marx e a crítica às teorias predominantes no pensamento ocidental ao longo do século XX.

No que diz respeito à primeira dessas frentes de combate, podemos dizer que a parte mais substantiva das dificuldades enfrentadas pelo marxismo no campo do pensamento se deve ao modo como foi mutilado e propagado pelo stalinismo. O problema central do stalinismo é, segundo Lukács, o *taticismo*: a submissão da "ideia de estratégia à tática e [...] das prospectivas gerais do socialismo à estratégia" (ver, neste volume, p. 60). Em tal modo de proceder, a teoria sempre é elaborada a serviço da tática política, abandonando-se assim o princípio fundamental da compreensão da realidade como elemento crucial para a elaboração da estratégia. Portanto, foi inevitável que a influência do stalinismo tenha conduzido à falsificação e à vulgarização teóricas e ao empobrecimento do marxismo. Nesse "combate" vivo concentra-se uma das principais posições de enfrentamento interno, ou seja, de autocrítica dos marxistas como forma de superar a crise do socialismo. As vulgarizações do pensamento de Marx, que tiveram lugar ao longo do século XX e que se desenvolveram de forma ainda mais acentuada no final dos anos 1960 e no início dos anos 1970, povoavam o espectro da produção marxista, não apenas no Leste, mas também na produção marxista do Ocidente. Para o marxista magiar, se Stálin havia sido derrotado, o stalinismo, ao contrário, mantinha-se com grande vigor. O problema para Lukács nunca foi apenas a figura de Stálin; sua denúncia sempre destacou o stalinismo como fenômeno social de proporções mundiais, cujas influências e princípios são facilmente perceptíveis nos conteúdos programáticos dos partidos políticos comunistas de seu tempo.

A certeza de Lukács a respeito da suficiência do pensamento de Marx o coloca em franca oposição às tentativas de "complementar" ou "sanar lacunas" do marxismo a partir da importação de soluções alheias a seu universo metodológico. Em grande medida, trata-se de questionar o destino trágico do pensamento de Marx que se estende do século XX até nossos dias. Suas obras são textos de combate que refutam as tentativas conciliatórias, os arranjos, remodelações e revisionismos dos mais diversos matizes, da versão positivista, kantiana (Adler), até a estruturalista. Os elementos de sua

12 | Essenciais são os livros não escritos

crítica corroboram de maneira decisiva para os desdobramentos posteriores do pensamento marxista.

Os apontamentos críticos de Lukács também se estendem para a consideração das principais tendências e correntes de pensamento predominantes em seu tempo – que constitui o que aqui designamos como o segundo de seus combates críticos.

Tratando das correntes filosóficas do pensamento ocidental, Lukács irá opor-se francamente às filosofias "burguesas", demonstrando que as posições defendidas em *Die Zerstörung der Vernunft*[4] [A destruição da razão] mantêm-se no *background* de suas elaborações intelectuais. No que diz respeito a sua posição filosófica, podemos dizer que as preocupações de Lukács com as questões ontológicas não arrefeceram sua intransigente crítica ao irracionalismo, tal como formuladas nas décadas de 1940 e 1950.

Contra Nietzsche, Lukács mantém a avaliação dos anos 1950, época em que classificou o filósofo alemão como o "fundador do irracionalismo do período imperialista" e não hesitou em identificá-lo como antípoda das elaborações de Marx e Engels. Lukács não aprofunda as considerações a respeito do irracionalismo, mas percebemos que a avaliação do pensamento de Nietzsche como expressão da decadência (ideológica) burguesa na inauguração da fase imperialista (em seu pessimismo, relativismo, niilismo autocomplacente e um estado de desesperança e rebeldia[5]) se mantém. Em outros termos, a dureza com que Lukács rechaça Nietzsche, não apenas mantém aberto um enorme fosso entre o pensamento marxista e as posições do filósofo alemão (vemos ao longo das entrevistas que, para ele, parece incrível que qualquer marxista sério possa vislumbrar, na filosofia de Nietzsche, algo capaz de complementar lacunas no pensamento marxista), como ainda descarta, em conjunto, qualquer possibilidade de conciliação entre o marxismo e as correntes filosóficas que se filiam a dito viés. Esse é o espírito que o orienta, por exemplo, em suas tópicas alusões ao estruturalismo nas entrevistas: mesmo não podendo "resolver a situação do marxismo" (p. 129), o estruturalismo aparece, ao lado de outras tantas alternativas, como uma solução "equivocada" na tentativa conferir ao marxismo forma "adequada aos tempos modernos" (p. 48).

---

[4] György Lukács, *Werke*, v. 9 (Berlim, Luchterhand, 1962).

[5] Idem.

Apresentação | 13

No que diz respeito a Heidegger, Lukács não somente recorda que o existencialista alemão colaborara com o nazismo (p. 30), mas, para além dessa crítica comum, a que também faz coro, seu embate se estabelece, ao longo de suas obras (de *A destruição da razão*, passando por *Existencialismo ou marxismo?*[6], por *A peculiaridade do estético* e, posteriormente, em *Para uma ontologia do ser social*[7]), no plano da contraposição entre ontologias; talvez, aqui, tenhamos uma das contribuições mais decisivas de Lukács para a filosofia do século XX. O marxista magiar faz questão de rechaçar o existencialismo como possibilidade de complementar o marxismo e denuncia sua procura, por exemplo, pelos jovens húngaros (p. 62), como um sintoma da desilusão provocada pelo vazio de respostas aos problemas candentes do tempo por parte do marxismo dogmático. Aqui, mais uma vez, o existencialismo aparece como expressão do desespero individual frente à decadência burguesa em uma fase madura do imperialismo – noutros termos, expressão desdobrada do irracionalismo.

Se, por um lado, é preciso rechaçar o predomínio do pensamento de autores como Nietzsche e Heidegger, por outro, sua posição não constitui uma intransigência quanto a aceitar contribuições de determinadas correntes de pensamento do Ocidente. É preciso saber como assimilá-las. Existem elementos importantes e contributivos no pensamento de autores como Sartre, Nicolai Hartmann, Gordon Childe, Werner Jaeger, Arnold Gehlen etc. As novas situações de seu tempo colocam questões completamente inusitadas, novos fenômenos sociais (movimentos de massa, novas figuras do processo de produção capitalista etc.) que não podem ser solucionados com um simples apelo aos escritos de Marx, de Engels ou de Lênin.

A convicção de que a linha que vai de Marx e Engels a Lênin guarda, para Lukács, o que de melhor foi produzido no que concerne às grandes análises sobre os problemas concretos da sociedade não significa, portanto, um posicionamento dogmático em relação aos clássicos do marxismo. "É preciso escrever *O capital* dos nossos tempos", dirá Lukács diversas vezes. A insistência se justifica, pois, para ele, ocorreram transformações importantes no capitalismo do século XX, e as elaborações de Marx, feitas no século XIX, por motivos óbvios não podem considerar uma ampla série de questões e contradições importantes surgidas após sua morte. Em Marx encontramos uma ciência de

---

6 Trad. José Carlos Bruni, São Paulo, Senzala, 1967.

7 Trad. Nélio Schneider et al., São Paulo, Boitempo, 2012-2013, 2 v.

rigor, capaz de realizar de maneira adequada a análise dessas transformações. Os elementos tendenciais mais gerais da legalidade da ordem societária do capital estão presentes em sua obra, porém os desdobramentos do capitalismo produziram novas figuras dos processos econômicos e sociais que precisam ser compreendidas em sua própria concreticidade e em sua nova particularidade. Caso contrário, insiste nosso pensador, continuaremos tentando abordar com velhos conceitos e categorias antigas as peculiaridades que se apresentam na formação societária do capitalismo da atualidade.

Um exemplo dessa pobreza analítica poderia ser identificado na luta pela simples redução da jornada de trabalho, tal como Marx registrara no capitalismo do século XIX. No capitalismo do século XX, para Lukács, as reivindicações por redução da jornada de trabalho e ampliação do tempo não parecem *suficientes* para enfrentar o problema das novas formas de estranhamento. O capitalismo de seus dias possui como caraterística fundamental o predomínio do mais-valor relativo sobre o mais-valor absoluto. Isso significa maior tempo livre para o trabalhador. No entanto, ainda que as condições de trabalho e consumo dos trabalhadores, nos países centrais, tenham melhorado em relação às do século precedente, tal melhoria não significa, todavia, um desaparecimento das condições de exploração e estranhamento. Se antes o trabalhador era tomado em seu dia pela jornada de trabalho, na qual era expropriado do valor por ele produzido, agora ele passa a servir à ordem do capital também em suas horas de ócio, nas quais ele passa a desempenhar a função de consumidor. A sociedade de consumo, que se apropria das individuações humanas de maneira mais eficaz e aprofundada, cria estratégias de manipulação mais intensas capazes de criar formas de individuação favoráveis à manutenção e à perpetuação do *status quo*.

As entrevistas reunidas neste volume fornecem um testemunho importante, dão provas cabais de que diversos movimentos contestatórios do sistema ocorridos ao longo da década de 1960 não passaram desapercebidos por Lukács. Conforme já destacamos, os movimentos sociais são, para ele, "sempre úteis ao trabalho" intelectual. Quanto a isso, podemos citar suas considerações acerca do decisivo movimento de revolta das mulheres – em particular nos Estados Unidos –, que se opõe à exploração e à opressão social; do movimento negro, que denunciou de forma efetiva toda a segregação sofrida nos âmbitos mais amplos da vida social; do movimento combativo dos estudantes na Europa – o 68 francês, o movimento estudantil na Alemanha, na Itália –; ou ainda do movimento de libertação dos povos, principalmente aqueles que ocorriam nas antigas colônias da África. Podemos acrescentar ainda a forte preocupação com a questão da coexistência entre os países socialistas e os países capitalistas, motivada pelas fortes crises da Guerra Fria – bastando pensar na crise dos mísseis nucleares em Cuba, em 1962.

Essas preocupações são evidentes em suas entrevistas e se refletem de modo direto em suas obras. Em sua *Ontologia* – particularmente no último capítulo do volumoso livro, "O estranhamento" –, o autor trata com detalhes importantes dessas novas formas do estranhamento, sem negligenciar a necessária crítica às formas insuficientes que por vezes essas revoltas e contestações assumem em sua luta prática pela transformação social.

No plano político, outro elemento crítico importante marca o pensamento de Lukács nesse período. Em *Demokratisierung heute und morgan*[8] (*Democratização hoje e amanhã*), obra publicada postumamente, o autor faz apontamentos relevantes sobre os princípios básicos a ser adotados como estratégia precípua para a transformação decisiva da sociabilidade. De um polo a outro, a "democracia socialista" – para ele, a democracia autêntica – aparece como a alternativa frente às tendências reais das formas do poder do Leste dito "socialista" e do Ocidente capitalista.

Mantendo-se extremamente crítico às formas políticas do Ocidente (que, segundo retoma de Marx, estão alicerçadas na cisão entre o *homme bourgeois* e o *citoyen*), Lukács tem clareza a respeito do caráter "não democrático da democracia manipulada", realizada nas sociedades ocidentais. A ideia de "democracia manipulada", para ele, atravessa o sistema político e o econômico, passando pela constrição da liberdade na produção. Entenda-se bem, no espírito da *Ontologia*, Lukács não defende uma liberdade "ilimitada" (algo que não passaria de mera abstração arbitrária), mas a liberdade de fazer escolhas entre alternativas concretas. Liberdade e democracia, portanto, para Lukács, integram-se de forma realista, como possibilidade de fazer escolhas autônomas, consoantes a necessidades genéricas, tomando decisões conscientes sobre alternativas reais. A superação do stalinismo, no que diz respeito à retomada do sistema de conselhos como passo inicial, é justamente a perspectiva de

---

[8] Lukács tinha a intenção de publicar sua obra na Hungria, na editora do Partido Comunista. Porém, com a eclosão da revolta da Tchecoslováquia em 1967, o partido resolveu suspender a publicação do livro, o que só veio a acontecer em 1986. No Brasil, com o título "O processo de democratização", encontra-se em *Socialismo e democratização* (trad. José Paulo Netto e Carlos Nelson Coutinho, Rio de Janeiro, Editora UFRJ, 2008).

estabelecimento de uma democracia real, distante da democracia (e da liberdade) manipulada dos países capitalistas.

E no que diz respeito à retomada da democracia dos conselhos, Lukács explicita posições idênticas às que pronunciara em *Democratização hoje e amanhã*. Ele retoma o espírito da ideia de democracia socialista como "órgão da autoeducação do homem (na perspectiva histórico-universal, ou seja, da autoeducação para ser efetivamente homem no sentido de Marx)"[9]; em outros termos, a reunificação entre *bourgeois* e *citoyen*, produzida pela democracia socialista – e a retomada da democracia dos conselhos, da qual dependia, em sua percepção, o sucesso das reformas econômicas na Hungria –, possibilitaria a reunificação das decisões sobre os destinos da sociedade, na vida cotidiana: "no socialismo [...], o cidadão deve ser um homem voltado para a realização material de sua própria sociabilidade na vida cotidiana, em cooperação coletiva com os outros homens, desde os problemas imediatos do dia a dia até as questões mais gerais do Estado"[10].

No que concerne às entrevistas concedidas no período, há que considerar certa formalidade no modo de falar e na exposição de seu pensamento. É provável que toda essa formalidade tivesse como objetivo cumprir o papel político do ideólogo que lutava e apostava na possiblidade do resgate da diretriz autêntica do socialismo. Nelas, vemos em Lukács a preocupação de sempre se pronunciar de modo a vislumbrar, diante de todas as adversidades existentes nos países do Leste, possibilidades de redirecionamento e de retomada dos princípios revolucionários. Tal posição fundamentalmente estratégico-política do pensador húngaro não pode ser confundida com uma adesão ingênua às diretrizes conservadoras e dogmáticas do Partido, seja o húngaro, seja o soviético. Não há, de forma alguma, interesse em contribuir para o aperfeiçoamento da burocracia stalinista. Cremos que deva ser compreendida, acima de tudo, como a esperança de resgate das vias corretas postas inicialmente por Lênin no processo preparatório de edificação de uma sociedade autenticamente comunista.

Sua aposta não era movida por ilusões. A esse propósito, por que não lembrar aqui o depoimento recolhido por István Eörsi, em que Lukács, em uma conversa particular, explicitou sua desesperança em relação às realizações dos chamados países socialistas: "parece que todo o experimento iniciado em

---

[9]   György Lukács, "O processo de democratização", cit., p. 111.
[10] Ibidem, p. 153.

1917 fracassou, e tudo tem de ser começado outra vez em outro lugar"[11]. Essa observação não era destinada ao público, como destaca o próprio Eörsi, porém, dada sua relevância, não poderia deixar de ser registrada. Essa convicção pessoal não declarada publicamente condiz com a estratégia expositiva de seus depoimentos, em que subjaz, como um *leitmotiv*, a ênfase na necessidade de "retorno a Marx". Por meio desse retorno, de modo polido, mas rigoroso e severo em seus fundamentos, a crítica às diretrizes dos países do Leste, às suas inviabilidades programáticas, aparece de maneira clara. Não há concessões, não há conciliações, suas reflexões conduzem inevitavelmente à confrontação incômoda das bases teóricas do pensamento marxiano com os rumos dos Estados do Leste europeu. O leitor atento poderá observar esse teor de seus pronunciamentos em praticamente todas as entrevistas presentes neste livro.

Alguns podem ver certa oscilação em determinados posicionamentos de Lukács, como, por exemplo, a persistência em manter-se como membro do Partido Comunista, mesmo após os eventos da Revolução Húngara de 1956. Ele sempre insistiu na condição de membro do Partido, algo que, de certo modo, é justificado por sua opção de realizar a crítica por "dentro", julgando-a mais eficaz do que a posição de refutar diretrizes a partir de fora da organização partidária. Essa mesma opção é afirmada quanto a sua decisão de permanecer na Hungria após 1956[12], sob a alegação de que "a crítica é mais genuína e, portanto, mais eficaz quando liderada em solo socialista" (p. 161), ainda que tal decisão implique em pôr em risco a própria vida. Lukács rechaça, assim, a condição de "oposicionista do sistema", assumindo a condição de "reformador do marxismo a ser renovado" (idem). Em suma, para ele, a crítica é "moralmente mais bem fundamentada se for levada a cabo na própria pátria" (idem).

Ainda nesse sentido, não pode deixar de causar polêmica sua afirmação segundo a qual "mesmo o pior socialismo é melhor que o melhor capitalismo". Tal assertiva não é, de modo algum, um apoio incondicional às mazelas e aos desvarios dos países do Leste. O contraste que Lukács busca destacar por meio dessa frase propositalmente impactante é o da contraposição às tendências já vigorosas em seu tempo da imposição do *american way of life*, cuja figura pode ser definida em suas linhas mais gerais como a mercantilização de todos os

---

[11] György Lukács, *Pensamento vivido*, cit., p. 13.

[12] Lukács teve participação ativa na Revolução Húngara de 1956. Seu trágico desfecho foi marcado pela invasão das tropas soviéticas do Pacto de Varsóvia e culminou na prisão e deportação de Lukács para a Romênia.

aspectos da vida humana. É nesse ponto que a cultura, as artes ganham destaque em seu papel de reformulação e transformação dos sistemas em vigor. O exemplo parece simples, mas é, para o autor, pleno de sentidos. A gratuidade do acesso às artes e o preço reduzido dos custos das edições das obras clássicas da literatura, por exemplo, fornecem condições e oportunidades para os indivíduos formarem a si mesmos mediante o contato com as grandes produções da humanidade – no campo da literatura, da música, das artes plásticas etc. O caráter venal da cultura é o desvio de seu efetivo papel no quadro espiritual do processo da emancipação humana.

Subjaz em toda essa argumentação a ideia fecunda da arte e da cultura como elementos edificadores do humano. O papel da arte consiste em retirar o indivíduo de sua particularidade, alçando-o ao patamar das grandes questões do gênero humano no decurso de sua história de autoprodução. A arte aparece em sua função desfetichizadora e desestranhadora, cumpre um papel decisivo na edificação e elevação das subjetividades, tornando-as aptas a compreender os grandes desafios e questões humanas de determinado período e criando assim condições propícias para o advento do fator subjetivo necessário para o empreendimento das grandes transformações sociais.

Não é por acaso que vemos o leque dos temas abordados por Lukács em suas obras e em suas entrevistas ampliar-se para assuntos aparentemente tão díspares, que abordam desde temas políticos, filosóficos, da crítica literária até as políticas culturais de seu tempo. O denominador comum é, de fato, o interesse pela emancipação das individualidades, pela transformação da forma da sociabilidade humana, em seus mais diversos matizes.

Há um traço bem peculiar nos escritos que Lukács realizou ao longo da vida. Suas obras são sempre obras de transição. Do jovem idealista preocupado com as questões éticas – *A alma e as formas*[13] –, passando por *História e consciência de classe*[14] (sua obra mais famosa), até a elaboração de sua estética e de sua ontologia do ser social, o que se verifica é o decurso tortuoso da construção de seu pensamento. A autocrítica constante é a característica mais marcante de suas produções. Ainda que livros como os aqui citados tenham dado a ele projeção internacional, Lukács não vacila um instante sequer em rejeitar tais obras quando percebe nelas equívocos graves. Escreve prefácios com severas e

---

[13] Trad. Rainer Patriota, Belo Horizonte, Autêntica, 2015.
[14] Trad. Rodnei Nascimento, São Paulo, Martins Fontes, 2003.

consistentes críticas às reedições. A satisfação com seus escritos durava muito pouco, uma vez que o movimento pela busca das determinações autênticas sempre forçava os passos adiante, como forma de aproximação cada vez mais precisa das determinações efetivas da realidade social. Esse ímpeto o leva a afirmar de maneira contundente que *essenciais são os livros não escritos*. Tal consideração marca o decurso intelectual de Lukács, motivo pelo qual aqui optamos por intitular o conjunto dessas entrevistas com essa frase lapidar do pensador magiar. De maior relevância eram as obras que ainda estavam por ser escritas. O octogenário pensador se manteve ativo até os últimos instantes, fato que pode ser constatado em seus esforços finais na elaboração de sua ontologia e mesmo nos depoimentos dados no período final de sua vida.

A importância, para nossos dias, do conjunto de depoimentos dados pelo autor consiste em sua capacidade de explicitar problemas e questões candentes de seu tempo que, em grande medida, permanecem como temas centrais ainda hoje. A crítica rigorosa e contumaz das duas formas políticas de seu tempo não deixa de inspirar, em nossos dias, o inconformismo com a sociabilidade vigente, põe novamente o desafio, mais do que nunca necessário de ser encarado, do ser e do destino do humano. Sua obra, seu pensamento se inscreve, nesse sentido, no decisivo desafio já posto em discussão pela tradição filosófica (que remonta a uma trajetória que vai de Descartes, passando por Rousseau, a Hegel): se o humano é um ser que se autoproduz, cumpre assumir as rédeas de sua própria existência e definir sua própria destinação. Esse é o repto ético presente nas letras da obra lukácsiana.

Não é o caso aqui de fazer a defesa acrítica da vida e das ideias do pensador húngaro. Tal postura sequer condiz com o espírito e com os ensinamentos de Lukács, para quem a melhor forma de mostrar respeito a um pensador é realizando uma crítica séria e rigorosa a suas ideias. Todavia, o pensamento e o decurso da vida desse pensador são de imensa riqueza e complexidade. Trata-se de uma personalidade notável, seja pelas experiências vividas no conturbado e violento século XX, seja pela diversidade e fecundidade de seu pensamento. Para a compreensão dos grandes dilemas atuais da sociabilidade capitalista, para a perspectivação de um futuro autenticamente emancipatório da humanidade, podemos afirmar, sem nenhum receio, que o pensamento de Lukács é incontornável.

Ronaldo Vielmi Fortes e Alexandre Aranha Arbia

1
A reforma econômica da Hungria e os problemas da democracia socialista*

Entrevista concedida a Bruno Schacherl

Bruno Schacherl – O *Comitê Central do Partido Socialista dos Trabalhadores da Hungria adotou recentemente uma importante resolução sobre a reforma do mecanismo econômico. Gostaria de nos dar sua opinião sobre isso?*

György Lukács – Para avaliar a importância dessa resolução, é necessário retornar ao XX Congresso do PCUS [Partido Comunista da União Soviética]. Naquela época, poucos conheciam as verdadeiras causas de suas decisões mais importantes e, precisamente, que elas foram consequência do desenvolvimento econômico da União Soviética. Embora o sistema de gestão de Stálin possa ter sido profundamente problemático do ponto de vista econômico, ele foi capaz de erguer e pôr em funcionamento uma indústria pesada de guerra. Após a vitoriosa conclusão da guerra contra [Adolf] Hitler, esse sistema se tornou cada vez mais incompatível com o funcionamento normal da já desenvolvida indústria soviética. Já não era possível, com os métodos dos anos 1930, conduzir a massa de intelectuais e trabalhadores soviéticos, em número considerável e bem preparada, a uma produção pacífica, ampliada e altamente qualificada. Era necessário liquidar imediatamente ao menos esse aspecto dos métodos de Stálin.

---

* Entrevista publicada originalmente pelo jornal *L'Unità* em 28 de agosto de 1966. Tradução de György Lukács, "La riforma economica in Ungheria e i problemi della democrazia socialista", em *Marxismo e politica culturale* (Turim, Einaudi, 1977), p. 211-8. (N. T.)

Assim teve início a liquidação da era stalinista. No entanto, ela não se apegou à substância, apenas se limitou à crítica ideológica, muitas vezes superficial, do chamado "culto da personalidade". Enquanto isso, o problema de fundo da economia socialista continuava a exercer seus efeitos, sem, no entanto, revelar suas verdadeiras causas.

B. S. – *De que modo se manifesta esse problema?*

G. L. – Em primeiro lugar, no fato de que todos os problemas foram tratados predominantemente do ponto de vista ideológico. Muitos acreditavam que as mudanças no terreno puramente ideológico, sobretudo com a recepção das artes e das ciências modernas do Ocidente, ofereciam uma saída segura. De minha parte, é claro, eu achava havia muito tempo que as proibições da velha direção a esse respeito sempre foram sem sentido e, na prática, só serviram para atribuir a produtos de valor muito baixo e a métodos mais do que duvidosos o prestígio e o fascínio das coisas proibidas. Por isso, os debates sobre essas questões não levaram adiante nem em um único ponto o esclarecimento dos problemas fundamentais. Eles não poderiam trazê-lo, porque, mesmo no caso de uma vitória completa da tendência "liberalizante", continuaria possível a sobrevivência de um burocratismo dogmático, análogo ao do burocrata que tem paredes decoradas com pinturas de Picasso, mas entre essas paredes continua coerentemente a impedir o progresso econômico e social: como no velho filme sobre [Vasili Ivanovitch] Chapaev, o general branco sanguinário que nas horas livres tocava as sonatas de Beethoven e as interpretava muito bem. Assim, ocorreu uma polarização estéril do seguinte tipo: por um lado, havia o dogmatismo sectário que, além do "culto da personalidade", permitia criticar apenas poucos defeitos; por outro, manifestava-se a admiração por tudo o que fosse "ocidental". Enquanto isso, os problemas econômicos que não haviam sido resolvidos continuavam a exercer seus efeitos sob a superfície e o caráter problemático da vida econômica continuava a se aprofundar.

B. S. – *E o senhor acha que a resolução sobre a reforma do mecanismo econômico significa um ponto de inflexão?*

G. L. – Sim. Naturalmente, nós, húngaros, não somos os únicos a nos orientar na direção da solução desse complexo de problemas. Basta, por exemplo, mencionar a Tchecoslováquia. Não se fala em lugar nenhum de "soluções de validade geral" que, com um golpe, resolveriam tudo. É antes o primeiro passo, porém é um primeiro passo claro, feito para chegar a uma solução real dos problemas econômicos.

B. S. – *Um primeiro passo em que sentido?*

G. L. – No sentido de que eles estão dando um passo real na prática real, para efetivamente corrigir o que está errado na realidade. Penso – para recuperar a imagem de Lênin – que o elo seguinte da cadeia foi pego para se dominar assim o movimento de toda a cadeia. Trata-se do primeiro passo, porque temos apenas o primeiro elo em nossas mãos e não toda a cadeia e, neste momento, começamos a reformar os sintomas e não as bases reais. Mas um verdadeiro primeiro passo foi dado, porque só agora se criou a possibilidade real de direcionar toda a cadeia na direção certa.

B. S. – O *que se deve entender por direção certa?*

G. L. – O caminho que conduz a uma verdadeira economia socialista. Um *tertium datur* [terceira via] em relação tanto ao atraso sectário dogmático quanto à capitulação incondicional nos confrontos com a economia capitalista. Essa direção correta abrange dois grandes complexos de problemas em minha opinião.

B. S. – *Quais?*

G. L. – O primeiro é o renascimento da teoria e do método de Marx. Eu próprio testemunhei nos anos 1930 como, na União Soviética, o estudo de Lênin – seguindo as diretrizes superiores – substituiu o estudo de Marx e como, por sua vez, meia década mais tarde Lênin foi substituído por Stálin. Se quisermos criar uma economia planejada, alicerçada em bases teóricas sólidas, para estabelecer essas bases temos de fazer renascer para uma nova vida a teoria marxiana da reprodução ampliada.

B. S. – *Não pode nascer daí um novo dogmatismo, uma nova subespécie da "citatologia"?*

G. L. – Eu acho que não. O renascimento da teoria marxiana da reprodução ampliada parece-me abranger três complexos de problemas. O primeiro é a genuína análise teorética da teoria da reprodução ampliada apresentada no Livro II de O *capital**. Aqui, no entanto, nunca devemos esquecer que Engels, o editor desse volume, justamente no que diz respeito a esse capítulo, evidenciou, lamentando, as "lacunas" e a "natureza fragmentária" da descrição. O estudo do texto de Marx deve, portanto, ser um estudo crítico. Em princípio, não está de modo algum excluído que correções ou "acréscimos" sejam necessários em questões específicas.

---

*   Trad. Rubens Enderle, São Paulo, Boitempo, 2014. (N. E.)

Em segundo lugar, Marx escreveu essas reflexões há cem anos. Desde então, o sistema econômico do capitalismo mudou de modo substancial, e hoje temos a tarefa de dar uma interpretação teórica dessa mudança, sobre a base do marxismo. Caso contrário, nós nos veríamos novamente confrontados com uma falsa antinomia: por um lado, o dogmatismo que continua a esperar – como uma velha mulher a aguardar o resultado da loteria – a eclosão de uma nova crise, como a de 1929; por outro, os teóricos burgueses, que afirmam que, em essência, não existe mais o capitalismo e a análise marxiana nada mais é do que um documento histórico do século XIX.

Embora eu não seja economista, penso que essa transformação pode ser inteiramente explicada com a ajuda do método marxista. É fato que a capitalização da indústria que produz bens de consumo e a maioria dos chamados "serviços" ocorreu nos últimos cem anos. Isso, porém, é muito mais do que apenas uma extensão quantitativa da esfera de influência do capitalismo, pois provoca nele, de fato, uma mudança qualitativa: o capital em seu complexo está agora diretamente relacionado do ponto de vista econômico com o consumo da classe trabalhadora. Sem entrar em detalhes, permita-me constatar que, como consequência disso, o mais-valor relativo, como forma de exploração, acaba dominando o mais-valor absoluto, pois somente essa nova forma pode garantir a intensificação da exploração em caso de aumento do consumo contemporâneo (e do tempo livre) dos trabalhadores. Com isso, no entanto, o capitalismo não deixa de ser capitalismo. Marx escreveu em algum lugar que somente com o predomínio do mais-valor relativo a "subsunção real" da economia pôde ocorrer no capitalismo. Certamente, é preciso ver em que medida meu juízo é válido. Para adotar de maneira apropriada a teoria marxiana da reprodução ampliada, é necessário compará-la com as mudanças estruturais fundamentais do capitalismo.

Em terceiro lugar, há cem anos, Marx pôde examinar as leis de reprodução da forma social de produção apenas no capitalismo. Hoje podemos perguntar se, além do número certamente considerável de aspectos comuns existentes na reprodução capitalista e na socialista, não existem constelações econômicas que se fazem valer em ambas as formações como categorias diferentes. Esse também é um problema teórico muito importante; por isso não se deve antecipar precipitadamente seus resultados.

A título de ilustração, gostaria de mencionar o fato de que, segundo a economia política marxista, os bens culturais propriamente ditos não podem ter um valor econômico, já que a categoria de tempo de trabalho socialmente necessário para sua fabricação não pode ser válida para eles. Naturalmente, eles têm um preço no capitalismo e, consequentemente, são transformados em mercadorias (Balzac descreveu o início dessa evolução em sua novela *Ilusões perdidas**). Assim, o socialismo não seguiu espontaneamente essa tendência de desenvolvimento, nem mesmo no período de Stálin. Somente nos últimos tempos surgiram teóricos particularmente "progressistas", felizmente sem encontrar ressonâncias significativas, que desejam tornar a produção cultural "lucrativa". Obviamente, aqui estamos falando apenas do aspecto econômico dos problemas culturais e não das brutais manipulações stalinistas que foram e são corretamente criticadas; tudo isso apenas para ilustrar a possibilidade teórica que algumas vezes pode manifestar uma diferença categórica entre a reprodução no capitalismo e no socialismo.

Portanto, se o renascimento do marxismo se concretizar nesse caminho, não levará a nenhum enrijecimento dogmático. Ao contrário, assegurará que a economia planificada encontre pela primeira vez uma fundamentação teórica nas leis de reprodução da realidade econômica.

B. S. – *Tudo isso parece interessante. Mas por que o senhor acredita que a reforma do mecanismo econômico pode provocar todas essas consequências?*

G. L. – Examinando o problema do ponto de vista teórico: porque a realização efetiva de uma reforma que seja efetivamente desse gênero deve necessariamente levar a esses problemas. Se se pretende de fato realizar tal reforma, é impossível ignorar essas questões. Na realidade, isso se expressa naturalmente como uma luta entre várias tendências, e os defensores da reforma só poderão vencer se, contemporaneamente à realização de um mecanismo econômico que funcione de modo justo, fizerem reviver a democracia proletária dos primeiros anos revolucionários da União Soviética. Como na teoria, os dois aspectos devem estar organicamente unidos também nos passos concretos de realização.

Trata-se de obter, com uma mobilização consciente e constante, a cooperação democrática e real em todos os problemas da reforma de todos aqueles que – direta ou indiretamente – estão realmente interessados em erradicar na prática a indiferença inata dos trabalhadores a suas próprias atividades, provocada pela burocratização. Tal democracia real não pode ser "introduzida"

---

*   Trad. Leila de Aguiar Costa, São Paulo, Estação Liberdade, 2007. (N. E.)

por decreto. Só pode ser o resultado de um trabalho de transformação, obstinado e decidido, operado na base real da própria vida. Precisamente por esse motivo, o primeiro passo justo consiste em dar a máxima autonomia às empresas na realização concreta de sua programação. Devemos eliminar os vínculos burocráticos existentes nas empresas, nas organizações locais etc.; devemos impedir que as iniciativas sejam paralisadas; e então, se os próprios trabalhadores participarem ativamente desse trabalho, será possível despertar sua vontade e energia em uma edificação positiva.

Nos últimos anos têm ocorrido muitas discussões escolásticas sobre centralização e descentralização. Por trás dessas palavras excessivamente abstratas, esconde-se muitas vezes o falso dilema entre a preservação da tradição stalinista e a simples introdução de formas capitalistas de organização. No entanto, a realidade já produziu o modelo de realização do plano, sem prescrições burocráticas, até os mínimos detalhes. Marx mostrou repetidamente que a organização bélica é frequentemente mais progressista do que a economia em seu sentido mais restrito – pense na economia escravista da Antiguidade. Ora, a Segunda Guerra Mundial criou um modelo para todas as questões práticas, o que demonstra como o planejamento global pode ser verdadeiramente efetivo, precisamente porque não estabelece medidas mecânicas em relação à implementação, mas prevê para os organismos específicos a execução de objetivos – definidos pela programação – que eles devem resolver com uma autonomia relativamente ampla. Esse aceno quer apenas indicar a possibilidade de organizar tal método de programação e quer pôr em evidência a prospectiva de uma conexão dialética entre centralização e descentralização. Em um esquema similar, a participação democrática, a natureza insubstituível da iniciativa democrática das massas, o papel decisivo da opinião pública democrática naturalmente não entram em jogo; eles pertencem especificamente à prática econômico-social. Mas, sem formar uma opinião pública que aja abertamente, não é possível realizar uma verdadeira reforma econômica, na teoria ou na prática, que seja ao mesmo tempo uma reforma do modo de vida das massas.

B. S. – *O senhor atribui grande importância à participação das massas. Está realmente convencido de que todas as iniciativas vindas de baixo podem estar corretas em todos os casos?*

G. L. – Claro que não. No decorrer da realização, que requer um longo período – tanto para as iniciativas vindas de cima quanto para as vindas de baixo –, também pode haver várias decisões erradas. A democracia proletária não significa garantia contra erros, mas apenas – e esse "apenas" é um mundo inteiro – a possibilidade de reconhecer e superar defeitos mais rapidamente do que é possível em qualquer outro sistema.

A condição para a realização da reforma que foi iniciada agora reside não somente na democratização efetiva, mas também na colaboração entre os mais altos líderes e a iniciativa espontânea das massas, uma colaboração cujo objetivo esteja direcionado contra o enrijecimento burocrático e seus proponentes. Serão necessários longos anos até que o esforço produtivo de milhões de homens possa criar uma economia nova (bem fundamentada do ponto de vista marxista) e assim realizar a possibilidade de uma vida nova (socialista). Mas, se neste momento se apresenta na prática a prospectiva de tal desenvolvimento, pode-se e deve-se saudar o primeiro passo real nessa direção.

2

Lukács: retorno ao concreto[*]

Entrevista concedida a Naïm Kattall

O apartamento está situado no último andar de um imóvel que dá vista para o Danúbio. Livros cobrem as paredes. Olho aleatoriamente: obras completas de Hegel e de Marx. Sobre a mesa, livros e revistas em húngaro, alemão e francês. É aqui que há dez anos Lukács trabalha.

Sei que Lukács foi ministro da Cultura no governo de Imre Nagy. Depois da derrota da Revolução Húngara, viveu alguns meses em exílio forçado na Romênia. Após seu retorno, dedicou-se à tarefa de terminar o conjunto de sua filosofia. Um primeiro tomo de mais de mil páginas já foi publicado em alemão[**].

György Lukács – Comecei minha verdadeira obra aos setenta anos. Parece que existem exceções nas leis materiais. Nesse domínio, sou adepto de Epicuro. Também eu envelheço. Durante muito tempo procurei minha verdadeira via. Fui idealista, depois hegeliano. Em *História e consciência de classe[***]*, tentei ser marxista. Durante muitos anos, fui funcionário do Partido Comunista, em Moscou. Pude reler de Homero a [Maksim] Górki. Até 1930, todos os meus

---

[*] Entrevista publicada originalmente na revista *La Quinzaine Littéraire*, n. 17, 1º-15 dez. 1966, p. 4-5. (N. T.)

[**] Trata-se do tomo 1 de *A peculiaridade do estético*. A obra foi inicialmente planejada em três tomos, mas apenas o primeiro foi escrito. Ver György Lukács, *Die Eigenart des Ästhetischen* (Berlim, Aufbau, 1981), 2 v. (N. T.)

[***] Trad. Rodnei Nascimento, 2. ed., São Paulo, WMF Martins Fontes, 2016. (N. E.)

escritos consistiram em experiências intelectuais. Depois foram esboços e preparativos. Ainda que ultrapassados, esses escritos serviram de estímulo a outros.

Pode parecer estranho que eu tenha tido de esperar setenta anos para me dedicar à redação de minha obra. Uma vida não é o suficiente. Recorde Marx, esse gênio colossal. Apenas conseguiu dar um esboço de seu método. Não se encontram em sua obra todas as respostas. Ele pertencia a seu tempo. Utilizo seu método para minha obra sobre a estética. Se ele vivesse hoje, estou persuadido de que escreveria sobre estética.

Interrogo Lukács sobre suas amizades de juventude, quando era estudante em Heidelberg.

Naïm Kattall – *Conheceu [Martin] Heidegger, Stefan George?*

G. L. – Jamais conheci nem George nem Heidegger.

N. K. – *Dizem que esse último colaborou com os nazistas.*

G. L. – Não existe necessidade de dizê-lo. Heidegger era nazista. Não há nenhuma dúvida a esse respeito. Ademais, ele sempre foi reacionário.

N. K. – *Quem eram seus amigos?*

G. L. – Max Weber, a quem eu era muito ligado.

Lukács está vestido para o trabalho. Blusa escura, paletó cáqui. Pequeno e magro, dá a impressão de dispor ainda de uma vida inteira diante dele. Esquecemos que ele tem 84 anos.

Voltamos aos contemporâneos.

G. L. – Tenho pouca confiança na direção tomada pelo pensamento contemporâneo no Ocidente, quer se trate do neopositivismo ou do existencialismo. Considero mais útil reler Aristóteles pela vigésima vez.

N. K. – *O senhor se interessa por sociologia?*

G. L. – Wright Mills me interessou bastante. Ele tinha senso de realidade. Na sociologia estadunidense, ele foi uma exceção. A sociologia de agora não me satisfaz. Separar a sociologia da economia me parece acadêmico. Marx não as dissociava.

N. K. – *Fala-se muito do Marx jovem...*

G. L. – É uma invenção de nosso tempo. A contradição que se procura em sua obra é fictícia. Ele nunca cessou de aprofundar sua filosofia. Veja você, ele se

Lukács: retorno ao concreto | 31

interessou desde o início pela realidade. Depois de Aristóteles, foi ele quem teve o sentido claro daquilo que está unido ou separado, não nos livros, mas na realidade. É por isso que estou elaborando uma ontologia social. A sociologia de grupos? Uma invenção para manipular a sociedade. Você separaria, por exemplo, o movimento jacobino dos grupos jacobinos? Em sociologia é necessário ir até o fundamento objetivo dos movimentos. É preciso considerar os grandes acontecimentos da vida social em sua totalidade. No entanto, como explicar que invenções geniais surjam ao mesmo tempo em diferentes países e em diferentes campos? Como compreender a ligação entre Newton e Leibniz? Os acontecimentos isolados não têm nenhum sentido se não os colocarmos na perspectiva de uma totalidade.

N. K. – *Portanto, o estranhamento**...

G. L. – O estranhamento existiu em todas as civilizações. Há meio século, ele existe sob uma nova forma. Muitos são aqueles que creem que se trata de uma consequência da tecnologia, porém um estudo da totalidade mostra que a técnica não é uma força fundada sobre si mesma, mas uma consequência do movimento das forças produtivas. Ela depende da estrutura social. É preciso sempre recorrer ao método marxista.

N. K. – *Retornamos à literatura. O que o senhor acha das novas pesquisas técnicas?*

G. L. – Tudo depende de como se aplica a técnica. Observe o monólogo interior em James Joyce e Thomas Mann. Para Joyce, essa técnica é um fato em si; já Thomas Mann a utiliza como um modo de construção, para fazer aparecer algo diferente. A despeito de seus múltiplos disfarces, uma grande parte da literatura moderna é ainda naturalista. Ela oferece apenas um quadro superficial da vida, sem refletir a realidade.

N. K. – *E o teatro do absurdo?*

---

* Na versão em francês, lê-se *aliénation*. Entretanto, em 1966, data de publicação desta entrevista, Lukács estava escrevendo a *Ontologia*, obra em que já estabelecia com precisão a distinção entre as categorias *Entäusserung* e *Entfremdung*. Pelo critério adotado na tradução das obras que compõem a coleção Biblioteca Lukács, traduzimos *Entäusserung* por "alienação" e *Entfremdung* por "estranhamento". Embora não tenhamos tido acesso ao original alemão desta entrevista, pelo contexto o sentido que a palavra assume, ou seja, caráter negativo, no qual a individuação humana se processa em descompasso com a potência do gênero, corresponde ao segundo termo; por isso optamos por traduzi-lo aqui por "estranhamento". (N. T.)

G. L. – O absurdo nada mais é do que o grotesco. Nada de novo nele. Veja Goya, Hogarth Daumier. Neles o absurdo vem da comparação de dois estados: o estado normal e sua deformação. O grotesco somente possui sentido quando se põe em relação com o humano. Em muitos escritores contemporâneos, o absurdo não está em relação com o humano; ele é considerado um estado natural. Se não se distingue aquilo que é humano daquilo que não o é, o sentido humano é perdido. Não se obtém nada além de uma fotografia imediata de certo aspecto da vida. Trata-se também de uma nova forma do naturalismo! Se Eugene O'Neill é um dramaturgo admirável, é pelo fato de propor uma dialética viva das relações entre o humano e o grotesco. Tomemos um outro escritor: o romancista Jorge Semprún. Ele utiliza o monólogo interior para evocar o combate contra a alienação fascista. Em [Samuel] Beckett, esse combate não existe. Ele capitula diante do estranhamento moderno.

N. K. – *Isso é, para o senhor, uma tomada de posição política?*

G. L. – De modo algum. Um outro escritor que admiro é Thomas Wolfe. Sua obra é um combate contra o estranhamento na vida estadunidense. Admiro igualmente [William Clark] Styron e Elsa Morante, que, a meu ver, é mais talentosa que seu marido, [Alberto] Moravia. Não defendo nem uma técnica nem uma ideologia. O que defendo é a integridade do homem e me oponho a uma literatura que leve à destruição dessa integridade. Não nego o valor de [James] Joyce ou [Marcel] Proust. O primeiro é um excelente observador e Proust é um escritor bastante importante. Sua obra continuará a exercer profunda influência sobre a literatura, pois ali se encontra uma dialética entre o passado e o presente. Isso nos permite situar o problema do estranhamento. Aqui reside o fato de que o passado somente tem um sentido verdadeiro na medida em que reflete sobre o futuro. Não falo somente das sociedades, mas também dos indivíduos. Essa *busca do tempo perdido* é o problema de um homem que não possui futuro. A verdadeira fonte de toda a obra de Proust se encontra no último capítulo de *A educação sentimental**, quando Frédéric Moreau recorda seu passado.

N. K. – *E [Jean-Paul] Sartre?*

G. L. – É um homem vital. Eu o compreendo muito melhor desde que li *As palavras***. Que obra admirável! Ele explica esse homem que jamais teve

---

*   Trad. Adolfo Casais Monteiro, São Paulo, Nova Alexandria, 2009. (N. E.)

**   Trad. J. Guinsburg, Rio de Janeiro, Nova Fronteira, 1964. (N. E.)

contato com a realidade. Entendo que Sartre sofreu um choque de realidade. Ele foi corajoso por ocasião da guerra da Argélia.

N. K. – *E como filósofo?*

G. L. – Ele fez progressos desde O *ser e o nada**. Ele está mais próximo do marxismo. Entretanto, existe nele uma fraqueza. Quando a vida o obriga a mudar de ponto de vista, ele não quer mudar radicalmente. Ele quer dar a ilusão de continuidade. Em sua *Crítica da razão dialética***, ele aceita Marx, mas quer conciliá-lo com Heidegger. Pode-se ver a contradição. Existe um Sartre número 1 no início da página, e um Sartre número 2 no fim da página. Que confusão no método e no pensamento!

N. K. – *O senhor acredita que um escritor tem um papel social a cumprir?*

G. L. – Os existencialistas falsearam o problema. Não se escolhe nem o lugar nem a data de nascimento. Dizemos sim ou não à realidade que existe a despeito de nós. O homem é um ser que "responde". Depende dele dizer sim ou não à realidade tal como ela existe. E essa realidade é aquela de hoje. Não depende de você nem de mim que existam carros nas ruas, ou que você ame sua mulher e não a amiga de sua avó. A única escolha que você deve fazer é não atravessar a rua ou não amar sua mulher. A relação entre a liberdade interior e as necessidades exteriores é muito complexa. Marx não negou a existência da escolha. Esta começa pelo trabalho: o construtor escolhe uma pedra, e essa escolha faz com que seu trabalho seja bom ou não. Ele pode sempre escolher entre duas pedras, e não entre uma pedra e um pedaço de bronze. O problema da liberdade e da necessidade social se relaciona com a perspectiva da evolução social. É um problema dialético. Considerar a liberdade num plano abstrato conduz a posições falsas.

Eu me oponho ao burocrata que define a função da literatura. Sobre o stalinismo, que é um desvio do marxismo, não hesitei em expor minhas opiniões no tempo de [Mátyás] Rákosi, fiz uma conferência para manifestar essas ideias. Só se pode falar de liberdade quando se analisa a liberdade em uma situação concreta. Sou pela liberdade do escritor, mas é preciso entender. Quando em um país socialista se impede um escritor de se exprimir, eu me levanto contra o confisco de sua liberdade, mas isso não significa aceitar a liberdade capitalista.

---

* Trad. Paulo Perdigão, 17. ed., Petrópolis, Vozes, 2009. (N. E.)

** Trad. Guilherme de Freitas Teixeira, Rio de Janeiro, DP&A, 2002. (N. E.)

Muito jovem, eu compreendi essa lição. Durante um breve período, fui crítico teatral em um grande jornal. Minhas crônicas não agradaram e tive de deixar o emprego. Você sabe tanto quanto eu que a liberdade de imprensa existe de maneira relativa. Nos países capitalistas, quem escreve em um jornal conhece os limites a não ultrapassar. Adapta-se. Essa manipulação refinada da liberdade vem de longe. O burocratismo que ameaça o escritor e o jornalista nos países socialistas é apenas uma forma de manipulação, mais brutal. Quando se podem discutir as duas formas de manipulação, a controvérsia pode ter um sentido, mas não aceito a pretensão segundo a qual se diz que, de um lado, existe liberdade e, de outro, ela está ausente.

Sou contra a discussão abstrata. O marxismo nos reconduz sempre ao concreto.

3
Novos modelos humanos*
Entrevista concedida a Pál Pándi e Péter Rényi

Entrevistador – *Primeira pergunta: qual é sua opinião sobre a introdução do novo mecanismo econômico, e o que você pensa dele?*

György Lukács – A meu ver, foi um passo particularmente importante e positivo, desde a estrada aberta pelo XX Congresso [do Partido Comunista da União Soviética]. De onde derivavam as dificuldades para as quais se deve procurar uma saída? Na época da revolução e da contrarrevolução, em 1917, foi necessário, sem dúvida, introduzir na União Soviética, tanto na produção como no Exército, o chamado sistema de comissários, porque os técnicos militares, econômicos e de outros setores eram, em sua maioria, absolutamente não confiáveis, eram apoiadores da contrarrevolução. Não conheço o bastante a estrutura interna da União Soviética para poder dizer, exatamente, em que medida e de que forma isso foi necessário. Mas, sem dúvida, esse sistema, na época de Stálin, não foi liquidado e, assim, continuou a desenvolver-se. Dominava a desconfiança, que era caracterizada pela concentração burocrática e pelo controle minucioso de cada pequenina coisa.

---

* Entrevista concedida ao *Népszabadság* [Liberdade do Povo], órgão do Partido Operário Socialista Húngaro, semanas após a readmissão de Lukács no partido. O *Népszabadság* foi fundado em 2 de novembro de 1956 e era o jornal de maior tiragem no país. A entrevista foi publicada na edição n. 304, de 24 de dezembro de 1967. Tradução de "Nuovi modelli umani", em György Lukács, *Il marxismo nella coesistenza* (Roma, Editori Riuniti, 1968), p. 17-34. (N. T.)

Mas o desenvolvimento socialista, iniciado já por Lênin, realizou um trabalho de educação grandioso que formou quadros dirigentes e técnicos bastante numerosos e altamente qualificados, tanto que, hoje, mesmo os Estados Unidos invejam esse desenvolvimento da União Soviética. Esse novo estrato social de formação soviética não podia mais ser governado da antiga maneira. Os sintomas desse processo apareceram já há muito tempo. O XX Congresso também reconheceu isso. É uma questão secundária, se acho a expressão "culto da personalidade" pouco feliz, pois o mais importante é que esse problema esteja na ordem do dia. O partido húngaro teve o grande mérito de haver reconhecido, também nesse ponto, a necessidade de uma ação concreta, e o novo mecanismo é um experimento importante para realizar a produção socialista com um método livre de deformações. Esse é um passo que torna possível e necessário o *renascimento do marxismo* e, de outro lado, o retorno à *democracia operária*, como era chamada no tempo de Lênin. Ora, a questão é somente esta: em que medida houve ruptura com o velho e em que medida, pelo contrário, pouco ou nada se fez nesse sentido? Quais são os problemas que se apresentam? Para mim, ocorreu a liquidação de algumas coisas. Não existe dúvida de que, por exemplo, na Hungria se liquidaram coerentemente as violações das leis e as respectivas consequências; entretanto – esta é minha opinião – não houve ainda, sobre todos os aspectos, a necessária liquidação radical dos métodos praticados anteriormente.

Quero ilustrar essa afirmação com as relações entre a teoria e a tática. Ouve-se com frequência a crítica à tese errônea de que a luta de classes está se tornando mais e mais aguda. Nós refutamos essa tese, mas não examinamos a questão do ponto de vista marxista. Seria mesmo verdade que Stálin acreditava que a luta de classes crescia cada vez mais e por isso houve os processos dos anos 1930? Ou – e para mim esta é a verdade – Stálin precisava, por motivos táticos, desses processos e por isso afirmou que a luta de classes cresce continuamente. Ou seja: em vez do verdadeiro método marxista, que desenvolvia uma estratégia e uma tática a partir da análise dos acontecimentos, as resoluções táticas – certas ou erradas – eram consideradas determinantes e sobre elas construiu-se a teoria. Cito também um exemplo em que estou de acordo com Stálin, no que diz respeito à tática. Penso no pacto de 1939, que foi, em minha opinião, o primeiro e decisivo passo para a destruição da Alemanha fascista. Mas qual foi a consequência? Por certo tempo, infelizmente, os comunistas franceses e ingleses se orientaram para a suspensão das ações defensivas contra Hitler, porque assumiram o princípio segundo o qual o verdadeiro inimigo estava no próprio país; e, assim, a resistência antifascista foi paralisada. Pense no primeiro volume de *Les communistes*, de [Louis] Aragon, que evidenciou bem esse processo. O método que "fabrica" uma teoria para a tática não foi totalmente liquidado e, enquanto não for liquidado, nos ameaça sempre o perigo de que as velhas tradições burocráticas tenham um efeito regressivo.

Entrevistador – *Permita-me uma interrupção, companheiro Lukács. Você observou que é errado criticar com métodos dogmáticos, sem análise, a tese stalinista sobre o contínuo crescimento da luta de classes. Podem, no entanto, ocorrer situações em que a luta de classes cresce efetivamente. A rigor, portanto, você condena a contraposição dogmática das duas teses: a do contínuo crescimento da luta de classes e a de seu contínuo enfraquecimento?*

G. L. – Sem dúvida. Que a luta de classes cresça ou não, é sempre uma questão concreta que precisa ser esclarecida pelos marxistas com base nos fatos, conformando suas táticas a essa clarificação. Retornando à questão originária: em nosso país e em outros notamos certa reserva a propósito dessa "inflexão". Em vez disso, estabelecemos as coisas desta maneira: havia certo desenvolvimento que era em substância justo, mas agora o corrigimos e, no lugar do bom, temos um melhor – e não no lugar do ruim, um bom. Consintam-me, nesse ponto, recorrer a Lênin, grande teórico e tático. Quando terminou a Guerra Civil Russa, em 1921, Lênin elaborou a Nova Política Econômica, a NEP. Lênin não disse, na ocasião, que o comunismo de guerra era, com efeito, uma política boa que seria substituída por uma política melhor, mas disse, com toda a franqueza, que o comunismo de guerra era, em princípio, uma política insustentável, mas as circunstâncias o haviam imposto. Já que as "circunstâncias de emergência" não existiam mais, operou-se uma "inflexão" que introduziu a Nova Política Econômica. Lênin nunca afirmou que a Nova Política Econômica era a continuação do comunismo de guerra, seu desenvolvimento ulterior, sua correção; ao contrário, ele disse que a Nova Política Econômica era o contrário do comunismo de guerra. Minha objeção é esta, portanto: não reiteramos suficientemente o contraste entre o novo mecanismo econômico e o antigo, embora os ensinamentos da passagem leninista mostrem que, muitas vezes, o próprio "choque" tem um impacto real sobre as massas e serve como orientação para novas tarefas.

Entrevistador – *Mas talvez hoje se trate de uma situação semelhante à da "inflexão" de 1921? Nos últimos dez anos, tomou-se uma série de providências na organização econômica em relação às quais o novo mecanismo econômico não é uma "inflexão", mas uma continuação e uma ampliação substancial.*

G. L. – É possível que seja assim para certas coisas. Não me considero um especialista nas questões econômicas. Considero "o choque" importante pelo fato de que podemos mobilizar de novo o povo e, segundo meu juízo, existe a necessidade dessa mobilização. Quando digo "dar um choque", não falo de dar um choque no sistema. Nem mesmo Lênin afirmou que se estava rompendo com o socialismo quando introduziu a NEP. Pelo contrário: disse que, depois de um passo errado, imposto e inevitável, primeiro damos um passo para trás e depois damos um passo correto para a frente. O que procuro é o modo como se pode pôr em movimento, e com uma tensão muito maior, a massa de milhares de homens no interesse da realização do mecanismo. Por isso citei o exemplo de Lênin, porque queremos que as massas atuem não formalmente, mas efetivamente. Desse modo, no sentido leninista, penso que seja necessária tal "inflexão" para a verdadeira realização do mecanismo.

Entrevistador – *Você disse que o XX Congresso significou uma inflexão. Então, mesmo em relação ao XX Congresso, é necessária uma nova "inflexão"?*

G. L. – É necessária uma ampliação daquela primeira modificação e, do ponto de vista dialético, uma inflexão não se cumpre em um dia. Uma inflexão pode ser também uma "inflexão de um período". Observemos, por exemplo, a inflexão que se produziu na história do homem quando este começou a trabalhar: essa inflexão durou 10 mil ou 100 mil anos. Sem dúvida, foi o trabalho que tornou homem o homem. Não há também nenhuma dúvida de que foram precisos 10 mil ou 100 mil anos para que o trabalho se tornasse geral.

Entrevistador – *Nos últimos anos, em diversos países socialistas começou a reforma da direção econômica, e agora o novo mecanismo econômico também é introduzido por nós. Essa não é a prova de que a "inflexão", como processo, segue adiante?*

G. L. – Certamente, foram dados passos adiante. Estamos na "inflexão", mas não podemos dizer que ela esteja concluída. Penso ser necessário que se tome consciência da mudança do método, em contraste com certos obstáculos que ainda se podem encontrar nesse sentido.

Entrevistador – *Você afirma: não é justo dizer "em vez do bom, o melhor" e que as massas devem ser ativadas, mobilizadas a favor do mecanismo. Mas pode-se encontrar também este fenômeno: que os homens digam "o que existe hoje é bom o suficiente". Não bom, mas "bom o suficiente". E temem que, em alguns aspectos, sua condição fique mais difícil, isto é, temem pelos resultados alcançados até agora. Ou seja, devemos provar que "o bom" se tornará por fim o "melhor".*

G. L. – Ninguém põe em dúvida que houve certa melhoria na economia. São coisas que não discuto, já que são óbvias. Mas afirmo que, se existem pessoas que têm medo da introdução do novo mecanismo, isso significa que essas pessoas não compreendem ainda o que isso significa, na verdade, para elas e, se não o compreendem, é por culpa de algum erro nosso.

Entrevistador – *Se argumentamos em termos evolutivos, então devemos pensar que não houve apenas a desconfiança que você menciona corretamente como uma das causas da centralização exagerada, mas que houve a fase da industrialização, a época da coletivização, em outras palavras: a época em que grandes decisões centralizadas eram necessárias. Isso, naturalmente, aumentou o peso do aparato central, mas o desenvolvimento econômico ultrapassou essa época e, hoje, a economia moderna não pode empregar o velho aparato central. Portanto, precisamos mudar para uma economia centralizada de um outro modo, uma economia elástica e em grande parte descentralizada. Isso pode ser considerado um processo orgânico.*

G. L. – Isso estaria certo se *fosse apenas uma questão de tecnologia ou gestão de empresas, e não se tratasse de algo maior do que isso.* Mas, insistindo apenas na evolução, as questões de princípio da "inflexão" são colocadas em segunda linha. Não me entenda mal, não acredito que amanhã tudo tenha de mudar, mas acho que, se não lutarmos decisiva e tenazmente pela mudança, nem mesmo em dez anos essa mudança acontecerá. O jovem Hegel disse em algum lugar, com um paradoxo espirituoso: *"Se queremos mudar algo, então temos de mudar algo".* Eu luto para que a *superestrutura* mude, o mais rápido possível. Quanto mais claramente as massas "virem" o que está acontecendo, mais facilmente vão superar o velho.

Entrevistador – *Se existem diferenças entre nós nas colocações, penso que nas ideias fundamentais concordamos. E podemos passar para a próxima pergunta. Você vem lutando há décadas pela responsabilidade social da literatura, da* *arte, sustentando essa finalidade com uma argumentação cerrada. Como você vê hoje a substância dessa responsabilidade?*

G. L. – O verdadeiro significado da literatura é revelar os grandes e profundos problemas humanos presentes em determinada época. A *ideação* artística desses problemas humanos tem, pois, com uma adequada transposição, as próprias repercussões sobre o desenvolvimento dessa mesma história. Não acho que era por acaso que Marx relia, todo ano, as tragédias gregas e sabia Shakespeare de memória. Seu comportamento não era certamente o de um esteta. Estou convencido de que Marx também aprendeu muito com eles. Aprendeu a não *olhar* para os conflitos, para as "passagens" históricas, como um complexo de pequenos estratagemas, mas a *vê-los* em suas grandes conexões.

A literatura soviética iniciou sua atividade com certa consciência desse significado da literatura. As grandes obras de [Maksim] Górki, *A vida de Clim Samgine**, *Razigrom* [O dezenove], de [Aleksandr] Fadeev, *O Don silencioso***, de [Mikhail] Sholokhov, os romances de caráter pedagógico de [Anton] Makarenko são centrais sobre esses grandes problemas humanos que estavam presentes antes, durante e depois de 1917 na União Soviética. Em tais obras reflete-se claramente a grandiosidade da revolução sobre o plano da história mundial. Em nosso país, creio, a empreitada socialista mais séria da figuração literária desses grandes problemas humanos, depois da liberação, foi o romance de Tibor Déry *Felelet**** [*Resposta*]. Não se pode esquecer que, no congresso da Associação dos Escritores, József Révai revelou que Déry, com a figura de Bálint Köpe, criou "o tipo" do jovem operário dos tempos de [Miklós] Horthy. Révai o considerou então um elemento de valorização. A grande discussão sobre o segundo volume originou-se do fato de que Déry, desenvolvendo essa figura, chegou à figuração de um tipo de trabalhador honesto, leal, de sentimentos esquerdistas, até mesmo revolucionários, que só aderiu em 1945 ao Partido Comunista. Déry explicou isso com a psicologia de Bálint Köpe. O fato de Bálint Köpe não ter aderido ao partido dos comunistas teve boas razões também do ponto de vista do movimento. Em vez de culpá-lo, era preciso saber explicitar, a partir do romance, as consequências justas.

---

*   Trad. Daniel Gonçalves, Porto, Civilização, 1979-1980. (N. E.)

** Trad. Myriam Campello, Rio de Janeiro, Record, 1987. (N. E.)

*** Budapeste, Révai, 1950. Não localizamos edição brasileira da obra. (N. E.)

Publiquei um artigo sobre [Alexander] Soljenítsin*. Nele afirmei que é impossível *escrever um romance verdadeiro do homem de hoje, em qualquer país socialista, que não contenha a tendência de liquidar a época de Stálin*. Porque, deixando de lado os jovens de vinte anos, todos nós vivemos esses tempos, e a componente mais importante de nosso atual modo de viver, sentir, falar é constituída pelo modo como cada um de nós reagiu e reage a esses tempos. Nós deveríamos procurar favorecer a criação e o desenvolvimento dessa literatura. Um exemplo sério dessa literatura pode ser observado nos últimos dois livros de László Benjámin, nos quais se apresenta muito claramente a personalidade de um revolucionário convicto, que viu e viveu todo o mal e, apesar de todo o mal, permaneceu um combatente do socialismo. Esse é um "tipo" dos tempos de hoje. A literatura teria o papel de representar um estrato sempre mais amplo dos "tipos". Sou otimista em relação aos desenvolvimentos ulteriores da literatura, mas considero necessário colocar no centro essa tendência e não aquela que insiste na atualidade cotidiana. Reflitamos sobre o que representa hoje [Bertolt] Brecht em todo o mundo. Brecht fez sucesso no mundo inteiro, nos países socialistas e não socialistas, mas sobretudo fez sucesso com obras como *Mãe coragem e seus filhos*, *A alma boa de Setsuan***, e assim por diante, com obras, portanto, em que ele, no homem de hoje, aborda a "inflexão" da história mundial. A literatura deve aprofundar-se nesses problemas humanos fundamentais. Se conseguir fazê-lo, a literatura terá uma retomada semelhante à da literatura soviética dos anos 1920.

Entrevistador – *Em sua* Estética, *você escreve que pode existir uma arte que se baseie na atualidade cotidiana, de maneira clássica, e menciona, entre outros, [Sándor] Petöfi e [Vladímir] Maiakóvski. Esses exemplos têm uma validade atual?*

G. L. – Sem dúvida. Afirmo, porém, que a literatura não se reduz a isso. Essa tendência de Petöfi se manifestava muito menos em [János] Arany. Manifestava-se fortemente, no início do século XIX, em [Percy Bysshe] Shelley, que foi um dos maiores admiradores de [John] Keats. Mas Keats não sentiu essa tendência e, no entanto, suas odes ainda têm grande atualidade. Ou seja, não nego essa possibilidade, protesto apenas contra essa tendência que foi apresentada por alguns e quer indicar como tarefa do escritor ter um "estilo Petöfi"...

---

*   György Lukács, *Solschenizyn* (Neuwied, Hermann Luchterhand, 1970). (N. T.)

**   Em Bertolt Brecht, *Teatro completo*, v. 6 e 7 (trad. Geir Campos e Antonio Bulhões, São Paulo, Paz e Terra, 1991). (N. E.)

Entrevistador – *No que tange à elaboração do complexo indicado como "culto da personalidade" por parte da literatura, o companheiro Lukács afirmou, em um artigo, o que considera a função central. Se a função central da literatura é superar as tradições, isso significa que, no fundo, estas não estão superadas.*

G. L. – Em minha opinião, esse problema é um dos maiores de nossa época. Chegaríamos a um grande resultado se houvesse entre nós um escritor que pudesse contar, por exemplo, a vida de József Révai, que considero uma vida repleta de conflitos trágicos. Conheço uma série de companheiros que foram revolucionários valentes e generosos no início dos anos 1920, pertenciam àquele grande tipo representado depois por Imre Sallai, e que mais tarde contestaram precisamente tudo aquilo pelo qual haviam lutado. Conheço também pessoas que se tornaram burocratas dogmáticos. Enfrentar literariamente tudo isso, sim, é uma questão central de nosso tempo. A expressão "questão central" não é feliz, porque a relação entre o homem e a sociedade é tão complexa que não se pode dizer de fato que exista somente uma questão central. Podemos falar de um complexo inteiro de questões centrais. Esse complexo que indico com o termo *tragédia Révai*, esse, sim, é uma das mais importantes e mais centrais questões para a compreensão do homem de hoje.

Entrevistador – *O companheiro Lukács revelou apenas os lados negativos dos tempos em questão. Afinal, o povo que foi educado na época de Stálin venceu as maiores batalhas da Segunda Guerra Mundial e abateu o fascismo. E a geração que cresceu em nosso país após a libertação alcançou a revolução socialista na Hungria.*

G. L. – Permita-me usar o seguinte conceito: para mim, *mesmo o pior socialismo é melhor que o melhor capitalismo*. Essa é minha profunda convicção, e com essa convicção tenho vivido estes tempos. Desde que a edificação do socialismo foi realizada, mesmo naqueles tempos houve lados positivos. Isso eu nunca contestei. Na União Soviética foi criada a indústria moderna que tornou possível a resistência contra Hitler. Portanto, não nego esse lado positivo; mas agora estamos falando, por exemplo, de literatura, e aqui não podemos evitar a questão de que um grupo sério de homens se encontrava, mesmo que de boa-fé, em uma situação muito complicada que deformava sua qualidade humana e seu talento. Sem essas deformações, a realidade de hoje, como realidade, não pode ser figurada. O desenvolvimento do homem é muito complicado. É próprio da literatura não ofuscar os lados negativos dessa história, pois a literatura propriamente pode representar, de um lado, quais são as *forças de resistência*, quais são as reservas que podem ser mobilizadas na psiquê e na moralidade do homem; e, de outro, quais são os obstáculos que podem influenciar a formação de homens excelentes. E não somente daqueles excelentes. Considero, por exemplo, o filme *Dias gelados**, de András Kovács, uma obra excelente, porque enfrenta, com alto nível de consciência, este problema humano: como o homem médio se torna uma besta fascista. Compreender e fazer compreender os grandes problemas humanos de uma época: essa é a verdadeira missão da literatura, da arte.

Entrevistador – *Gostaríamos de fazer uma última pergunta, companheiro Lukács. Qual é sua opinião sobre a atual situação mundial do marxismo?*

G. L. – Nos últimos tempos, sobre esse aspecto, criou-se, para nós, uma situação particularmente favorável. De fato, quando a guerra – até certo ponto – *saiu da ordem do dia* e a Guerra Fria entrou em uma fase de certa distensão, as ideologias formadas nos países capitalistas determinantes, sobre a base da vitória de 1945, entraram, sem exceção, em crise. Isso se vê claramente nos Estados Unidos, onde o sonho da "hegemonia estadunidense" política e ideológica depois de 1945, e a ilusão referente ao modo de viver estadunidense, desabou. Hoje, mais ainda, a guerra do Vietnã e as enormes dificuldades de integração dos negros tornam evidente que essa *ideologia estadunidense* formada em 1945 está quase completamente falida. A situação inglesa, depois de 1945, era caracterizada pela concepção segundo a qual a Inglaterra, com a ajuda do chamado Commonwealth, poderia permanecer uma potência mundial, ainda que de segunda classe. Nos últimos anos, essa ideologia está ruindo. E a ambição, que foi a mesma do imperialismo alemão vencido, de querer desviar o curso dos acontecimentos da guerra mundial com a pressão atômica está indo à falência.

Em nosso país, pelo contrário, criou-se a situação sobre a qual falamos por ocasião da primeira pergunta. A consequência mais importante é que o

---

* *Hideg napok*, no título original, foi lançado em 1966. Baseia-se no romance homônimo de Tibor Cseres e conta um drama histórico real: o massacre de milhares de judeus e sérvios de Novi Sad em 1942. Gira em torno das memórias e justificativas de quatro homens envolvidos no massacre, momentos antes de seu julgamento, em 1946. Obviamente, os envolvidos negam que tenham sido cúmplices ou responsáveis pelo massacre. Trata-se de um dos filmes húngaros mais importantes da década de 1960 e mostrou extrema coragem ao enfrentar o silêncio que vinha encobrindo o papel da Hungria na Segunda Guerra Mundial. (N. T.)

interesse em relação ao marxismo e o comportamento positivo em relação a ele vêm se ampliando grandemente no Ocidente. Em 1945, o marxismo era visto como uma ideologia ultrapassada do século XIX, mas hoje, e de modo muito interessante, o marxismo avança em primeiro plano. Pense somente na posição que Sartre assumiu em 1945 e na posição que assume hoje, depois de vinte anos. Reflitamos sobre o fato de que, nos anos 1920, os seguidores de Freud partiam da concepção de que Marx deveria ser sustentado pela psicologia freudiana, e hoje pensam como sustentar as ideias freudianas com a ajuda do marxismo. Em suma, vem se desenvolvendo um grande interesse pelo marxismo, e isso oferece grandes prospectivas. Nos anos 1920, a Rússia, na ocasião ainda faminta e destruída, teve um enorme efeito sobre a intelligentsia ocidental. Agora estamos em um ponto em que depende de nós fazer crescer rapidamente nossa influência sobre o Ocidente. Estamos em uma situação favorável, e devemos agir de modo consequente. Não sabemos nem mesmo quão profunda poderia ser nossa influência, se nos movêssemos em um nível adequado, sobre a formação do mundo capitalista, da filosofia, passando pela literatura, até a música. Basta lembrar o exemplo de [Béla] Bartók, cuja influência cresce continuamente mesmo entre os "modernistas" mais extremos que procuraram subestimá-lo com uma crítica negativa. Não haverá obstáculo para que nossa literatura, nosso cinema e nossa filosofia também exerçam influência semelhante, desde que rompamos decisivamente com o dogmatismo.

Entrevistador – *Essa troca de ideias demonstra para nós que, ao lado das diferenças de pontos de vista, podemos falar, em questões fundamentais, de identidade de visões.*

G. L. – Em muitos aspectos. Onde emergiram divergências de visão, gostaria de sublinhar: como ideólogo, considero meu dever expressar profundamente minhas visões. Se estas suscitarem discussão, tanto melhor.

4
Todos os dogmáticos são derrotistas*

Entrevistador – *Camarada professor, você expressou recentemente a opinião de que, em nossos dias, está se desenvolvendo no mundo uma situação muito favorável à crescente influência da doutrina marxista. No Ocidente, você disse naquela ocasião, o interesse pelo marxismo era cada vez maior e a disposição positiva para compreendê-lo estava aumentando. Por outro lado, como você considerou, isso não explica em um nível preciso quão profundamente poderíamos influenciar a evolução, por exemplo, da filosofia, da literatura, do cinema, da música etc. no mundo capitalista. O que nos impede de atingir esse nível, em sua opinião? Que progresso teríamos de fazer para atingir esse nível indispensável no futuro?*

György Lukács – Em primeiro lugar, devemos começar reconhecendo o fato de que o marxismo estagnou durante trinta anos; que, nesse período em que Stálin determinava o que era marxismo e o que não era marxismo, muitas idiotices foram reconhecidas universalmente ao longo de anos, infelizmente, como científicas. Trata-se, em primeiro lugar, de restaurar o marxismo. Quanto tempo esse processo levará, se será lento ou rápido, não podemos

---

* Entrevista publicada originalmente no jornal tcheco *Kulturní Noviny* em 1968. Encontra-se também em *Lukács Werke: Autobiographische Texte und Gespräche* (Bielefeld, Aisthesis, 2009), v. 18, p. 377-82. Versão alemã traduzida por Claus Gatterer e publicada com o título "Alle Dogmatiker sind Defaitisten", *Neues Forvm*, n. 173, maio 1968, p. 281-3; revisão de Vitor Bartolleti Sartori. (N. T.)

julgar antecipadamente. Existem possibilidades objetivas para a renovação do marxismo, mas também há as condições subjetivas. Dependerá de o partido querer e ser capaz de promover o desenvolvimento do marxismo, ou se vai impedir esse desenvolvimento. A questão não pode ser posta e considerada de modo geral; ela se apresenta para cada país de forma diferente. Vale observar, por exemplo, que os camaradas tchecoslovacos estão fazendo uma inflexão que merece muita atenção. Há também indicativos de que a Tchecoslováquia sob [Alexander] Dubček é um ambiente mais favorável ao desenvolvimento do marxismo do que o era sob [Antonín] Novotný.

Entrevistador – *A personalidade do líder político e sua contribuição para a política certamente têm uma influência considerável sobre as condições nas quais a doutrina pode se desenvolver. Como você vê o papel dos políticos nesse contexto?*

G. L. – O teórico e o político em uma única pessoa são um fenômeno muito incomum. Marx diz que a ideologia existe para resolver os conflitos sociais – e essa é, sem dúvida, também a tarefa da política. Os conflitos sociais, no entanto, surgem em diferentes níveis, em diferentes gradações; e, segundo Lênin, a tarefa do político é encontrar precisamente esse elo na cadeia para resolver as oposições concretas, pelas quais, se alguém consegue apanhá-lo, pode ter o controle sobre toda a cadeia. O pensador, o filósofo, o economista não têm a tarefa de resolver os problemas específicos no lugar dos políticos; eles devem, antes, tentar formular os grandes problemas teóricos da época. A formulação teórica dos problemas pode ajudar muito os políticos, mas não oferece a possibilidade de derivar diretamente soluções táticas.

Permita-me dar um exemplo. Quando Lênin retornou à Rússia em abril de 1917, estava muito claro para ele, o teórico, que a Revolução Russa se movia em direção ao socialismo. Agora, dê uma olhada nas soluções táticas mais importantes postas em prática por Lênin. Em primeiro lugar, a paz imediata. E, então, todas as terras para os camponeses! Obviamente, nenhuma dessas demandas é socialista em sentido lógico e imediato, mas eram um elo da corrente; elas lideraram as massas do movimento, e o movimento levou as massas ao caminho do socialismo. O primeiro movimento dos trabalhadores, sem dúvida, teve a sorte de que Marx e Engels depois dele, e Lênin depois deles, eram homens que reuniam em si mesmos as habilidades dos grandes teóricos e as habilidades da excelência na política. Então veio aquele momento infeliz em que o próprio Stálin acreditava que, como político, como secretário-geral do partido, era ao mesmo tempo o líder ideológico do partido.

Infelizmente, na Hungria também aprendemos que até [Mátyás] Rákosi achava que ele próprio era a personalidade mais adequada para julgar o que era certo e válido do ponto de vista marxista e o que não era...

Hoje, ninguém pode dizer se haverá um outro período em nosso movimento em que o líder político seja, ao mesmo tempo, a personalidade que guia a doutrina do movimento. Precisamos de políticos eficientes nos partidos como primeiros-secretários; mas não há nenhuma garantia, nenhuma indicação objetiva de que, em cada partido, o primeiro-secretário seja a personalidade mais competente para as questões teóricas. É por isso que, em minha opinião, devemos conscientemente concentrar nossa atenção no "dualismo", devemos nos empenhar em promover a melhor cooperação entre os políticos e os teóricos presentes em cada partido, com base nos interesses do movimento.

Entrevistador – *Nas condições necessárias para que o marxismo atinja o nível requerido, você também mencionou outros fatores subjetivos: não se pode confiar na automaticidade dos efeitos objetivos da reforma econômica, especialmente porque ela sempre exige novas respostas para questões continuamente novas. Como já apontou em uma entrevista anterior, você enfatiza que o movimento como tal e o sucesso da reforma econômica dependem em grande parte das mudanças em nosso pensamento, da transformação mais rápida da superestrutura. O que mais você poderia dizer sobre essa questão atual?*

G. L. – Considero que nunca houve na história uma situação que fosse solucionável sem a intervenção de fatores subjetivos. Assim, a dissolução do feudalismo pelo capitalismo foi econômica e objetivamente necessária em uma série de Estados. Mas se você comparar a Revolução Inglesa com a Revolução Francesa, e depois olhar para o capitalismo alemão, que se desenvolveu sobre uma revolução oprimida, verá até que ponto a fisionomia do capitalismo inglês, francês e alemão foi determinada por fatores subjetivos. O fato objetivo de que o caminho alemão rumo ao capitalismo conservou tantos privilégios antigos e tantas formas feudais confere ao capitalismo alemão um caráter que difere consideravelmente do francês – que, de fato, esmagou o feudalismo.

Por que lembro isso aqui? Em nosso caso, um desenvolvimento análogo poderia ter ocorrido. Sem reformas econômicas, a economia dos Estados socialistas não será competitiva no plano internacional. Então não podemos evitar as reformas econômicas. No entanto, tudo dependerá de que essas reformas sejam executadas com coerência – ou de que permaneçam meramente formais – e, independentemente de representarem uma mudança radical, de que sejam ou não acompanhadas da democratização necessária nos setores econômico e extraeconômico etc. Tudo isso depende muito mais do fator subjetivo. As diferenças no desenvolvimento de cada um dos países socialistas serão determinadas pelos diferentes efeitos dos fatores subjetivos em cada um deles.

No geral, é universalmente aceito hoje que o sistema convencional do nosso planejamento está desatualizado e deve ser suplantado. Isso, no entanto, dependerá de um fator subjetivo, de como corrigiremos teoricamente o problema do planejamento e como o resolveremos na prática. É claro que o pensamento das camadas marxistas instruídas também contribui para isso. E aqui vejo – como em outras áreas – duas tendências erradas em ação; apenas uma terceira – *tertium datur* – pode mostrar o caminho certo. Por um lado, temos homens que querem conservar o marxismo na forma adotada por Stálin. Estes perderam completamente ou, pelo menos, em boa medida a capacidade de compreender os requisitos básicos de hoje; querendo ou não, eles sabotarão as reformas econômicas. Outros intelectuais, homens honrados e comprometidos, por outro lado, acreditam que o marxismo deve ser renovado pela adoção de concepções ideológicas ocidentais. Dizem que o marxismo, para dar a si próprio a forma adequada aos tempos modernos, deve absorver a lógica matemática, a semântica, o estruturalismo, e deus sabe mais o quê. Acho isso uma estupidez. O método do marxismo está correto; devemos desenvolvê-lo ainda mais para que se torne adequado como base para resolver os problemas atuais do socialismo e do capitalismo. Contudo, primeiro temos finalmente de chegar à compreensão efetiva do marxismo e, depois, ao conhecimento e à compreensão de todas as grandes mudanças no mundo que surgiram no período posterior a Marx. O marxismo ainda não foi capaz de elaborar nenhuma avaliação precisa dessas mudanças, e o resultado é que o julgamento a respeito do capitalismo é erroneamente elaborado em oposição à ciência. De manhã, algumas pessoas ainda folheiam os jornais na esperança mais ou menos secreta de que tenha estourado a "crise" nos Estados Unidos. Não menos falsa é a visão de que as coisas mudaram tanto que não estão mais relacionadas ao capitalismo. Em geral, são válidas para o capitalismo as mesmas leis descobertas por Marx; entretanto, com as modificações necessárias, não é a lei que provocará por si mesma essas mudanças, mas o tempo, e a lei deverá respeitá-las. Ver o mundo atual, incluindo o capitalismo, de modo marxista, com os traços característicos do marxismo, é da maior importância, também no que diz respeito ao conceito da forma do socialismo.

Entrevistador – *As ideias sobre a reforma econômica são relativamente seme-lhantes na Tchecoslováquia e na Hungria, a ponto de podermos considerá-las bastante iguais. Tenho a impressão de que na Tchecoslováquia, especialmente em relação à busca de caminhos para a reforma, com o desenvolvimento de novos pontos de vista sobre a recuperação do desenvolvimento econômico, a luta contra a indecisão durante a transição para o novo sistema de governo levou à convicção – que se cristalizou – de que, para a suplantação decidida das deformidades do socialismo, a reforma é indispensável também no setor externo. A atual mudança, contra a resistência das forças conservadoras, conseguiu a democratização do partido e da sociedade como um todo. Você acha, camarada Lukács, que um processo análogo está acontecendo na Hungria? Ou, como li em algum lugar, esse processo, aqui, até precedeu a reforma econômica?*

G. L. – Se você olhar as coisas do jeito como as coloca na última frase, seria, creio eu, um exagero. Acredito que o sectarismo na Hungria – especialmente como resultado dos eventos de 1956 – teve uma grande influência na nossa ideologia. A demolição do sectarismo começou, em certa medida, apenas antes das reformas econômicas. Mas não se deve superestimar isso, porque a influência dos sectários e dos homens do "sectarismo" vizinho ainda é muito forte em questões ideológicas. Seria uma ilusão supor que, hoje, o sectarismo stalinista não é mais um fator significativo na Hungria.

Há ainda mais uma coisa. Pode não ser inteiramente correto, como eu digo, mas é fato que a forma dada a nossas relações imediatamente após os eventos de 1956 sofreu algumas mudanças muito características, particularmente evidentes no campo cultural. Aqui se circunscrevem alguns homens como "progressistas implacáveis", e é assim que é: quando alguém descobre qualquer estupidez no Ocidente, eles correm para ser os primeiros a se apropriar dela e assumir o controle. No entanto, em mais de um caso, essa modernidade externa serve apenas para disseminar ideias altamente conservadoras – algo como a história húngara ou a literatura húngara. Seguramente a ideologia húngara não se desenvolve numa linha reta, numa uniformidade rígida, tivemos correntes diferentes. Nos últimos tempos – acredito que isso está relacionado às reformas econômicas –, em alguns aspectos a possibilidade de discussão cresceu muito entre nós.

Entrevistador – *Você mencionou relações na cultura, na literatura. Nessas áreas, você está particularmente "em casa". Talvez pudéssemos nos prolongar nessas questões. Sobretudo nesta questão: como você formularia as condições para a melhor afirmação do papel de liderança do partido em uma área tão sensível quanto a arte criativa?*

G. L. – Se o partido também quiser a hegemonia de sua ideologia nessa área, deve fazer todos os esforços para garantir que o marxismo se torne uma autoridade sólida aos olhos dos artistas não marxistas. Desse ponto de vista, como marxistas, poderemos então dizer a nós mesmos que é direito nosso valorizar a literatura, mas há algumas condições a ser respeitadas. Em primeiro lugar, tal crítica não será seguida de uma diretiva organizacional. Os criticados devem ter direito e oportunidade de responder às críticas. O crítico do partido será capaz de responder a essa réplica novamente e, dessa forma, pode surgir uma discussão sobre certos problemas. E isso seria tudo.

Acredito que o marxismo é uma doutrina verdadeira; e acredito que, se tivermos uma verdadeira crítica marxista, provaremos que estamos certos na valorização das obras literárias, e assim poderemos alcançar a hegemonia ideológica no campo da literatura. Se o marxismo não possuísse essa supremacia *de facto*, então, para ser franco, todo o socialismo seria um embuste. Ele só poderia existir por um tempo, como uma falsa ideologia, e depois de certo tempo sumiria de vista, como desapareceu a ideologia de Hitler. Perdoe-me se eu disse isso de modo bastante abrupto. Tenho confiança no marxismo e os sectários não me agradam. Estou certo de que o marxismo, a partir das condições atuais, chegará gradualmente à vitória, sem ter de usar a força. Mas os sectários não acreditam no marxismo. Todos os sectários são derrotistas.

Enfim, deve ficar claro para nós que o tempo da guerra civil ficou para trás. Os sectários, que foram habituados aos ensinamentos de Stálin, supõem que a luta de classes se agrava constantemente. Esses sectários anseiam por aquela bela época em que não se podia governar livremente, a não ser pela letra da lei, de modo que era preciso seguir as leis da maneira mais estrita possível. Os sectários querem perpetuar essa "bela" época de guerra civil, mas isso não é mais possível. Pense no interessante ditado de [Charles Maurice de] Talleyrand: "Você pode fazer qualquer coisa com uma baioneta, mas não pode sentar nela". Espero que num futuro próximo alguns retrocessos dos políticos de que falamos, que pensam que o melhor divã do mundo seria uma longa fila de baionetas, estejam tão fragilizados que certas teorias venham a capitular.

Deliberadamente me coloco dessa maneira – e não peço desculpas.

5
O marxismo na coexistência*

Entrevista concedida a István Simon e Ervin Gyertyán

Ervin Gyertyán – *A ideia da necessidade histórica da coexistência foi levantada e elaborada pela primeira vez por Lênin. O XX Congresso [do Partido Comunista da União Soviética], entre outros, retomou essa teoria leniniana. Nossa primeira pergunta seria esta: o que significa essa concepção hoje? Existe alguma mudança de significado em relação aos tempos e às noções precedentes? Suas condições histórico-políticas estão de acordo com as situações precedentes, ou se modificaram, mudaram nesse intervalo de tempo?*

György Lukács – Permita-me referir a palestra que ministrei em 1965 na Academia Política, na qual, a propósito da coexistência, eu disse: essa é uma nova forma de luta de classes, na qual, portanto, como em todas as lutas de classes, prevalece o princípio leninista *ki-kit***. Entretanto, não podemos esquecer o "momento" essencial, isto é, a coexistência é o contato incessante de culturas que não podem ser detidas com guerras ou proibições. Apenas como exemplo, gostaria de relembrar como, apesar de toda a controvérsia franco-germânica,

---

*   Entrevista publicada em maio de 1968 na revista literária húngara *Kortárs*. Foi concedida ao diretor da revista, István Simon, e ao crítico literário Ervin Gyertyán. Tradução de "Il marxismo nella coesistenza", em György Lukács, *Il marxismo nella coesistenza* (Roma, Editori Riuniti, 1968), p. 67-94. (N. T.)

** *Ki-kit*, em húngaro, qual sujeito e qual objeto. Refere-se, evidentemente, aos fatores da luta de classes: tudo depende de quem faz, como faz, contra quem faz etc. (N. T.)

surge a atitude de Liebknecht* no romance de [Henri] Barbusse; ou quando estavam sendo preparadas as guerras contra a União Soviética – a União Soviética não era "reconhecida", mas o filme O *encouraçado Potemkin* percorreu toda a Europa e entusiasmou a intelligentsia, isto é, existia contato.

Depois do XX Congresso – esse foi um sintoma novo –, sobretudo a política estadunidense foi constrangida a reconhecer que a política do *roll-back*, tendente à anulação dos resultados da guerra mundial com exibição de supremacia militar, faliu e, por causa do pacto atômico, precisou estabelecer certo tipo de convivência pacífica com a União Soviética por um período mais ou menos longo. Surge a partir disso uma situação bastante particular: de um lado, o acordo atômico torna a guerra mundial extremamente improvável e, de outro, continuam a subsistir todas as causas da guerra – as intervenções imperialistas, a libertação dos povos coloniais etc. Por essa razão, há uma tensão permanente que se canalizou para que não se transforme em uma guerra mundial. Nessa atmosfera ocorre a coexistência, que significa também a intensificação incessante dos contatos culturais, sem que os contrastes políticos, econômicos, culturais etc. existentes entre o mundo socialista e o não socialista tenham cessado. Por isso penso, e já pensava assim em 1956, que a coexistência pode ser avaliada apenas como a nova forma de luta de classes internacional. Isso não significa que é preciso ser, assim penso eu, rude com o adversário, que é preciso falsificar as citações. Pelo contrário: assim como na guerra só se pode alcançar o sucesso real com o canhão de maior alcance e a melhor pontaria, no campo da coexistência cultural só se podem alcançar resultados reais com produtos culturais de ordem superior.

Nós, em nossos dias, naturalmente podemos escrever que o autor X ou Y ganhou 32 prêmios nos Estados Unidos – mas, na realidade, trata-se disto: [Béla] Bartók representa verdadeiramente uma marcha triunfante para a Hungria, enquanto, ao mesmo tempo, duvido que a poesia de alguns, proclamados "modernos", representasse uma marcha triunfante similar. Apenas com um resultado cultural – e falo apenas de um resultado cultural e não de um sucesso econômico (a propósito disso emergem outros problemas) – realmente muito maior pode-se conquistar uma vitória verdadeiramente permanente na coexistência. De nossa parte, isto é, do ponto de vista da vitória que queremos fazer surgir da luta de

---

* Personagem do livro de Henri Barbusse, O *fogo* (trad. Lívia Bueloni Gonçalves, São Paulo, Mundaréu, 2015). (N. T.)

classes, é importante que nos Estados não socialistas se empenhem nessa ação estratos sempre mais amplos, estratos que sintam que uma existência digna do homem é melhor realizável no socialismo do que no capitalismo. Por essa vitória devemos, em substância, lutar; essa vitória devemos conquistar na coexistência.

E. G. – *Consequentemente, coloca-se a seguinte questão: essa vitória intelectual, essa supremacia ideológica, que existe como possibilidade real, em que medida ela pode influenciar as probabilidades e os resultados da competição econômica?*

G. L. – Veja, também nesse ponto o problema é distinto em épocas distintas. Nos anos 1920 estava extremamente claro o fato de que a situação miserável da União Soviética não teve influência decisiva sobre a força de atração da cultura soviética. As pessoas sentiam que exatamente por meio desse socialismo poderia advir para os seus problemas de vida uma resposta melhor do que aquela que poderia advir por meio do capitalismo. Há alguns anos li em um escrito de um historiador literário burguês alemão, que tratava da literatura dos anos 1920, que a existência da União Soviética constituía a base das verdadeiras correntes de oposição na literatura – e não tencionava dizer com isso literatura comunista, mas escritos como os de [Johannes Robert] Becher, [Bertolt] Brecht etc. Essa atmosfera também penetrava profundamente na literatura burguesa. Ora, o mesmo historiador disse que, já que muitos ficaram desiludidos com o socialismo, a oposição literária alemã foi abandonada e se tornou apátrida. É uma concepção muito interessante, esta, da parte de um homem que não é do nosso campo. Da intelligentsia dos anos 1920 – falei de Becher, de Brecht, mas posso falar também de Arnold Zweig, de Anna Seghers, [Paul] Éluard, [Pablo] Picasso –, a *elite da intelligentsia* revolucionária se tornou comunista, enquanto hoje, se dermos uma olhada no panorama emergente dos escritores mais jovens, não encontramos tantos comunistas entre eles. A que podemos atribuir esse fato? É verdade, a União Soviética foi incessantemente caluniada. Mas nos anos 1920 era mais caluniada ainda. Não se pode dizer que esse fenômeno tenha se intensificado. Nesse ponto, devemos fazer uma autocrítica e examinar os nossos trabalhos: por que os nossos escritos não têm mais o efeito que tiveram nos anos 1920? E aqui devemos retornar à questão do "culto da personalidade", porque foi no período stalinista que a intelligentsia europeia perdeu a crença na boa-fé, na integridade dos comunistas. Direi apenas uma coisa simples: o que pensaria um ocidental a respeito de uma história do partido na qual se trate de 1917 mas não apareça o nome de [Leon] Trótski e não se fale de seu papel hoje? Isso é um absurdo! Estou longe de simpatizar com Trótski. Mas negar que, nos acontecimentos de 1917, Trótski tenha desempenhado um grande papel significaria perder na história, daqui para a frente, o crédito de cada palavra nossa.

István Simon – *Permita-me uma pergunta incidental. A liquidação do "culto da personalidade" na vida intelectual é, para você, critério fundamental para nossa vitória na coexistência. O desenvolvimento geral do "democratismo" pode ser relacionado, concretamente, com a acentuação da necessidade da coexistência?*

G. L. – A questão naturalmente está vinculada à outra. Nós, por vezes, reconhecemos que a coexistência é necessária, e que a coexistência não pode ser burocraticamente dirigida, como também não pode ser, por exemplo, nossa opinião pública. Porque, na realidade, não se pode *dirigir* verdadeiramente nem mesmo a opinião pública. Não se pode de modo algum impedir a tia Maria de dizer à tia Borcia que um filme foi bem dirigido ou é um filme ruim, por isso não vá vê-lo. E todos aqueles que observam a situação húngara sabem, por exemplo, que o sucesso dos filmes, entre nós, é quase completamente independente daquele que escreve o roteiro. A opinião pública se difunde puramente pela linha da tia Maria-tia Borcia. É ainda menos possível impedir a formação dessa opinião crítica no Ocidente, onde – devemos saber também isso – existe uma opinião pública antibolchevista, naturalmente, que apenas calunia, mas também existem homens honestos e simpatizantes do socialismo, cuja confiança é para nós de grandíssimo valor, mas que não aceitam nenhuma de nossas manipulações.

E. G. – *As concepções pós-bélicas da Guerra Fria estão todas, sem exceção, falidas. Ora, as ideias políticas que querem refletir a situação real que se formou e realizou no seu programa manifestam-se incertas, confusas, titubeantes. Penso que é importante – de nossa parte – que a política seja dirigida por uma concepção elaborada com justeza, consciente, dado que essa foi sempre a característica do movimento operário.*

G. L. – Você tem razão. A situação foi substancialmente modificada: podemos dizer que a ideologia do *american way of life* está entrando em colapso com a guerra do Vietnã, como também internamente, com a questão dos negros. A situação é análoga na Inglaterra e mesmo em outros lugares. Trata-se de saber em que medida somos capazes de suplantar essa ideologia, de apresentar uma nova ideologia. Para dar apenas um exemplo: quando nos estudos de economia política ainda escrevemos apenas comentários ao livro de Lênin sobre o imperialismo e continuamos a esperar o momento em que estourará a grande crise nos Estados Unidos. Essa economia política não pode ter nenhum crédito, pois contradiz os fatos. Podemos adquirir prestígio, ao contrário, se formos capazes de explicar os fenômenos da economia política de hoje com o método marxista. Estou profundamente convencido de que isso é possível.

Por isso não podemos dar respostas às questões relativas à crise externa. Não podemos cair na imodéstia, mas devemos saber que também lá fora debatem sobre o socialismo; na verdade, todos aqueles que estão insatisfeitos com o capitalismo, tanto econômica quanto política e culturalmente, voltam-se instintivamente para nós para obter uma resposta inteligente a seus problemas. Agora, se lhes dermos uma resposta burocrática, nascida de um pensamento tático momentâneo, ou das obras de um suposto escritor bem considerado por nós, fica claro que o prestígio do socialismo diminui e se forma cada vez mais a opinião no Ocidente – entre os que não defendem o capitalismo, porque não podem defendê-lo – de que o destino da humanidade é, em essência, sem esperança, e infelizmente muita coisa já foi formada nesse sentido; nem o capitalismo nem o socialismo conseguem dar uma resposta. Por isso temos a séria responsabilidade de prescrever imperativamente a via que devemos percorrer. Um duplo movimento é necessário: retornar a Marx, no método, e, na realidade, ir adiante na explicação marxista dos fenômenos de hoje. Se formos capazes de fazer isso, venceremos a batalha histórica da coexistência. Caso contrário, nossa derrota será duradoura.

A autoanálise deve esclarecer essa questão. Existem duas tendências que confluem. De uma parte, os burocratas acreditam que, com os dogmas devidamente corrigidos e atualizados, se podem alcançar esses resultados. A outra tendência, ao contrário – que se apresentou instintivamente quando, depois do XX Congresso, as relações se abrandaram um pouco –, trouxe com ela a recuperação das modas ocidentais mais estúpidas. Muitos acreditam, ainda hoje, que o marxismo pode se renovar de modo que ideias burocráticas estúpidas não sejam simplesmente copiadas mecanicamente, mas sejam colocadas em uma máquina cibernética – e de repente aparecerá um resultado mais inteligente. Devemos eliminar esses dois falsos extremos. Essa é uma questão importante também na Hungria. Especialmente depois do XX Congresso, recordo que houve uma aliança secreta, não anunciada, entre os dogmáticos, de um lado, e o "modernismo" acrítico, de outro. O resultado final foi que muitos proclamaram

58 | Essenciais são os livros não escritos

entusiasticamente como grandes escritores apenas [Samuel] Beckett e [Eugène] Ionesco, e ao mesmo tempo se curvaram acriticamente diante dos burocratas de plantão, e, por exemplo, na história literária – isso também é interessante – eles estão retornando, através de János Horváth, a Elemér Császár. Dessa forma, seguidores de Beckett e Elemér Császár se harmonizam. Alguns estão surpresos que isso não tenha tido um efeito na questão da coexistência.

I. S. – *No entanto, sente-se que o interesse pelo marxismo está aumentando em todo o mundo. A partir do XX Congresso, um novo estrato de homens busca uma saída, precisamente em relação ao princípio da coexistência, para dar, do ponto de vista do futuro, uma resposta mais simples com a ajuda do método marxista...*

G. L. – É assim, sem dúvida. Posso demonstrar por experiência própria. Em 1956, quando estive no exterior para participar de um congresso internacional, encontrei velhos conhecidos. O clima em geral era o mesmo de Montesquieu quando escreveu em suas *Cartas persas**: "O senhor é persa? Como alguém pode ser persa?". Queriam dizer: como alguém pode ser (depois de tudo) um marxista, quando o marxismo está entre as ideologias do século XIX, dos tempos antigos? Essa atmosfera começa a desaparecer e, no Ocidente, o interesse pelo marxismo está crescendo cada vez mais. Mas acrescento, naturalmente, que cresce ao mesmo tempo a repulsa pelo dogmatismo. Recebo numerosas cartas nas quais pessoas do Ocidente escrevem: "Interessa-me muito o marxismo, mas não o marxismo oficial".

I. S. – *Mas você, companheiro Lukács, certamente segue e critica fortemente essas novas tendências. Sob a égide do marxismo surgiram também teorias que provavelmente não podem ser inseridas, de forma unívoca, no âmbito do marxismo. Na época atual, as pesquisas alargaram bastante a noção de marxismo; poderíamos dizer que se multiplicaram bastante os casos-limites entre as teorias verdadeiras e falsas.*

G. L. – Veja, também desse fato pude me certificar. É impossível dizer *a priori*, em cada questão, o que devemos fazer e como. *A priori* podemos dizer somente que é preciso retornar aos fundamentos do marxismo e que se anuncia o período em que os homens discutirão e experimentarão sempre mais suas ideias. Se se tentasse transformar meu ponto de vista em opinião oficial, ainda

---

* Trad. Renato Janine Ribeiro, São Paulo, Nova Alexandria, 2005. (N. E.)

que eu esteja convicto de ter razão, seria eu o primeiro a protestar mais forte, porque considero isso perigoso para o desenvolvimento da verdade.

E. G. – *Há uma tendência similar na vida intelectual húngara, embora eu não esteja convencido de que seja algo próprio daqueles que estão mais próximos do companheiro Lukács.*

G. L. – Eu, quando tenho como falar com companheiros competentes, sustento sempre a opinião de que é preciso dar liberdade de palavra a essa posição marxista, buscando que se reconheça também minha posição como uma das opiniões no interior do marxismo; que se considere essa abertura um importante período da luta teórica agora iniciada, que seja combativa precisamente para a completa reabilitação da honra do marxismo, um período em que é preciso dar liberdade de palavra a qualquer boa vontade, e é preciso confiar a fatos históricos as concepções que finalmente se consolidarão como verdadeiras concepções marxistas. De resto, já o simples fato de nos comportarmos assim aumentaria nosso prestígio diante dos ocidentais. Não devemos esquecer que, se sufocamos certas correntes, por um lado, é natural que tal atitude diminua, em geral, nosso prestígio no exterior e, por outro, a restrição confere uma importância exagerada às coisas proibidas – das quais, sinceramente, não se ocupariam nem mesmo os cães, se não fossem proibidas. Por causa da proibição, também recebem um valor de raridade coisas que não são boas, e são acolhidas com entusiasmo porque são ocidentais. Mas, agora que o *Nagyvilág** pode traduzir tudo tranquilamente, já se começa a ver que os leitores húngaros são capazes de fazer distinção entre as coisas boas e as ruins e não colocam mais em confronto, simplesmente, os contos ocidentais com os contos escritos por nós.

A coexistência, e por acréscimo o fim das proibições, pode determinar também um comportamento de indiferença. Cessará, assim, o fenômeno, que hoje predomina ainda em vasta escala, de que todas as coisas ocidentais pareçam melhores do que as nossas. Isso simplesmente não é verdade. Os ocidentais sabem muito bem como são problemáticas as coisas pelas quais nos entusiasmamos. Para que a força da luta de classes se libere na coexistência, é necessário restabelecer, no campo da cultura, a democracia operária. Isso

---

* *Nagyvilág* [Grande Mundo], revista mensal de literatura mundial, lançada em outubro de 1956 pela Associação dos Escritores Húngaros. (N. T.)

constitui o pressuposto das vantagens e dos resultados sérios que podemos alcançar com a coexistência.

E. G. – *Inicialmente, pensei em fazer duas perguntas, mas para uma delas – isto é, qual deve ser nossa atitude diante das obras da cultura ocidental, ideologicamente bastante discutíveis – já obtive, substancialmente, uma resposta. A segunda questão, ao contrário, me parece ainda por esclarecer, pois diz respeito ao nó substancial de nossa época e do movimento operário. Formulo, grosso modo, da seguinte maneira: para você, do que nossa época ainda é devedora em relação à eliminação do dogmatismo?*

G. L. – O princípio fundamental – isto é, desde que Stálin subverteu o marxismo – foi o seguinte: o marxismo desenvolveu as leis gerais do processo que abre o caminho para o socialismo, e os melhores políticos revolucionários elaboraram periodicamente uma estratégia e, no quadro dessa estratégia – até por meio de greves específicas –, certa tática que, naturalmente, muda continuamente de acordo com as circunstâncias. Stálin subverteu esse princípio. Táticas momentâneas eram essenciais para ele. Ele submeteu a ideia de estratégia à tática e submeteu as prospectivas gerais do socialismo à estratégia. Afirmou que, no socialismo, a luta de classes está se tornando cada vez mais intensa, e não era uma afirmação geral, mas apenas um truque que Stálin projetou para justificar os grandes processos. Primeiro os grandes processos foram realizados, depois as teorias apropriadas foram inventadas... Até hoje acontece às vezes de apresentarmos certa tática e depois aplicarmos a estratégia e a teoria geral. O valor de tal teoria geral é: zero.

Naturalmente é muito simples dizer a propósito da tese stalinista – o aguçamento da luta de classes – que ela não é verdadeira, mas, se não formos ao fundo dessa crítica, depararemos com problemas muito sérios. Permitam-me citar apenas um exemplo histórico. Quando, entre Stálin e Trótski, surgiram discordâncias sobre a questão chinesa, Stálin declarou que o feudalismo dominava na China e que, a propósito do feudalismo, a tática a seguir era a mesma que tinha sido aplicada na Rússia; em outras palavras, ele, para permanecer no domínio da tática, expulsou da teoria marxista todo o problema do sistema de produção asiático e, com isso, tornou impossível o conhecimento marxista dos desenvolvimentos na Ásia. É importante que, por exemplo, na questão das revoltas dos povos coloniais, o marxismo tenha percebido que sua compreensão do problema – ou seja, a teoria do sistema de produção asiático – se perdeu completamente para os marxistas de todo o mundo. Gostaria apenas de observar entre parênteses que, dadas as condições da época, Marx nunca lidou com o desenvolvimento dos povos africanos. Com base na mais severa reflexão marxista, podemos nos perguntar: onde está escrito que o desenvolvimento dos povos africanos deve realizar-se, infalivelmente, com base no esquema europeu ou no esquema asiático? Pode ser que, ao lado das relações de produção europeias e asiáticas, também existam relações de produção africanas. Ajudamos os povos do Terceiro Mundo em desenvolvimento: a ajuda marxista também consistiria em explicar-lhes qual é sua situação real e qual é sua prospectiva de desenvolvimento. Bem, de tudo isso, não sabemos nada além da história ocidental. A esse respeito, temos tão pouca certeza quanto eles. E se nós, neste mundo, quiséssemos ter um papel de liderança – e seria natural que tivéssemos esse papel de liderança – uma pesquisa marxista é absolutamente necessária também nesse sentido. Mas aqui está: salvo poucas exceções, não temos tentado responder nem mesmo aos problemas do capitalismo ocidental, para os quais nem sequer os economistas capitalistas estão aptos a dar uma resposta, e, ainda que tenhamos tentado, nossa análise não foi profunda o suficiente.

I. S. – *Em questões relativas à economia, seus argumentos são muito claros. Penso, no entanto, se o que foi mencionado até agora pode ser completado em relação aos problemas intelectuais.*

G. L. – Sim, ative-me à economia porque a demonstração é talvez mais clara e menos questionável do que em outros lugares. Mas as mesmas observações podem ser aplicadas, é claro, a todas as ciências. Apenas um exemplo, cujo eco ainda podemos ouvir. No período Stálin-Jdanov, a história do pensamento foi organizada como se houvesse um pensamento antes do marxismo, depois houve um grande salto e então veio o marxismo. O valor superior substancial do marxismo consiste no fato de que ele absorveu todos os valores do desenvolvimento milenar europeu – não sou eu que digo isso, foi Lênin quem disse durante as discussões de 1920. Em suma, essa parte substancial do marxismo caiu completamente no esquecimento. E não se pode polemizar nem com o existencialismo nem com o neopositivismo, dando-lhes o título de idiotice colorida, ou de contrarrevolução. Assim, ocorreu aquilo que em 1950 eles disseram contra mim, que eu queria justificar o existencialismo contrarrevolucionário quando estabeleci a relação entre o nascimento do existencialismo francês e o movimento da Resistência. Ainda assim, essa relação é um fato indiscutível. No entanto, eles me condenaram como oportunista porque "afirmei" esse fato. Além disso, os existencialistas "contrarrevolucionários" não são de todo contrarrevolucionários; porque, por exemplo, na questão argelina, eles realmente se comportaram como homens de esquerda. Os camaradas sabem bem que, já em 1947, eu havia tomado uma posição sobre o existencialismo. Mas as posições tomadas só podem ter efeito se reconhecermos progressismo relativo das coisas criticadas, se reconhecermos que o existencialismo veio da Resistência, e assim por diante. Assim, uma discussão objetiva pode eventualmente se desenvolver. E pode acontecer de convencermos alguém de nossas razões. Se cairmos na posição extrema de ver apenas a contrarrevolução, não conseguiremos nada. Se cairmos no outro extremo, e fizermos nosso o próprio existencialismo, sem críticas, conseguiremos ainda menos. De fato, caímos nessa situação grotesca em que o jovem húngaro se refugia do marxismo em Heidegger e Sartre, enquanto Sartre sente que o existencialismo é um assunto bastante problemático e busca o caminho para o marxismo que, naturalmente, o jovem de Budapeste não pesquisa. Assim, criam-se essas situações grotescas e ridículas que só podem ser mudadas se voltarmos ao método marxista e, com críticas adequadas, olharmos para o que existe no Ocidente sem acreditar que podemos avançar aplicando máquinas cibernéticas ao planejamento esquemático stalinista.

Já mencionei o exemplo da música de Bartók, que conquistou o mundo. Porém, estou convencido de que a cultura socialista produz numerosos valores que poderiam ter significados semelhantes. Agora, nem me refiro ao fato de que, com a interpretação correta, os grandes valores da cultura antiga poderiam ser usados com resultados positivos na luta pela coexistência. A arma poderia ser, por exemplo, aquele grande desenvolvimento que houve na literatura russa do século XIX, de [Aleksandr] Púchkin a [Anton] Tchekhov, dado que essa literatura era também uma luta pela liberdade, profundamente democrática. Hoje, na Europa e nos Estados Unidos, as pessoas sentem muito o caráter não democrático da democracia manipulada. Em minha opinião, esse problema da democracia desempenhará um papel enorme nos próximos anos. Não no sentido de os Estados ocidentais se colocarem no caminho da revolução socialista – o que seria uma fantasia ridícula –, mas cada vez mais camadas manifestarão a insatisfação geral com o caráter não democrático da "democracia manipulada" e procurarão abrir caminho para uma democracia real. Desse movimento nós poderíamos ser os ideólogos e as lideranças, mas isso é difícil, já que no Ocidente existe ainda uma manipulação econômica sutil, e já que, entre nós, ainda existem pessoas que querem manter a manipulação de caráter burocrático, ou querem mudar apenas algumas coisas para embelezar a fachada externa. Desculpem-me, camaradas, se falo de modo franco, mas essas coisas têm de ser ditas, para depois proceder à liquidação da manipulação, caso contrário não poderemos combater vitoriosamente a luta de classes da coexistência.

E. G. – *Isso significa, então, que o companheiro Lukács se posiciona a favor da liberdade e da luta entre diferentes tendências no interior do marxismo?*

G. L. – É minha convicção – disse certa vez a propósito da ontologia, e acredito que isso ainda esteja certo – que o homem é um ser que responde. O que a cultura humana criou até agora nunca surgiu das chamadas razões internas, espirituais ou seja lá o que for, mas do fato de que, desde o princípio, os homens tentaram responder a certas questões emergidas socialmente. E essa série de respostas chamamos cultura humana. Nessa cultura, muitas coisas afundaram, porque só respondiam a questões cotidianas, ou porque a resposta dada não era a correta. Por outro lado, certas respostas permaneceram válidas até hoje. Se hoje alguém lê a cena da *Ilíada* em que Príamo vai a Aquiles para pedir o cadáver de Heitor, a conversa quando Aquiles lhe entrega o cadáver, do ponto de vista moral, é exemplar até hoje.

E isso não se aplica apenas à poesia. Se observamos a história da ciência, podemos ver que as maiores descobertas foram feitas ao mesmo tempo por pessoas diversas. Ainda hoje se questiona quem descobriu o cálculo diferencial integral: se Newton ou Leibniz. Aqueles que conhecem a história dessa época, por exemplo, sabem que Pascal também estava bem próximo dessa descoberta, assim como outros. Por quê? Porque as relações de produção da época levantaram a necessidade de uma nova física. E a nova física é aquela de Galileu, que pôs o movimento no centro da física e, para a medição do movimento, exigiu uma nova matemática. Essa necessidade induziu vários homens da ciência, como Newton e Leibniz, a procurar essa nova matemática. Eles a encontraram, mas provavelmente outros trinta ou quarenta homens de pensamento a procuravam naqueles dias. Em nosso caso, a necessidade de uma verdadeira compreensão do marxismo foi colocada como uma necessidade social. E, da América à Sibéria, há homens em todos os lugares que gostariam de satisfazer essa necessidade. Qual teoria responderá às expectativas e qual não responderá? Nenhum de nós, no entanto, conhece outro critério fora da crítica recíproca. Mas, em última análise, não existe uma instância que possa dizer: X está certo e Y não.

Minha opinião, portanto, é que devemos proceder dessa maneira em todos os campos, especialmente naqueles em que é difícil estabelecer critérios *a priori*. Hoje está se formando uma nova literatura. E essa nova literatura – como eu disse em meu artigo sobre [Alexander] Soljenítsin* – não pode ser criada sem a crítica do período dogmático. De fato, hoje não há um único homem na Hungria, digamos, de mais de trinta anos, que não tenha se feito, na vida e no caráter, a pergunta decisiva: se havia resistido naqueles tempos, como teria resistido e assim por diante... Sem isso, não podemos representar poeticamente o caráter e a ação dele hoje. Lembramos que Balzac descreveu sobretudo o período da Restauração. Quem conhece as obras de Balzac sabe que ele retorna a propósito de tudo aos tempos do Império, procurando o que os mais velhos estariam fazendo naquele momento ou mesmo antes, durante a revolução. Porque o modo como se comportava durante a revolução tinha grande importância na tomada de posição do personagem. Isso soa como uma coisa completamente natural, mas vocês hão de se lembrar, companheiros, como me "fisgaram" por essa minha reflexão. Nossa literatura e o curso total da literatura estão cheios de problemas semelhantes, e esses problemas devem ser resolvidos, porque podem ser resolvidos.

Na verdade, não acho que há, digamos, uma obra teatral cujo sucesso ou fracasso poderia derrubar, ou apenas abalar, a República Popular. É ridículo dizer que nossos problemas não são causados por erros cometidos, mas por reações a erros e, além disso, por reações poéticas e artísticas. A questão está intimamente relacionada à coexistência, porque nos países socialistas existem vários fenômenos que ainda impedem a eficácia das coisas certas, que realmente existem. Qualquer fenômeno pode cair sob uma luz falsa, se medidas burocráticas forem aplicadas a ele. Cria-se um desequilíbrio na opinião pública internacional quando colocamos sob um denominador político comum [Alexander] Soljenítsin e [Boris] Pasternak, quando, na realidade, a posição de Soljenítsin é diametralmente oposta à de Pasternak e deveria e poderia exercer uma influência oposta se não houvesse a prática errada que identifica artificialmente as duas posições opostas. Não há razão para impedir a coexistência

---

*   György Lukács, *Solschenizyn* (Neuwied, Hermann Luchterhand, 1970). (N. T.)

pacífica das tendências emergentes, acompanhadas de discussões sérias. Nós não podemos reconciliar todos com todos, mas ainda nos comportamos hoje como se não houvesse nenhum contraste. Isso também não é uma solução, é apenas outra manipulação. Precisamos de discussões ásperas, mesmo que essas discussões não tenham consequências organizativas. Devemos conquistar essa condição na cultura para obter resultados sérios na luta da coexistência.

E. G. – *É bem sabido que a coexistência também tem seus inimigos, e não apenas entre os diversos "ultras", falcões, neofascistas dos países capitalistas. Nos últimos tempos, podemos perceber isso também quando levamos em consideração o exemplo chinês. E, infelizmente, é fato que, enquanto estamos aqui falando de coexistência, no Vietnã há uma guerra implacável – embora em todo o mundo haja uma batalha resoluta contra essa guerra. Gostaria que o camarada Lukács expressasse sua opinião sobre as ideologias contrárias à coexistência, como combater essas ideologias e as possibilidades dessa batalha. Possivelmente também em relação ao Vietnã.*

G. L. – Essa é uma questão muito complicada. Talvez você se recorde que eu já havia dito, no início [desta entrevista], que a natureza particular da guerra atômica dificulta a eclosão da terceira guerra mundial, mas não elimina as causas da guerra. Os Estados Unidos não deixam de ser um Estado imperialista por causa de seu medo da guerra atômica. Talvez você tenha notado a cautela com que a política estadunidense trata do papel da União Soviética e até do papel da China na guerra do Vietnã. Se a bomba atômica não existisse, a guerra mundial teria estourado em torno do Vietnã. Como resultado, estamos em uma situação em que a balança oscila incessantemente e não há dúvida de que devemos lutar contra a política estadunidense no Vietnã, em uma linha extremamente resoluta e baseada em princípios. De que se trata substancialmente? Desde que os britânicos entraram na Índia, no século XVII, a política substancial de todo Estado colonizador tem sido aliar-se às camadas mais reacionárias do país em questão e, com a ajuda delas, sufocar os movimentos de libertação do país. Agora, se olharmos para a política estadunidense no Vietnã, perceberemos que a política de Warren Hastings e outros no século XVII está sendo repetida palavra por palavra, porque o colonizador que quer colonizar é brutal, não pode fazer outra coisa. Acredito que a questão do Vietnã não é sobre a forma pela qual o Vietnã poderia se reunificar, mas sobre a efetiva possibilidade e liberdade desses povos, que agora estão se libertando, de resolver seus problemas por si mesmos. Muitas coisas que não podemos ver agora devem ser postas em prática. Não chegaremos a lugar algum com aquela solução puramente tática com a qual definimos como progressistas os povos que simpatizam conosco, e como reacionários os que se opõem a nós. Desculpe-me se digo que, em muitos casos, os primeiros são tão pouco socialistas quanto os segundos. Na realidade, surgem muitos problemas novos nesses países cuja solução pode levar dezenas e talvez centenas de anos. Pense, por exemplo, nas fronteiras atuais dos Estados africanos, que foram estabelecidos por antigos interesses coloniais. O conceito de nação e a nação ainda não se formaram nesses povos. Tribos vizinhas que possuíam estilos de vida semelhantes foram divididas pela colonização. Se os somalis que vivem no Quênia se unirem aos da Somália, ninguém mais poderá resolver o caso do povo somali. À política colonial estadunidense, deveríamos opor uma política de autodeterminação democrática geral. Se compensarmos com um trabalho científico sério o que deixamos de fora na era de Stálin, poderemos dar conselhos econômicos e políticos a esses povos. Refiro-me a conselhos reais, que não foram concebidos nessa ou naquela capital europeia, mas que podem ser expressões reais do desenvolvimento econômico do povo em questão. Essa é a oportunidade de termos um papel muito grande na história atual do mundo. Isso não afeta apenas os povos coloniais, mas também os povos europeus e americanos. Porque agora estão surgindo novas oposições na Europa ou mesmo nos Estados Unidos. Essas oposições apresentam frequentemente a particularidade de ter um caráter, por assim dizer, "chinês". No que diz respeito à forma, muitas vezes lembram os *happenings* estadunidenses; em seu conteúdo político, estão largamente sob a influência da ideologia chinesa. De onde surge tudo isso? Em 1903, Lênin escreveu em seu livro *O que fazer?** que o anarquismo – que na sua época teve bastante influência – é uma punição para nossos erros de oportunismo. Tenho a convicção de que Lênin enunciou um princípio geral, uma verdade séria e profunda. Mesmo a influência chinesa, difundida na Europa, é um castigo por nosso dogmatismo, pela ausência de princípios, por nosso taticismo. Um jovem estadunidense, ou qualquer jovem ocidental de dezoito anos, entusiasta, não encontra uma resposta para as perguntas que seu sentimento de oposição apresenta acerca da complicada política externa de hoje, e acredita que as obtém em Mao [Tsé-tung]. E cito apenas como exemplo o fato de que a liquidação

---

*   Trad. Edições Avante! e Paula Vaz de Almeida, São Paulo, Boitempo, 2020. (N. E.)

de velhos erros, o retorno ao método marxista original não apenas fortalece sempre nossa influência no exterior, mas também nos capacita a mobilizar em casa as forças que, com certas mediações, podem exercer influência também no exterior. Vejam, companheiros, aonde quero chegar. Se lidarmos com os erros antigos – isto é, se não pararmos de construir a teoria a partir das táticas e passarmos a, corretamente, derivar as táticas a partir da teoria marxista –, influenciaremos positivamente a cultura e a política.

E. G. – *Recentemente, difundiu-se que existem de seis a oito Vietnãs. Há algum tempo conhecemos a concepção chinesa segundo a qual, após a grande guerra, em pouco tempo se reconstruiria historicamente uma nova civilização. Agora me pergunto: essa concepção, e em geral o aventureirismo, aquele ultrarradicalismo – não consigo encontrar palavra melhor – que compreensivelmente encontra terreno fértil na imensurável miséria dos povos do Terceiro Mundo, não ameaça a política de coexistência?*

G. L. – Não acho que seja uma ameaça séria, embora os homens não queiram perceber que se criou uma situação completamente nova com a questão atômica. Talvez me seja permitido demonstrar a novidade dessa situação com este exemplo: se na velha guerra os canhões disparassem, digamos, a 10 quilômetros de distância, e alguém descobrisse um canhão que disparasse a 15 quilômetros de distância, ele poderia aniquilar os canhões de 10 quilômetros e assim poderia obter uma vitória sem mais sacrifícios. No caso da guerra atômica, a situação é diferente. Na guerra atômica, ambos os lados serão mais ou menos destruídos. Por essa razão, com um cálculo racional, podemos concluir que a guerra atômica entre as grandes potências está excluída das possibilidades reais. Por exemplo, a imprensa estadunidense não escreve uma palavra sobre o fato de que, no Vietnã, aviões dos Estados Unidos estão sendo abatidos por mísseis soviéticos. Os estadunidenses fingem não notar. Esses são fatos extremamente importantes, porque mostram que hoje os conflitos ocorrem dentro de certos limites. Para dar outro exemplo, do fato de que guerras de guerrilha são travadas na América do Sul não decorre diretamente o perigo de um conflito mundial. Gostaria de acrescentar que acolho com grande ceticismo a palavra de ordem seis ou oito Vietnãs, porque não se pode fazer uma verdadeira guerra de guerrilha apenas com a vontade. Uma guerra de guerrilha é realizada quando uma grande camada – acima de tudo, de camponeses – toma consciência de que não pode mais viver como vivia e prefere trazer sua própria pele para o mercado, em vez de suportar esse destino. Se essa condição não ocorrer, alguns homens muito honestos, muito heroicos, se sacrificarão, mas a luta não pode começar com guerrilhas, só pode terminar com guerrilhas. A guerra de guerrilha, portanto, não pode ser outra coisa senão a culminação de uma revolução geral burguesa, que pode eventualmente passar ao socialismo. Acredito que, na América do Sul, essa revolução está na agenda e essa revolução ocorrerá; mas não é assim, com um pequeno grupo reunido em torno de um herói, que se inicia uma guerra de guerrilha. Ao contrário, será quando os movimentos de reforma para melhorar a situação dos camponeses e outras classes baixas passarem para a revolução. Só então a guerra de guerrilha pode ter uma grande participação.

Aqui não se trata apenas da insurreição dos povos e da questão da opressão colonial, mas é uma questão geral que hoje também está relacionada com nossos problemas culturais. No atual "capitalismo manipulatório", o salário cresceu e as horas de trabalho das classes trabalhadoras diminuíram, mas a vida tem menos sentido do que no período da pior opressão capitalista.

I. S. – *Na luta da coexistência, como uma luta de classes modificada, o nosso papel é decisivo, porque a humanidade pode ver o caminho para uma vida que faz sentido, que a esperança desta vida está apenas no socialismo, mesmo que nós, socialistas, tenhamos cada vez mais medo de dizer isso.*

G. L. – Estamos começando a superar esse estado de ânimo. Toda a literatura contemporânea ocidental sugere que os homens perderam completamente a fé de poder viver uma vida significativa nas circunstâncias de hoje. Não posso acreditar que o homem renuncie para sempre a sua reivindicação de uma vida significativa. Não sou tão pessimista. Mas, enquanto não formos capazes de contrapor claramente uma vida socialista significativa à vida capitalista sem sentido, dificilmente esse movimento intelectual ocorrerá. No começo, falei dos anos 1920. Por que, por exemplo, os intelectuais alemães tinham tanta simpatia pela Rússia famígera? Porque estavam profundamente convencidos de que, enquanto eles viviam uma vida sem sentido, a Rússia certamente ainda sofria por causa da fome, mas lutava por coisas significativas e vivia de maneira significativa. Claro, isso não pode ser sustentado apenas com propaganda. Para escrever artigos sobre o fato de que a vida era significativa, não é preciso ir longe. Quando o camponês ou o trabalhador observa e realmente vê que, trabalhando para *si mesmo*, ele também trabalha para o mundo, que seu sucesso, ao mesmo tempo, se concilia em geral com o sentimento de realização de uma vida humana significativa, então podemos mostrar a saída do beco sem saída ocidental, do beco sem saída capitalista, até mesmo para aqueles que já esperam isso de nós. Acredito que isso está relacionado com todas as questões da arte e da filosofia. No futuro, esse problema virá para o primeiro plano – não diria amanhã, mas daqui a cinco ou dez anos – e devemos nos preparar para essa grande prospectiva, para poder afirmar, num mundo completamente transformado, em circunstâncias completamente mudadas, o marxismo, o único ensinamento que consegue encontrar um caminho seguro para fora dessas contradições sociais.

6
Cinema e cultura húngara*

Entrevista concedida a Yvette Biró e Szilárd Ujhelyi

Yvette Biró – *Nos filmes húngaros mais recentes, você identificou alguns tratamentos comuns na atitude e no método artístico? Quais são esses tratamentos?*

György Lukács – Seria muito difícil condensar em uma frase os aspectos mais característicos ou até mesmo mais comuns da nova cinematografia húngara, uma vez que os artistas mais talentosos, [András] Kovács e [Miklós] Jancsó, aplicam métodos muito diferentes. A novidade reside no fato de que estamos caminhando para um emprego justo das novas aquisições técnicas do filme. Além disso, o cinema é um gênero artístico recente e, acima de tudo, os dois diretores mencionados realizaram muitas inovações técnicas. Mesmo no Ocidente, o novo manifesta-se em parte sob o aspecto puramente técnico, mas em parte é muitas vezes a expressão de certa carência de conteúdo. Segundo penso, nossos cineastas se esforçam para usar inovações técnicas como um meio de expressar novos sentimentos humanos e novas relações entre os homens e, assim, adequar os novos meios expressivos aos problemas realmente existentes. Portanto, se formularmos a questão no sentido do conteúdo social, estaremos

---

* Relatório de uma entrevista concedida em 10 de maio de 1968 por Lukács a dois editores da revista *Filmkultúra*, Yvette Biró e Szilárd Ujhelyi, sobre os problemas do novo cinema húngaro. O texto da entrevista foi publicado na *Filmkultúra*, n. 3, 1968. Tradução de "Il cinema e la cultura ungherese", em György Lukács, *Cultura e potere* (Roma, Editori Riuniti, 1970), p. 57-80. (N. T.)

72 | Essenciais são os livros não escritos

realmente diante de inovações com as quais, até certo ponto, podemos oferecer algo original e novo, até mesmo ao Ocidente.

Mas devemos fazer uma distinção entre a chamada inovação técnica e o reflexo artístico. Esse último só é possível se se verificar que os novos meios permitem expressar conexões completamente novas. Isso acontece em nosso caso. Vamos dar um só exemplo: o *flashback* é geralmente apenas uma invenção técnica. Mas, em *Dias gelados**, Kovács conseguiu mostrar, por meio desse procedimento, como o homem comum – que na literatura húngara era apenas um personagem secundário nos romances de [Kálmán] Mikszáth – pode se transformar em uma besta fascista. A metamorfose não é figurada aqui analiticamente, mas com o método do *flashback*. Assim, Kovács alcança um duplo objetivo: por um lado, oferece uma prospectiva sem precedentes para aquela época; por outro, expressa uma nova concepção com uma nova técnica artística. Tanto quanto sei, *Dias gelados* tem feito sucesso no exterior e é compreensível que tenha recebido a aprovação de alguns cineastas estrangeiros.

Y. B. – *É verdade que Jancsó e Kovács aplicam métodos muito diferentes, mas é possível apontar semelhanças em suas atitudes, nos problemas que enfrentam e na forma como o fazem?*

G. L. – Existe, sem dúvida, algo em comum e, nesse campo, hoje, na Hungria – pelo menos no que diz respeito à cultura húngara – o cinema desempenha um papel de vanguarda. De fato – e, nesse aspecto, a historiografia e a crítica literária são mais fracas –, chegamos a uma situação em que nos permitimos externamente qualquer modernismo, mas na realidade continuamos a velha política cultural. Quero dizer, para dar um exemplo da história da literatura, continuamos a justificar o passado no nível de Elemér Császár. Uma dialética específica é necessária para dar um passo adiante. O marxismo, de fato, não se limita a desvendar as causas e a iluminar os nexos entre as coisas. Em minha opinião, nossos historiadores estão corretos quando mostram que antes de 1867 não havia um movimento revolucionário nacional de identidade particular na Hungria e, portanto, [Ferenc] Deák foi forçado a estipular o "compromisso" de 1867. A indicação desse fato, porém, não deve levar a sua glorificação, que é completamente diferente. Porque também é verdade que, a partir do programa de 1867, se eliminou completamente o empenho para

---

*   Ver nota de rodapé na p. 45. (N. E.)

dar prosseguimento à liquidação do feudalismo, por mais fraca e superficial que tenha sido em 1848. Inicialmente o capitalismo deixou o feudalismo na Hungria intacto. A literatura da época propagou esse tipo de desenvolvimento e, em certa medida, na sequência continuou também a justificá-lo. Refiro-me, em particular, a [Mór] Jókai, que descreveu esse tempo de modo bastante apologético. *Os sem esperança*, de Jancsó, no entanto, constitui uma ruptura decisiva e salutar com essa concepção. O conde [Gedeon] Ráday, o "domador de almas", é apresentado em Jókai como um homem iluminado, de visão ampla, que entende a oportunidade de distinguir entre o combatente da liberdade e aquele que se apropria da propriedade privada... Jancsó, pelo contrário, rompe com tudo isso, e o "rádaysmo" é apresentado como uma atitude obscurantista, feudal. Considero que esse seja um grande passo adiante.

E aqui passamos a uma importante questão teórica. Lênin, falando de partidarismo (não no famoso artigo de jornal, em que a questão levantada não tem nada a ver com literatura, mas num escrito juvenil), disse que o marxismo é caracterizado, por um lado, pela capacidade de representar a sociedade de maneira mais objetiva do que a ciência burguesa e, por outro, pelo fato de que, mediante essa objetividade, ele chega ao mesmo tempo a uma tomada de posição. Na minha opinião, há precisamente isso em *Os sem esperança*. A postura segundo a qual – dito abertamente – devemos odiar em nossa história o que deve ser odiado. A Hungria nunca se tornará um país verdadeiramente avançado e civil enquanto não tomarmos consciência dessas contradições na história húngara e não sentirmos repugnância por aquilo em que ela é detestável. Contra semelhante impostação delineamos certo protesto e hostilidade. O protesto também se estende a *Dias gelados*, de Kovács. De fato, existe um equívoco, representado não só por alguns burocratas, mas também por bons escritores, que acreditam que a Hungria acabou no fascismo como Pilatos no "Credo"... Mas as coisas não são assim. Os desenvolvimentos que levaram ao fascismo têm suas raízes em 1867, e nunca nos desviamos do desenvolvimento do tipo prussiano. As revoluções de 1918-1919 foram muito curtas para determinar uma mudança efetiva. A Hungria, devido a seu feudalismo não eliminado, mudou-se para o fascismo de bandeiras desfraldadas. É precisamente isso que Kovács apresenta no homem médio, na vida cotidiana. Foi um grande mérito de Mikszáth – que é o segundo escritor húngaro mais crítico – figurar esse lado negativo do desenvolvimento da Hungria, e se ele o fez com raiva e indignação o fez de acordo com a verdade. Hoje, Kovács e Jancsó dizem que,

74 | Essenciais são os livros não escritos

para a afirmação do desenvolvimento húngaro, precisamos realmente detestar o que deve ser detestado. Essa atitude é indubitavelmente impopular entre certos burocratas e entre os nacionalistas. E, no entanto, no plano ideológico, constitui um grande passo adiante. Portanto, estou convencido de que, no que diz respeito à concepção da história, Jancsó e Kovács devem ser considerados uma verdadeira vanguarda.

Y. B. – *Sobre esse assunto, houve, na realidade, posições opostas. Alguns sustentaram, por exemplo, que esses filmes privam o povo de certas tradições ou de certo tipo de orgulho nacional.*

G. L. – Que o privem!

Szilárd Ujhelyi – *Creio que essas questões estão estreitamente ligadas também à problemática de* Vinte horas, *tanto do romance quanto do filme*, porque, enquanto certos mitos estão sendo minados, sugere-se que de algum modo, mesmo no passado recente, há fenômenos que devem ser detestados. Ao mesmo tempo, essa obra aponta para os aspectos decisivos e essenciais de nosso passado recente, pelos quais estamos entusiasmados e continuamos, com direito, entusiasmados. Mantém-se, enfim, a continuidade...*

G. L. – Não devemos ter medo das soluções de continuidade, que são obra do tempo e dos homens. Se num acesso de loucura um homem mata sua esposa e filhos, isso acontece de repente, mas a continuidade da vida desse indivíduo não se interrompe por esse motivo. Não esqueçam que é impossível suprimir a continuidade. Se digo que em um processo ocorreu uma inflexão, sempre afirmo isso no contexto da continuidade. E esse é o problema. Por isso, quero voltar ao que disse antes: que importância tem o modo como os homens avaliam seu passado e, em geral, todo o passado? Se me permitem, gostaria de adicionar um exemplo francês. Com [Alexis de] Tocqueville e [Hippolyte] Taine, a ciência burguesa mostrou – e é verdade – que a luta antifeudal tem certa continuidade, a partir de Luís XI, no sentido da centralização. A esse respeito, a Revolução Francesa é apenas um episódio... Como eu disse, isso é verdade, mas apenas até certo ponto. Nesse episódio, no entanto, o ataque à Bastilha foi um elemento decisivo para quebrar a continuidade. Hoje, depois de mais de 150 anos, por ocasião da festa do 14 de Julho, o povo de Paris não

---

* Em húngaro, *Húsz óra* (1965), de Zoltán Fábri. O filme é inspirado no romance de Ferenc Sánta. (N. T.)

se refere à continuidade proclamada por Tocqueville, mas à descontinuidade criada com o ataque à Bastilha... Se hoje os franceses, mesmo sob o atual regime de De Gaulle, estão, por certos aspectos da democracia, na vanguarda entre os Estados burgueses, é porque a conquista da Bastilha foi uma ação aprovada com entusiasmo pela simples *midinette* [vendedora] parisiense. Deveria ser assim também para nós. Se fizemos coisas sérias e dignas de entusiasmo, devemos nos alegrar por elas. E, ao mesmo tempo, devemos agir com ódio diante daquilo que esses mesmos homens não fizeram na direção do progresso. Nesse campo, uma concepção absolutamente errada foi afirmada por nós, embora não devamos nos esquecer dos protestos de [Endre] Ady, por exemplo, e de toda a música de Bartók. A *Cantata profana** chegou a ponto de rejeitar o homem em seu protesto contra a barbárie nacionalista. Bartók estava indignado com o que Horthy e Hitler fizeram na década de 1930. Contra isso, ele escreveu a *Cantata profana*, e por isso se mudou para os Estados Unidos. Em Ady, em Attila József, no jovem [Gyula] Illyés e, acima de tudo, em Bartók, ou, digamos, em um crítico como György Bálint etc., temos os modelos da atitude que devemos adotar em relação a nosso presente e a nosso passado!

S. U. – *Esses homens, no entanto, se opuseram ao passado e ao presente e romperam com isso em nome de um sistema social ainda por vir. Levantei o problema de* Vinte horas *porque é um fenômeno mais complexo. Nesse caso, a oposição e a ruptura não dizem respeito ao que outro regime social fez, outra classe, mas ao que nós mesmos fizemos, nós nos opomos a nossos próprios erros, para conservar os elementos positivos.*

G. L. – Toda classe revolucionária herda os defeitos e as virtudes da velha sociedade, e tudo depende da energia com a qual é capaz de liquidar os defeitos... Essa é a enorme diferença entre Lênin e Stálin. Lênin escreveu no tom mais implacável da velha Rússia; não havia o menor tradicionalismo nele; mas ao mesmo tempo ele sustentava com entusiasmo as tradições de [Aleksandr] Púchkin, as tradições de [Nikolai] Tchernichévski etc. Com Stálin, ao contrário, essa prática foi desenvolvida com o propósito de incluir nessa tradição o general [Alexander] Suvorov, que lutou contra a Revolução Francesa. Ele o apresentou como um herói socialista. Isso não pode e não deve ser aceito de nenhuma forma. Não vou deixar de lutar por tais questões e estou verdadeiramente

---

*   Composição de Béla Bartók, escrita em 1930. (N. T.)

satisfeito que nossos excelentes cineastas estejam lutando comigo. Porque é natural que, se se tratasse de erros superados e há muito esquecidos, o interesse seria muito mais limitado e de caráter puramente teórico. Mas, para dizer uma coisa muito forte, se a tradição de Ráday – como é apresentada por Jancsó – não estivesse de alguma forma viva na Hungria, não teria sido tão fácil para Mihály Farkas.

Y. B. – *Os temas históricos não se relacionam apenas com o passado? Eles também podem nos ajudar a esclarecer os problemas do presente?*

G. L. – Não há dúvida de que os homens se interessam somente por aqueles problemas do passado que ainda são atuais... Depois de 1867, por exemplo, foi criada uma administração pública extremamente burocrática na Hungria, e também foi alvo de Mikszáth. Um escritor de nosso tempo volta a esse tema apenas se a burocracia continuar a existir. No entanto, são necessárias décadas – e talvez séculos – para que as pessoas, de formas novas e com certo desenvolvimento, consigam se desfazer completamente dos erros do passado. Mas, segundo penso, só serão capazes de fazer isso se enfrentarem e criticarem esses erros.

S. U. – *Gostaria de fazer uma pergunta ingênua. Você mencionou a Revolução Francesa: é um fato que, sob a ditadura jacobina, o Terror, como Lênin escreveu, não se fazia diferença entre os golpes necessários e os golpes supérfluos. Tratou-se, evidentemente, também de um erro político. Gostaria de tentar entrar no ânimo de um jacobino daquele tempo que toma consciência desse erro político. Ele ousaria se opor a um passado tão recente? E faria isso, sabendo que as forças de restauração estavam trabalhando fora de seu país, prontas para tirar proveito de sua autocrítica?*

G. L. – Creio que no romance intitulado Os *deuses têm sede**, Anatole France respondeu com clareza e precisão a essa questão. O povo e a literatura na França não contornaram a pergunta que você fez... Nos filmes de que falamos, não se trata do fato de uma tendência revolucionária ter superado por razões revolucionárias aqueles limites sobre os quais os grandes revolucionários como Marat e Lênin tinham sua opinião. Não se trata disso. Na minha opinião, [Nikita] Krushchev teve razão em pouquíssimas coisas, mas disse uma verdade muito profunda quando afirmou que os grandes processos dos anos 1930 tiveram acima de tudo o defeito de ser politicamente supérfluos, porque a oposição já

---

* Trad. Cristina Murachco e Daniela Jinkings, São Paulo, Boitempo, 2007. (N. E.)

havia sido derrotada no plano político... Durante a ditadura do proletariado na Hungria, houve essencialmente pouquíssimo terror e, portanto, não merece ser discutido. Mas, com relação ao período de [Mátyás] Rákosi, deve-se dizer que os homens que foram eliminados como inimigos e opositores do socialismo não eram nem inimigos nem opositores.

S. U. – *O problema é que durante esse regime (não estou me referindo agora à ilegalidade), juntamente com Rákosi, uma geração de comunistas, ainda vivos, trabalhou em vários cargos de responsabilidade. E eles, levantando o problema, se veem tendo de fazer um acerto de contas com eles mesmos e, portanto, tendo de condenar o próprio passado.*

G. L. – Nesse sentido, posso dizer que é preciso fazer esses acertos de contas... Isso não significa que eles têm de responder por suas ações perante o tribunal, mas significa que a opinião pública deve obrigá-los a um acerto de contas com suas próprias ações. Por que eles deveriam escapar disso? Onde Marx e Lênin disseram que essa seria a moral do socialismo?

S. U. – *Pretendo fazer aqui o papel do advogado do diabo... Nesse sentido, deve-se dizer que naquela época também aconteceram coisas com que as pessoas sinceramente se entusiasmaram. Também poderia lembrar alguns homens por quem todos nós nutrimos afeto. Bem, eles também chegaram a fazer um acerto de contas consigo mesmos e conseguiram manter um senso de continuidade. Em suma, eles não rejeitaram inteiramente o passado, porque em muitas coisas eles se empenharam profunda e justamente.*

G. L. – Não ponho isso em dúvida, mas não se podem resolver os problemas de modo que todos fiquem satisfeitos: não se pode, por exemplo, lutar contra o contrabando sem atacar os contrabandistas. Muitos dizem que alguns erros foram cometidos por nós, mas que agora eles estão superados: vamos esquecê-los! Mas não, não devemos esquecê-los! Posso provar isso com minha própria experiência. No segundo ginasial, fui o protagonista de um pequeno episódio. Quando o professor entrava na sala de aula, sempre nos levantávamos. Um rapaz se aproximou do professor para lhe entregar um atestado e, ao retornar a sua mesa, ele me deu um soco no estômago. O professor não percebeu, mas me surpreendeu enquanto eu batia nas costas de meu parceiro. Foi uma confusão. Então revelei que o garoto havia me dado um soco. Só mais tarde fui tomado pela vergonha... Bem, posso dizer que, se me comporto com honestidade na vida pública, também devo isso ao fato de ter me envergonhado quando frequentava o segundo ginasial. Em minha opinião, é muito bom que um homem experimente a sensação de vergonha. Outros também têm memórias desse tipo. A ideia já foi expressa de forma excelente em nossa literatura no grande *Poema pedagógico* de [Anton] Makarenko*. O autor ilustra a educação socialista de maneira exemplar: depois da "vergonha" e da catarse, ele fornece a absolvição à pessoa mortificada, e depois a esquece! Mas quando é necessário esquecer? Quando a catarse já aconteceu. Agora, se realmente queremos o socialismo, podemos "esquecer" apenas dessa maneira, porque, do contrário, sem um trabalho educacional desse tipo, viveremos em um socialismo ideologicamente falso.

Em alguns casos, não se pode falar de fenômenos positivos, mas apenas de fatos negativos. Não me interessa, por exemplo, que o conde Ráday também tenha tido um lado positivo. Trata-se de um problema muito antigo, que não surge apenas de nós. Quando eu era jovem, dizia-se que uma atriz muito famosa implorou que [Henrik] Ibsen modificasse *Casa de bonecas*, fazendo com que Nora contasse a verdade a Helmer e depois ficasse com ele. Ibsen respondeu ao pedido da atriz e reescreveu o último ato para mostrar que, dessa forma, o drama se tornaria uma tolice. Ficando com Helmer, Nora não era mais Nora... Mesmo que só possa haver um dano, se uma linha divisória não estiver claramente traçada, porque nesse caso – já constatei isso em alguns intelectuais honestos – se formularia em termos errados o problema do terrorismo revolucionário. Se o terrorismo revolucionário fosse de fato idêntico à ilegalidade, chegaríamos a ideias completamente falsas... Basta ter a coragem de falar abertamente sobre o mal para descobrir muitas coisas boas sobre as quais falar.

Y. B. – *Gostaria de voltar ao problema da violência revolucionária. Tomemos o filme* Vermelhos e brancos**, *que foi acusado de ter "revelado" o terrorismo revolucionário e ter, em certo sentido, igualado a violência revolucionária e a violência contrarrevolucionária.*

G. L. – O terrorismo revolucionário foi isso. E nós, se quisermos ser marxistas, temos de reconhecê-lo, mesmo que isso não signifique que "na vila X foi fuzi-

---

*   Trad. Tatiana Belinky, São Paulo, Editora 34, 2005. (N. E.)

** No original, *Csillagosok, katonák* (1967), filme de Miklós Jancsó. Conta a história de um grupo de revolucionários que se refugia num mosteiro e é cercado por contrarrevolucionários. A partir daí, ações e reações se sucedem em ritmo acelerado, mostrando a violência e a brutalidade de ambos os lados. (N. T.)

lado um homem que não deveria ter sido". Não é disso que se trata. Considero que a abordagem de Jancsó é justa, porque ele mostra claramente que, em muitos casos, os revolucionários e os contrarrevolucionários trabalhavam de maneira muito diferente do ponto de vista moral. Não vemos contrastes em preto e branco, revolucionários humanos e contrarrevolucionários assassinos: Jancsó retrata a psicologia de homens que lutam por uma causa justa e homens que lutam por uma causa errada. Sobre isso, expresso minha total concordância com Jancsó. Nesse momento, porém, surge outro problema artístico, que eu não havia percebido tanto, mas que foi levantado por espectadores mais inteligentes. De fato, o cinema de hoje, e isso é um fenômeno positivo, apresenta transformações num ritmo extremamente rápido. Nos filmes de mistério do Ocidente, o fenômeno atinge seu auge, também porque ali se trata de problemas humanamente muito simples. É necessário ver se a questão abordada por Jancsó não requer uma desaceleração do ritmo. Não é verdade, de fato, que a intensificação do ritmo é em si um valor artístico. O valor artístico é alcançado quando a máxima clareza é obtida com o máximo de ritmo. Sobre isso tenho algumas dúvidas. Em seus dois últimos filmes, Jancsó retoma essa justa tendência, mas talvez em alguns momentos, precisamente na representação dos fatos mais dramáticos e complexos, um abrandamento do ritmo fosse artisticamente necessário. Levanto essa dúvida como leigo, sobre uma coisa com a qual, em princípio, estou plenamente de acordo.

Y. B. – *Trata-se de uma questão à qual só posso responder com uma pergunta: se essas obras têm caráter vanguardista e, portanto, caminham por estradas inexploradas, não é legítimo supor que, mesmo do ponto de vista formal, soluções de vanguarda são impostas aqui? Portanto, é possível que esse ritmo seja rápido demais para nossos hábitos perceptivos, para nossa capacidade de recepção atual, mas tudo isso revelará depois sua motivação.*

G. L. – É possível. Não ouso me intrometer nessa questão, queria apenas expressar certas dúvidas. A experiência me diz que, em geral, mesmo nas transformações mais revolucionárias, não é a técnica que decide o conteúdo, mas é o conteúdo que deve orientar a aplicação da técnica. Deixo a questão em aberto: não sei se é apenas um problema de recepção ou, em vez disso, o problema do ritmo em geral. Quero contar um caso pessoal: certa vez assisti a um concerto no qual se tocou uma sinfonia de Beethoven de que gosto muito. Mas, naquela ocasião, fiquei entediado. Então recorri a um amigo meu, um bom músico, para saber o motivo de meu tédio. O regente da orquestra, disse meu amigo, regeu rápido demais, e, assim, criou-se uma sensação de monotonia... Repito o que houve, acerca do exemplo de Jancsó, apenas para apresentar uma questão mais geral. Valeria a pena os competentes discutirem sobre isso seriamente.

Y. B. – *A discussão se refere, em essência, à quantidade de informação que o espectador é capaz de receber em um tempo determinado.*

G. L. – Esse problema se apresenta em todas as artes, mas é interessante observar que, em cada forma de arte, ele se apresenta de modo diverso. O filme, por exemplo, tem normas específicas, percebo isso. E, para podermos acompanhar um filme, temos de aprender a linguagem cinematográfica. Até que ponto conseguimos e como? Não quero criticar Jancsó e levantei esse problema porque ele não deriva tanto de minhas impressões pessoais, mas da opinião de espectadores simpáticos a ele.

S. U. – *Na realidade, deriva precisamente disso a discussão mesma sobre o conteúdo. Muitos não entenderam o que Jancsó diz. Não perceberam que si duo faciunt idem, non est idem [se dois fazem a mesma coisa, não é a mesma coisa].*

G. L. – Não se percebeu o suficiente esse comportamento, o caráter socialista dos personagens. Pode ser que uma desaceleração mínima do ritmo tivesse tornado a história mais clara. Devemos prestar muita atenção, porque geralmente essas coisas dependem apenas de uma nuance.

Y. B. – *No que diz respeito a* Dias gelados, *de Kovács, e* Silêncio e grito, *de Jancsó, muitos ficaram chocados, porque nos dois filmes se ousa criticar também o povo. Por muito tempo, de fato, prevaleceu a concepção romântica de que a classe dominante era depravada e avançava no caminho errado, enquanto o povo mantinha intacta sua pureza.*

G. L. – É uma posição insustentável, porque, se o povo enfrentasse a classe dominante com pureza moral intacta, a classe dominante não poderia manter seu poder. Por essa razão, podemos dizer que as revoluções de 1918-1919 causaram uma grande confusão ideológica entre os camponeses húngaros e que, portanto, aconteceram as coisas mais inverossímeis no campo, de modo que mais tarde [Ferenc] Szálasi conseguiu conquistar numerosos seguidores entre os camponeses. E isso é um fato de nosso desenvolvimento histórico que não pode ser apagado. E Jancsó faz muito bem em representá-lo. Só em casos excepcionais se pode falar de duas frentes românticas – refiro-me aqui apenas

Cinema e cultura húngara | 81

à Hungria – nas quais, em qualquer fase da revolução ou da contrarrevolução, sempre se pode ver claramente de que lado estavam os revolucionários e de que lado, ao contrário, estavam os contrarrevolucionários. A grande dificuldade de todo o desenvolvimento húngaro consiste precisamente no fato de que os camponeses, ideologicamente negligenciados por todos os partidos, inclusive pelo antigo partido social-democrata, não se encontravam em um nível revolucionário. A isso devemos acrescentar que, no período da ditadura do proletariado, cometemos o erro de não realizar a divisão da terra; faltou aos camponeses, assim, uma verdadeira perspectiva revolucionária. Acredito que Jancsó tenha retratado a campanha de um modo plenamente alinhado com a realidade. Mas voltemos à questão: estamos muito inclinados à ideologização romântica e, todavia, se a considerássemos em relação a nosso passado, todo o desenvolvimento húngaro se tornaria incompreensível.

Y. B. – *Gostaria de saber sua opinião sobre o último filme húngaro que você viu:* Os dez mil sóis*. *Esse filme trata da história dos últimos trinta anos com uma nova entonação, de forma muito poética, talvez até romântica.*

G. L. – Sim, de modo poético, mas também com frequente confusão romântica. Dei ênfase particular a Kovács e Jancsó justamente porque neles se afirma uma tendência socialista efetiva de representar a realidade assim como ela é, mas ao mesmo tempo contrapor nitidamente, também do ponto de vista emocional, as várias posições. Em seus filmes, isso é muito mais evidente do que em todos os outros. É claro, posso estar errado, porque não conheço toda a produção cinematográfica húngara. No entanto, acredito que esses dois diretores, apesar de todas as diferenças entre eles, são os únicos a ter essa concepção. E eu acrescentaria outro aspecto relevante para responder a uma objeção frequente: não concordo que uma obra de arte, e particularmente um filme, tenha a tarefa de resolver os problemas colocados. Concordo com os grandes artistas de minha juventude, Ibsen e [Anton] Tchekhov, que afirmavam que a única tarefa da arte é fazer perguntas. As respostas serão dadas pela história, isto é, pelo desenvolvimento social.

Ibsen, por exemplo, não tinha o dever de explicar se Nora se tornou ou não independente. Ele pôs em discussão o absurdo do casamento moderno, conduziu tal discussão de modo justo, e hoje, na sociedade atual, dezenas e

---

* Em húngaro, *Tízezer nap* (1967), filme de Ferenc Kósa. (N. T.)

dezenas de milhares de mulheres respondem na prática à pergunta: o que Nora fez depois que saiu de casa? Essa não era a tarefa de Ibsen. Em minha opinião, é ainda menos a tarefa do filme. Um filme, se consegue, no plano artístico, levar os homens a refletir seriamente sobre determinado problema do passado ou do presente, sem dúvida atinge seu objetivo.

Não fazemos filmes para ilustrar, por exemplo, quais reformas são necessárias na indústria têxtil diante do "novo mecanismo". Essa tarefa pertence ao Ministério da Indústria. O filme deve figurar os aspectos positivos e negativos da sociedade. Insisto na crítica dos defeitos, porque, nesse plano, o filme pode desenvolver uma função muito importante: induzir à reflexão o homem médio que passa, sem ter consciência disso, ao largo de um problema, ou reage emocionalmente a ele, sem refletir. Se uma pessoa em dez é induzida pelo filme a pensar, o filme já cumpriu sua função.

Y. B. – *Estamos plenamente de acordo sobre esse ponto, mas muitos acreditam que o público ainda não chegou à idade adulta. O cineasta tem o direito de acreditar que o público em geral já seja adulto?*

G. L. – Posso responder que, se o povo fosse tão atrasado quanto sustentam os burocratas em tais casos, a revolução socialista não poderia ter sido realizada. Se, por outro lado, fosse tão avançado quanto dizem em outros casos os burocratas, não teria sido necessário realizar a revolução. Mas uma vez que nem uma coisa nem outra são verdadeiras, a revolução socialista teve de ser feita e, portanto, o filme e as outras artes devem trabalhar para levar a revolução adiante e despertar a consciência dos homens.

Y. B. – *Como se pode observar em algumas de suas declarações e em seu grande ensaio sobre a estética, o companheiro Lukács expressou algumas reservas sobre as possibilidades intelectuais do filme. Os filmes que viu (incluindo* A guerra acabou, *de Resnais e Semprún) lhe proporcionaram novas experiências? Os meios utilizados em filmes mais recentes revelam talvez "novas" capacidades do cinema? Observou nesses filmes, camarada Lukács, alguma solução que parece se mover na direção da conquista da esfera intelectual?*

G. L. – Acredito que devemos examinar atentamente a questão do ponto de vista da estética e da cinedramaturgia, para não nos atermos ao problema da intelectualidade não formalizada. Os problemas intelectuais devem ser analisados do ponto de vista da forma. A literatura e, em particular, a dramaturgia são as mais adequadas para formular esses problemas. Mas eles estão presentes em todos os lugares de alguma forma. Na minha estética, falei a propósito da objetividade indeterminada. Em última análise, um problema intelectual não consegue encontrar expressão na pintura. Na realidade, se observamos os retratos de Rembrandt, podemos dizer com precisão não apenas como intelectualmente o indivíduo é representado, mas também quais são os problemas intelectuais que o atormentam. E, todavia, a pintura não tem a possibilidade de expressar intelectualmente um problema intelectual. Há, pois, diferenças muito complexas entre o drama e a épica, entre "obra musical e fílmica". Tal problema também surge em relação à música. Sem nenhuma dúvida, de Bach a Händel, passando por Beethoven e chegando a Bartók, a grande música tomou posições sobre toda uma série de problemas ideológicos. Mas é impossível expressar musicalmente um problema intelectual. Para o filme, a situação não é tão nítida. Assim, ainda não conseguimos encontrar uma maneira de apreender realmente essa fisionomia intelectual. Não sabemos ainda com precisão – e isso porque a palavra é usada nos filmes até mesmo como ruído para suscitar certa atmosfera – até que ponto podemos falar de intelectualidade em uma obra cinematográfica. Em minha opinião, não podemos ir tão longe como no drama. Pense-se em Otelo, na cena em que Iago começa a provocar Otelo, e esse último, ao ficar sozinho, faz um estupendo monólogo de caráter meditativo: "E agora, adeus armas" etc. Bem, isso não pode ser expresso no filme – resultaria banal, mesmo que fosse o melhor ator que interpretasse o monólogo. Há, ao contrário, falas dramáticas, por meio das quais se suscitam estados de tensão: essa é uma estrada que também pode ser percorrida pelo filme. A meu ver, os problemas intelectuais, no sentido do conteúdo, são indispensáveis no filme. Mas devemos procurar os meios para expressá-los. Parece-me que ainda não conseguimos encontrá-los. Posso cometer uma heresia, mas, quando vi os filmes de [Laurence] Olivier (exceção feita a *Henrique V*), tive a impressão de que o texto de Shakespeare era supérfluo. Por que falar tanto, quando não é preciso? Não é minha culpa, mas experimentei isso, por exemplo, vendo *Hamlet*, embora o diálogo seja, sem dúvida, perfeito do ponto de vista dramático. *Henrique V*, no entanto, que foi capaz de traduzir todo um drama em paisagens, cenas etc., suscitou em mim profunda impressão do ponto de vista cinematográfico. Naturalmente, esse é apenas um exemplo de abordagem para um problema que nem Kovács nem Jancsó resolveram ainda. Eles devem continuar seus experimentos em seu campo, procurando esse caráter dinâmico e dramático das palavras que ajuda a criar situações nas quais essas palavras são necessárias. Não acho que o elemento meditativo contemplativo possa ser transposto para o filme.

Y. B. – *Isso talvez possa valer para a palavra, mas em* Dias gelados, *por exemplo, o método adotado por András Kovács, ou seja, os procedimentos eminentemente intelectuais do confronto, do paralelismo etc., talvez não contribua para definir mais claramente – poderíamos dizer, de modo mais explícito – determinado pensamento?*

G. L. – É possível. Em *Dias gelados*, é claro que a prisão, o diálogo na prisão e a realidade do passado avançam em paralelo, como resposta ao diálogo pronunciado quando, por exemplo, eles estão no rio congelado e jogam as pessoas na água... Caso contrário, o diálogo na prisão seria completamente vazio e inútil.

Y. B. – *Resulta daí também que o diálogo não funciona por si mesmo, mas apenas em relação à composição do todo. Portanto, um meio cinematográfico, como a montagem – ou seja, a organização dos detalhes reais e sua alternância –, tem grande importância.*

G. L. – Não ponho isso em dúvida. Trata-se, no entanto, de encontrar o modo – e Kovács em *Dias gelados* se saiu melhor do que em *Muros* – ao aplicar esse meio cinematográfico específico. Essa é uma grande tarefa e não acredito que o cinema ocidental a tenha realmente resolvido, embora não faltem inícios de soluções. Sobre isso não sei o que dizer.

Y. B. – *Gostaria de me referir ao filme de Resnais e Semprún que o camarada Lukács assistiu* [A guerra acabou, *de 1966]. O diretor adota soluções muito interessantes nesses filmes, jogando, por exemplo, com os elementos temporais...*

G. L. – É um filme muito interessante.

Y. B. – *A decomposição cronológica é, em muitos aspectos, um novo meio linguístico, que sem dúvida tem seus precedentes literários, começando com Proust, e ainda assim sua aplicação no filme por Resnais é muito original e frutífera.*

G. L. – Essa originalidade é de fato diferente em uma obra cinematográfica, em comparação com a literatura. Na evocação literária do passado, sempre tenho em mente, por exemplo, Goethe, que se recorda de sua vida precedente. No filme, por outro lado, a recordação é uma realidade presente, e com isso se produz algo radicalmente novo, do qual considero que as consequências dramatúrgicas ainda não frutificaram completamente.

Y. B. – *Nesses filmes, o tempo também assume outra dimensão. Não é apenas o passado, a memória que tem importância, mas certa prospectiva do tempo, a imaginação, a fantasia, o "tempo futuro" do sonho.* Em A guerra acabou, *por exemplo, é preciso lembrar as sequências em que o protagonista tenta imaginar como é a garota que lhe causou impacto ao telefone.*

G. L. – É plenamente possível. Também nesse campo, o filme tem uma grande vantagem em relação à vida e à literatura. Essa pré-imaginação, a reflexão sobre o que uma pessoa fará em uma situação crítica, tem também uma grande importância na vida. Se uma ideia desse tipo toma literalmente forma em um filme, com isso pode adquirir uma motivação bastante profunda a decisão de um homem que tem de escolher e que, relembrando os aspectos moralmente negativos dessa escolha, recua perante a eventual ação. Vejo muitas possibilidades nesse desenvolvimento: entre outras coisas, em relação à função realmente cinematográfica da palavra. Até onde posso julgar, acho que essas possibilidades não foram esgotadas. Ainda hoje vemos principalmente seu potencial técnico no filme, mas não a vemos levantar problemas de conteúdo. No entanto, não se esqueça de que, em todas as artes, o significado imediato das coisas diz respeito apenas à atmosfera. Conheço poucas coisas dramáticas na vida que sejam comparáveis à cena de *Macbeth* quando eles batem na porta do castelo após o assassinato. Esse fato não é nada em si, é apenas o lado técnico; a essência está na relação entre os dois elementos. A dramaturgia cinematográfica tem a tarefa de examinar os problemas dessa relação. Estou convencido de que seremos capazes de descobrir ainda muitas coisas interessantes, se analisarmos o conteúdo desses elementos, e não do bater em geral, mas do bater como em *Macbeth*.

Y. B. – *Aqui estamos totalmente no tema, porque está em causa a sucessão dos elementos, ou seja, um problema de composição do filme. E esse é o princípio sobre o qual repousa toda a estrutura do filme. Por outro lado, devemos lembrar a consideração original de [Serguei] Eisenstein de que, em essência, em cada peça há também uma montagem vertical, quando as coisas que se seguem umas após as outras não estão presentes, mas as diversas coisas que agem simultaneamente assumem um significado muito complexo. Se pegamos, por exemplo, o último filme de Jancsó,* Silêncio e grito, *essa montagem vertical se torna muito emocionante, pois com poucos meios suscita uma atmosfera muito tensa.*

G. L. – Agrada-me muito esse filme do Jancsó. Também contém muitos elementos válidos, e creio poder afirmar que ainda se pode esperar muito de Jancsó e Kovács. O importante é que os amantes do cinema os apoiem, entendendo como o desmascaramento dos aspectos negativos do presente e do passado é um fato positivo, uma ajuda ao socialismo.

Gostaria de deixar claro que minha crítica áspera é uma crítica socialista. Não está aqui em causa o chamado humanismo burguês. Esse tipo de sinceridade muitas vezes despertou ressentimento, mas sem essa sinceridade a verdadeira arte não pode nascer. E não estou nem um pouco convencido de que é sempre necessário falarmos sobre os aspectos positivos. Lembro-me de que, quando jovem, fiquei entusiasmado porque Endre Ady definiu István Tisza como "Isabel Báthory do sexo masculino", sem lhe apontar um único mérito. István Tisza era, sem dúvida, um homem inteligente, uma pessoa honesta e convicta. No entanto, Ady tinha razão de defini-lo como tal. Sem isso, não podemos avançar. Até que possamos romper o muro das antigas sobrevivências nacionalistas, essas coisas continuarão a se perpetuar de alguma forma.

Y. B. – *Portanto, não é por acaso que o filme húngaro alcança resultados à medida que avança no caminho da verdade.*

G. L. – O fato é que hoje é possível discutir o cinema apenas com critérios comunistas. O verdadeiro marxismo-leninismo encontra sua força na verdade, e renunciamos a nossa melhor qualidade se rejeitamos esse princípio por razões de tática: devemos nos alegrar que há homens, como Kovács e Jancsó, que buscam, com a linguagem da nova arte, os meios para nos fazer adotar a atitude correta em relação ao passado e ao presente.

7
A nova direção econômica e a cultura socialista*

Entrevista concedida a Ferenc Frehér e István Simon

Ferenc Frehér – *Camarada Lukács, em uma entrevista concedida no ano passado, você disse que o pior socialismo é melhor do que o melhor capitalismo**. Essa formulação causou muita perplexidade e provocou contrastes. Alguns se queixaram de que o substantivo socialismo foi associado ao adjetivo pior; outros, ao contrário, consideraram sua afirmação como um ato de fé, no sentido estrito, e não como uma postura racional, ética. Para que aqueles que conhecem bem seu trabalho – mas apenas para eles – não percam o significado profundo de sua afirmação, peço-lhe, portanto, que ilustre melhor "o âmbito de problemas a que o aparente paradoxo se refere".*

György Lukács – Se me é consentido, começo imediatamente com a questão do adjetivo: um conceito fundamental do marxismo diz que são os homens que fazem a própria história. Como resultado, não há cavalo ou carro alado que possa levar os homens à perfeição. Não há tampouco para o socialismo, porque o socialismo é o que nós mesmos construímos e é tal como o construímos. Pode ser bom ou ruim; pode ter lados bons ou ruins. Por outro lado, porém,

---

* Texto da conversa entre Lukács, István Simon (diretor da revista literária *Kortárs*) e Ferenc Frehér (crítico literário) sobre os problemas da cultura no novo sistema de direção econômica introduzido na Hungria. A entrevista foi publicada na *Kortárs*, n. 4, abr. 1969. Tradução de "La nuova direzione economica e la cultura socialista", em György Lukács, *Cultura e potere* (Roma, Editori Riuniti, 1970), p. 81-104. (N. T.)

** Ver, neste volume, a entrevista "Novos modelos humanos", p. 35. (N. T.)

e é isso que sustento, não faço um ato de fé quando afirmo que o socialismo como sistema é de ordem superior a todos os que existiram até agora. Naturalmente, essa questão não pode ser explicada aqui em detalhes em relação a vários aspectos da vida humana.

Basta referir uma única questão, muito importante também para nossa vida cultural: o fato de que, como Marx disse muito claramente, os valores da cultura não são mercadorias. O próprio Marx afirmou que existem fenômenos sociais que não têm valor do ponto de vista econômico, uma vez que, em sua criação, não há trabalho socialmente necessário que possa ser determinado; entretanto, eles têm um preço, do qual o capitalismo tira proveito. A esse propósito, Marx também vai além da cultura, no sentido estrito, já que afirma que, no regime capitalista, até a honra e a consciência têm um preço, ou seja, são transformadas em mercadorias. Agora, se examinarmos aquela fase do socialismo em que os métodos extremistas do stalinismo estavam plenamente desenvolvidos – esse é o período que, por causa dos grandes processos e por outras razões, é hoje condenado, pode-se dizer, por todos os comunistas e do qual eles se distanciam –, vemos que mesmo nesse período o socialismo sempre insistiu que a cultura não é uma mercadoria. Não por acaso, tudo o que era relevante para a cultura custava muito pouco. O preço dos livros, por exemplo, era igual à metade ou um quarto dos preços de hoje no mundo capitalista. Assim, conforme já disse com frequência aos franceses, os leitores de Balzac na Rússia eram muito mais numerosos do que na França, pois as primeiras obras de Balzac custavam poucos centavos. Os melhores textos da literatura russa e mundial foram disseminados na União Soviética em milhões e dezenas de milhões de exemplares. Se considero, por sua vez, a melhor e mais civilizada sociedade capitalista, vejo que nela livros, concertos, pinturas etc. são mercadorias simples, como anáguas ou casacos, e estão ligados à conjuntura. Até mesmo o período do culto da personalidade manteve a fé na tese de Marx de que a cultura não é uma mercadoria e tirou todas as consequências disso. Que nesta, como em todas as outras ações humanas, também houve aspectos nocivos à cultura é indubitável; mas esse sempre foi um fato fundamental da cultura socialista. Naturalmente, depende de nós a possibilidade de deteriorar até mesmo as melhores coisas do socialismo e reconduzi-las à alienação capitalista.

István Simon – *Permita-me, companheiro Lukács, uma observação. Com relação às coisas que você disse sobre a União Soviética, poderia dar outros exemplos* *e comparar a situação cultural dos trabalhadores dos países capitalistas com a dos trabalhadores húngaros?*

G. L. – Certa vez li num jornal alemão uma estatística que mostrava que na casa de 20% da população de uma grande cidade alemã não havia livros. As estatísticas não diziam que nessas casas havia livros de quinta categoria, ela dizia que não havia livros: um quinto da população vivia assim uma vida "independente" de livros. Não conheço as estatísticas húngaras sobre isso, mas ouso dizer que, se você fizesse estatísticas desse tipo em Miskolc, Györ ou qualquer outra cidade de província, você os encontraria, sem dúvida, em grande número, decerto muitos livros de quinta categoria, mas está absolutamente excluído que, na Hungria, um quinto da população não leia de todo livros. Até mesmo a União Soviética tem inúmeras experiências que mostram que diferentes camadas da população – que na Hungria leem apenas em casos excepcionais – também conheciam a literatura mais qualificada. Certa vez me ocorreu, por exemplo, falar com um velho empregado e com um funcionário do controle de imigração de um aeroporto, ou seja, com pessoas que não pertencem aos estratos intelectuais mais qualificados. Bem, ao ouvir meu nome, eles lembraram, por exemplo, que escrevi um prefácio a *Ilusões perdidas**, de Balzac. Eles não apenas leram o romance, como também o prefácio. Em minha opinião, é absolutamente impossível que, em um aeroporto de Paris, possa acontecer a um escritor estrangeiro que alguém tenha lido o prefácio escrito por ele para um livro francês. É uma insignificância, é claro, mas é evidente que, para nós, a cultura atingiu estratos bastante vastos, em virtude dos baixos custos, porque o livro não é uma mercadoria. E isso se refere, naturalmente, a todo o campo da cultura. Qualquer um que raciocine de forma realista sabe bem – e esse é o outro lado da questão – que ainda é impossível tornar a cultura gratuita.

F. F. – *Podemos citar a esse propósito alguns fatos, porque a revista* Valóság *publicou certa vez uma estatística sobre as leituras dos húngaros da qual emergiu uma constatação interessante: em todo estrato social húngaro, em todos os níveis da cultura, Tolstói está sempre presente entre os dez primeiros autores. Mas, uma vez que você, no complexo de questões relativas à superioridade histórica do socialismo, destacou justamente o problema da cultura (isto é, o problema do que, com intenção de propaganda, mas não sem razão, definimos*

---

*   Trad. Leila de Aguiar Costa, São Paulo, Estação Liberdade, 2007. (N. E.)

geralmente como superioridade do socialismo no campo da cultura de massa), cabe fazermos outra pergunta aqui: em que ponto estamos atualmente nesse campo? Existem, a seu ver, também fenômenos negativos? Sua própria formulação continha uma ressalva: depende de nós a possibilidade de arruinar até mesmo as melhores coisas.

G. L. – Gostaria de chamar a atenção para um fato preocupante. Há um ou dois anos, li um artigo de um dirigente do serviço cultural no qual ele sustentava, em relação ao novo mecanismo econômico, a necessidade de introduzir o princípio do desempenho econômico na atividade cultural: isso significaria reduzi-la ao nível capitalista. Devo acrescentar que essa afirmação não foi feita por um burocrata, mas por um intelectual conhecido em muitos círculos. Outra coisa para a qual quero chamar a atenção é que não basta excluir a cultura da lista de mercadorias para que tudo esteja em ordem nesse campo. Se considerarmos, por exemplo, o período de [Mátyás] Rákosi, quando foram difundidas centenas de milhares de cópias de artigos esquemáticos, pois bem, esses artigos não eram mercadorias, tampouco [Sándor] Petöfi. No entanto, no segundo caso, era justo que não fosse, mas no primeiro foi um problema! Li um artigo recentemente, se bem me lembro no *Népszabadság**. Ali se dizia que houve um tempo em que em nossos museus entrava-se de graça; mais tarde decidiu-se cobrar um florim; atualmente o ingresso custa três florins, se não mais. Assim, aqueles cidadãos que nunca se interessaram por museus perderam a chance de entrar casualmente em um museu e, talvez, um em dez, vinte ou cinquenta, retornar uma segunda ou terceira vez. Incidentalmente, esse mesmo artigo mostra que a negação do caráter da mercadoria cultural sempre prevaleceu no partido, mas isso não impediu que em vários períodos e em vários campos a posição de princípio fosse realizada de maneira diferente, se não em contraste com a determinação do partido.

Pense em uma família da classe trabalhadora. Se o ingresso do museu é gratuito, pode ser que num domingo de manhã, durante uma caminhada pelo parque de Budapeste, essa família entre no museu. Alguém, se não todos, voltará uma segunda vez. Mas, tendo de pagar quatro florins, eles vão pensar duas vezes; por doze florins, certamente, *a priori*, ninguém entrará. Agora, essa situação nos causa indignação por dois motivos. O primeiro, relativo à cultura

---

* Antigo jornal húngaro fundado em 1956 como órgão oficial do Partido Socialista Operário Húngaro. (N. T.)

em geral e aos museus em particular, é que a receita obtida com os ingressos nos museus assume dimensões invisíveis, mesmo sob o mais poderoso microscópio, no orçamento nacional. E considero uma porcaria, peço-lhe que me perdoe a expressão, que o problema dos casacos ou das roupas de baixo – que poderia ser facilmente regulado – seja deixado à mercê da espontaneidade, enquanto se fixam normas com relação aos bilhetes de ingresso nos museus.

Na questão dos museus, existe um lado grotesco. Claro, se eu publicar um livro, papel, impressão etc. custam dinheiro. Mas herdamos os museus, especialmente o de Belas-Artes, de graça. Podemos ter adquirido algumas coisas, mas o essencial, aquilo que atrai mais, nós o herdamos dos antigos regimes. Não podemos, portanto, apresentar razões econômicas. E não posso aceitar que, partindo de critérios econômicos falsos, o amor a uma causa errada, nós nos oponhamos à abordagem marxista.

I. S. – *Em relação à reforma econômica, é preciso refletir, na realidade, sobre o lado financeiro da cultura. O que você poderia nos dizer em geral, companheiro Lukács, sobre a relação entre a reforma e a cultura, nesse sentido econômico?*

G. L. – Infelizmente, não li as estatísticas. Mas conversei com alguns economistas e, segundo eles, a importância econômica de atividades culturais desse tipo é microscópica, se comparada a toda a economia nacional. Na realidade, devemos reformar nossa economia nos campos de atividade que envolvam as massas e nos quais bilhões são investidos. Não sou especialista no tema, mas posso mencionar um fenômeno que se manifesta em todos os países socialistas: os produtos nunca são transportados diretamente do local de produção para o local de consumo: eles primeiro são transportados para um centro, ali são armazenados; passam, portanto, por um centro de triagem intermediário e, a partir desse último, chegam finalmente ao consumidor. Agora, se calcularmos quantos trens, quanto trabalho de carga e descarga tudo isso requer, é provável que os custos relacionados aos produtos mais comuns sejam dez ou vinte vezes maiores do que o total das despesas culturais. E, portanto, se não se incomodam com minha expressão rude, apenas a preguiça mental pode nos induzir a aumentar as rendas estatais aumentando o ingresso dos museus: uma saída desse tipo não requer reflexão, qualquer burro sobre dois pés inventaria isso. Ao mesmo tempo, devemos tentar racionalizar o transporte de mercadorias.

F. F. – *Obviamente, você considera a questão do ingresso dos museus apenas como um exemplo. Sem dúvida, como já foi dito, a publicação de livros requer* *muito mais dinheiro. Acredito que nesse campo também existem os perigos "mercantis". Como você vê essa questão?*

G. L. – Em minha opinião, o perigo é sério porque, se compararmos o preço dos livros de cinco anos atrás com o atual, ficará claro que houve aumento, e aqui devemos protestar. Nossa tarefa é justamente estabelecer custos moderados para levar as pessoas a ler, a frequentar museus e concertos. Esse não é apenas um problema de política cultural. Não devemos esquecer – e os que se ocupam com a pedagogia não podem negá-lo – que os filhos dos intelectuais têm de fato grandes vantagens, no âmbito escolar, sobre os filhos de origem operária ou camponesa. Em casa, eles encontram muitos livros, seus pais leem, ajudam-nos a ler, levam-nos a concertos e assim por diante. Ou seja, mesmo após a liquidação das bases econômicas das classes, continua a subsistir culturalmente certa diferença social, e seria ridículo negar esse fato. Também seria ridículo dizer que essa diferença pode ser liquidada com um decreto. O baixo custo de livros, concertos, museus etc., por outro lado, pode atrair para a cultura estratos cada vez mais amplos de operários e camponeses. Isso significa que, ao longo de algumas décadas, as diferenças sociais remanescentes serão atenuadas e depois desaparecerão. A velocidade com a qual poderemos reduzir as diferenças depende de nossa atitude em relação à cultura. Ao estabelecermos baixos custos para a atividade cultural, poderemos, portanto, dar um passo importante para a liquidação das diferenças sociais.

I. S. – *A opinião pública acolheu favoravelmente o novo sistema de gestão econômica, considerou-o necessário, e acredito que as massas participam com entusiasmo da formação do novo mecanismo. Não pode acontecer que os princípios "mercantis" sejam estendidos à cultura? Isto é, por exemplo, que seja considerado natural – e por isso não se proteste contra tal fato – que até livros e museus se tornem mais caros? O que pode ser feito para que as pessoas não aceitem o aumento de preço dos "produtos" culturais como inevitável?*

G. L. – Aqui, como em todos os assuntos, a abordagem marxista deve ser enfatizada com extremo vigor. Não devemos esquecer que, mesmo após duas décadas de socialismo, é muito baixo o número daqueles que realmente leram Marx. Poucos realmente entenderam o pensamento econômico de Marx e há coisas que enganam as pessoas. Por exemplo, o livro, como papel, impressão, encadernação, é, sem dúvida, uma mercadoria. Desse ponto de vista, não importa que no livro haja as palavras de um escritorzinho ou as de Goethe.

A nova direção econômica e a cultura socialista | 93

Existe, na verdade, um trabalho socialmente necessário pelo qual se determina quanto custa um livro de duzentas páginas, mas nenhum economista calculou quanto trabalho é socialmente necessário para escrever *Fausto* e se esse trabalho corresponde àquele necessário para escrever certos romances esquemáticos bem conhecidos. Isso é muito fácil de entender, porque a posição marxista é extremamente clara e simples. Não há camponês para quem eu não possa explicar essa diferença em dez minutos.

F. F. – *Sua tendência apaixonada a analisar toda questão teórica verdadeira com base em Marx é bem conhecida, como tem sido demonstrado em várias ocasiões durante nossa entrevista. Peço agora que ilustre, seguindo os passos de Marx, o problema geral do caráter "mercantil" da cultura. Como esse problema surgiu no capitalismo tradicional, como surge na sociedade capitalista de hoje e como deve se colocar para nós?*

G. L. – Devemos considerar que o conceito de progresso tem um caráter decididamente dialético. Se pensarmos que no passado os livros eram copiados à mão e hoje são impressos, ninguém pode duvidar que se produziu uma mudança para a cultura humana. No entanto, esses processos só poderiam ser determinados nas sociedades de classes em relação ao desenvolvimento econômico, e devemos notar, portanto, que um enorme progresso, em virtude do qual os livros podem ser impressos aos milhares de cópias, dá ao livro e, em geral, à cultura um caráter mercantil.

E, nesse sentido, é muito interessante revelar, como fizeram os clássicos do marxismo, que os grandes escritores imediatamente se conscientizaram dos perigos associados a esse fenômeno. *Ilusões perdidas*, de Balzac, mostra precisamente que terríveis efeitos humanos e culturais causaram a entrada do capitalismo na publicação e no jornalismo. Bem entendido, trata-se de uma questão muito complexa. Entretanto, não se deve esquecer que, para os gêneros produzidos e consumidos em série, é impossível estabelecer uma relação entre produção e consumo sem a forma mercadoria. Isso se refere tanto a alimentos e roupas como, por exemplo, ao livro impresso etc. No entanto, é necessário ver se a forma da compra e venda está necessariamente vinculada à produção para o lucro. Marx afirma que essa relação não existe, pois nota – e a observação assume grande importância – que algumas coisas têm um preço, mas não um valor. No limite, produzem-se fenômenos de acordo com os quais as coisas que não têm valor são transformadas em mercadorias. Mas é apenas no regime capitalista que mesmo essas mercadorias estão sujeitas às leis do mercado. Esse processo não é, portanto, inevitável. Nesse momento, nasce o já mencionado problema de nossa política cultural, ou seja, como aproximar o maior número possível de pessoas da cultura? Como criar um relacionamento mais profundo entre elas? A coisa é importante em todas as sociedades. De resto, o caráter não mercantil dos bens culturais se manifesta mesmo no regime capitalista. Nessa sociedade, um editor não é igual a um armador ou um comerciante de perfumes. Produtores de teatro como [André] Antoine ou [Max] Reinhardt, editores como Fischer ou Gallimard etc. diferem como tipos psicológicos dos capitalistas médios, uma vez que o processo social força o próprio capitalismo a assegurar certa cultura até mesmo às classes oprimidas e exploradas.

I. S. – *A observação é válida, em geral, para o desenvolvimento da cultura em relação às leis do capitalismo. Mas a elevação do grau de cultura aumenta as exigências democráticas dos trabalhadores. Como você vê esse fenômeno sob o regime socialista?*

G. L. – A introdução da educação geral obrigatória no século XIX não derivou de uma instância "humanista", mas sobretudo do fato de que, com o emprego das máquinas, os trabalhadores analfabetos não podiam mais ser usados nas fábricas. Essa tendência continua existindo, em maior ou menor medida, no regime capitalista e, de fato, força o capitalismo a assegurar à cultura, como mercadoria, um lugar muito especial. Já mencionei Balzac e um fenômeno que muitas vezes ocorreu entre nós no início do capitalismo: alguns indivíduos dispostos a fazer sacrifícios conseguiram escapar do movimento mercantil e, por exemplo, publicaram uma revista às próprias custas, que puseram em circulação a um preço mínimo. Esse fenômeno tende a recuar cada vez mais para o segundo plano no capitalismo monopolista: por um lado, porque aumenta continuamente o capital mínimo necessário para a produção; por outro, porque, em virtude da grande renda, a especulação sobre produtos culturais torna-se um ramo importante dos negócios. Considere, por exemplo, que o comércio de pinturas é, no capitalismo, o apanágio de grandes especuladores. Bem, tudo isso não é apenas desnecessário em nosso sistema, mas também pode ser eliminado; por outro lado, se queremos construir um verdadeiro sistema socialista, a elevação contínua do nível cultural das grandes massas é uma necessidade elementar.

Quando Lênin disse em 1917 que o cozinheiro também teria de administrar o Estado, ele obviamente reivindicava essa possibilidade para o cozinheiro daquela época, mas não pensava de fato que o cozinheiro seria um ideal a alcançar. Lembre-se de que, quando a Nova Política Econômica foi introduzida na Rússia Soviética, Lênin lançou ao mesmo tempo o *slogan* da erradicação do analfabetismo. Erradicar o analfabetismo significa que as pessoas devem ler e adquirir através da leitura uma capacidade de orientação autônoma, sem a qual a democracia socialista não pode ser realizada. O capitalismo cria meios de informação de massa com os quais transforma a leitura em um ato formal e inculca nas massas um grande número de bobagens, contrárias a seus interesses. O socialismo, por outro lado, tem interesse que todo mundo saiba como se orientar na vida e saiba dizer, de acordo com a própria reflexão, se este ou aquele fenômeno correspondem a sua concepção de vida. Todavia, não se pode dizer que isso possa acontecer sem a ajuda da cultura. Se um de nós assumir uma posição política justa sobre determinada questão, quem poderá dizer em que medida Homero, Shakespeare ou Tolstói contribuíram para isso? Lênin sabia muito bem que os laços de Tolstói com os camponeses lhe permitiram compreender problemas que [Gueórgui] Plekhánov, por exemplo, não conseguia entender. Do ponto de vista socialista, é um grave erro considerar esses problemas pertinentes apenas no vértice, como fazem os pensadores burgueses. De fato, esses problemas surgem até mesmo nos homens mais simples, e precisamos trabalhar para que esse número sempre se multiplique.

I. S. – *A democracia socialista poderia, portanto, nos ajudar, em seu julgamento, a fazer com que a cultura assuma uma função mais ampla e importante na consciência dos homens. O fato de que os homens aprendem a escolher, o fato de que suas necessidades se desenvolvem, pode talvez impedir que critérios vulgarmente "mercantis" orientem certos estratos da atividade cultural?*

G. L. – Esse problema diz respeito a uma prospectiva distante, mas não seremos capazes de resolvê-lo se não lidarmos com isso desde já. Eu me refiro novamente ao "cozinheiro" de Lênin. A democracia socialista deve ser a democracia da vida cotidiana. A essência da democracia socialista exige que todo homem possa viver a vida a seu modo, em harmonia com os interesses sociais. No capitalismo, tudo isso depende do mercado, da publicidade, da manipulação etc. Consequentemente, a liberdade capitalista é apenas um ideal abstrato: a população vota uma vez a cada cinco anos para algo, e a partir desse momento sua sorte está nas mãos da burocracia. Devemos saber que a democracia da vida cotidiana não nasce por si mesma nem no socialismo. Somente a capacidade de liderança do estrato governante conscientemente socialista, isto é, do partido, pode fazer com que os homens aprendam a representar e defender seus interesses, desde as coisas mais ínfimas até as mais altas questões políticas. Coloca-se assim, sem dúvida, o problema da verdadeira função da cultura, porque um estrato social sem cultura é incapaz de reconhecer seus interesses, ou, melhor, toma por seus interesses apenas aqueles cotidianos, mais imediatos, não aqueles da comunidade. A esse respeito, há uma tese de Marx que não é usualmente mencionada, mas é, no entanto, muito importante. Segundo Marx, o desenvolvimento da humanidade consiste no fato de que o trabalho necessário para assegurar a reprodução da vida humana vai em larga medida sendo reduzido no plano histórico.

Com o desenvolvimento do trabalho social, aumenta o tempo livre. Como usar esse tempo livre? Esse é um problema puramente cultural. No século XIX ainda se podia lutar pela redução do dia útil para oito horas. Em si, esse processo melhorou a situação da classe trabalhadora. No atual capitalismo (especialmente nos Estados Unidos), no qual o dia de trabalho é de cinco ou cinco e meio dias semanais, não se trata mais de conquistar o tempo livre para os trabalhadores, mas ver como os trabalhadores utilizarão esse tempo livre.

F. F. – *Parece-me que você tocou em um ponto muito importante, mencionando bens culturais baratos e o problema das diferenças culturais entre os estratos sociais. Nosso pensamento social usual afirma que, com a supressão da propriedade privada, desaparece qualquer diferença entre os homens. Contra essa opinião, algumas reservas críticas foram formuladas verbalmente e por escrito: foi dito que no socialismo se cria certo monopólio cultural. Minha pergunta é, portanto, dupla: você acha que existe uma tendência a um monopólio cultural desse tipo? E, em caso afirmativo, em que sentido a repulsa ao conceito de cultura como uma mercadoria favorece a supressão desse monopólio?*

G. L. – Em minha opinião, situações de monopólio desse tipo são necessariamente produzidas em todos os lugares. Refiro-me a uma categoria, muitas vezes presente na literatura capitalista, a categoria dos novos-ricos. Aqueles que vêm de uma antiga família de intelectuais encontram-se em uma situação vantajosa em relação aos novos-ricos, já que nessa família há várias gerações se tem o hábito de ler, ouvir música, ver pinturas etc. Portanto, cairíamos no ridículo se disséssemos que o socialismo, tendo suprimido a propriedade privada dos meios de produção, também mudou esse aspecto da velha sociedade. A novidade está no fato de que, sob o regime socialista, a sociedade pode agora operar para que esse fenômeno também desapareça, mas, para conseguir isso, levará várias gerações. Assim, por exemplo, os filhos daqueles que eram dirigentes operários em 1945 se comportam hoje como se fossem de famílias intelectuais. O nascimento de uma nova situação de monopólio não é, portanto, um processo fatal, mas um fenômeno no qual a sociedade socialista, o Estado socialista, o partido comunista podem muito bem operar. A cultura, portanto, desempenha um papel muito importante. Só que o problema da cultura não deve ser considerado de maneira fetichista. Em particular, não devemos traçar uma linha metafísica de separação entre a "alta" e a "baixa" cultura. Entre uma e a outra existe, de fato, toda uma série de manifestações intermediárias, que são facilmente acessíveis às grandes massas. Seus efeitos culturais são em certos aspectos um tanto duvidosos. Se alguém lê apenas [Mór] Jókai durante toda a vida, ele pode até ter a ideia errada da sociedade húngara, mas seria um erro ignorar o fato de que as antigas aspirações democráticas húngaras também se refletem em Jókai. E, portanto, posso ser otimista demais, mas acredito que se as pessoas começarem a se interessar pela cultura, depois de certo tempo, depois de duas ou três gerações, acabaremos chegando à cultura que trata dos grandes problemas. Isso pode acontecer rapidamente ou em um ritmo mais lento, mas acontece.

Um exemplo muito instrutivo é oferecido na Hungria pelo democratismo musical de [Zoltán] Kodály. Resultados significativos já foram registrados em escolas onde o método foi introduzido. De cem meninos que entrarem em contato com a música com o método de Kodály, pelo menos dez, quinze ou vinte conseguirão entender Mozart, Beethoven e outros músicos. Todos nós já experimentamos a cultura quando jovens, em certo sentido, como uma avalanche: ela acelera o desenvolvimento cultural.

Tomemos outro exemplo não menos indicativo. Quantos são os trabalhadores soviéticos, camponeses e homens simples que, se não propriamente de Marx, aprenderam alguma coisa de Tolstói ou Górki, de Tchekhov ou Dostoiévski e, portanto, vivem sua vida não dentro dos estreitos limites em que nasceram, mas no nível de toda a história da humanidade? Sem essa tendência, não pode haver uma democracia socialista real. De fato, a democracia socialista não implica apenas um aumento no padrão de vida; na verdade, quanto mais o nível de bem-estar material aumenta, mais importante se torna a função da cultura. Nesse sentido, os homens compreenderão cada vez mais que cabe a eles decidir sobre todos os problemas, desde aqueles do trabalho e do planejamento até as manifestações mais complexas da vida.

F. F. – Você falou de uma divergência entre a chamada "alta cultura" e a "cultura de massa". Dois fatos devem ser considerados a esse respeito. O primeiro é que essa lacuna foi em parte herdada e não podemos eliminá-la em alguns anos ou décadas. Mas é igualmente indubitável que efeitos negativos dela derivam, pois as tendências comerciais na esfera cultural são assim consolidadas. Por isso, gostaria de saber de você se a lacuna entre as duas culturas é exclusivamente hereditária, ou se uma direção burocrática não contribui para perpetuar e, em alguns casos, tornar essa lacuna natural.

G. L. – Acredito que a segunda hipótese seja verdadeira, porque seria realmente superficial reduzir essa lacuna a uma simples diferença no nível artístico ou intelectual. Se compararmos *Don Giovanni* de Mozart com uma opereta moderna, a diferença não diz respeito apenas ao nível musical, mas também a um fato mais importante: a obra de Mozart diz que o homem não deve estar satisfeito com o estado intelectual e moral em que nasceu e a que se acostumou, mas deve tender para outros horizontes mais amplos.

A arte de nível mais baixo tem essencialmente o defeito (sobretudo no regime capitalista, mas também entre nós) de enraizar o homem no estado em que ele se encontra num dado momento. O humorismo do cabaré não é negativo porque é irônico sobre os fenômenos, mas porque as pessoas, rindo de certos absurdos, ficam com a alma em paz. Hoje, por exemplo, são permitidas coisas que, na época de Rákosi, não se poderiam nem sequer imaginar. Há um grande progresso nisso, mas também uma séria limitação. Quero dizer que, na época de Rákosi, a formulação de um julgamento sobre esse ou aquele fenômeno também significava engajar-se no nível da própria vida interna. Hoje, por outro lado, posso assistir a um espetáculo considerado audacioso no plano político por duas ou três horas e rir de tudo e de todos, desde motoristas de bonde até altos executivos, sem que isso tenha a menor importância para mim. Depois do espectáculo continuo sendo o que era antes. Aqui, na minha opinião, está a diferença real entre "alta" e "baixa" cultura. É claro que é inevitável que a maioria das pessoas se aproxime da "baixa" cultura primeiro. Mas não podemos permitir que essa cultura seja considerada arte por muito tempo e, por isso mesmo, a política cultural deve, acima de tudo, tornar sua a grande aspiração da grande arte: que o homem possa transformar ou, pelo menos melhorar, sua vida. Não é verdade que apenas no riso cínico de baixo nível se encontre a atitude crítica em relação à vida.

Estou convencido de que ninguém é tão despreparado para não perceber que um desenho de Daumier é animado por um tipo completamente diferente de ironia. Ou seja, que ali a ironia é realmente artística. E não é necessário conhecer Rafael ou Michelangelo para entender o valor de uma pintura de Daumier.

Se rejeitarmos a danosa noção do tomar partido que se afirmava no passado, quando o tomar partido se tornou uma palavra de ordem detestável, e entendermos o tomar partido no sentido de que não aceito minha vida como ela é, mas quero me aperfeiçoar, tornar-me mais sábio, compreensivo etc., precisamente por essa via é possível alcançar a cultura mais alta. Devemos entender que entre a cultura mais alta e a de nível mais baixo há uma diferença notável, mas não uma muralha chinesa. Isso remete ao problema que Lênin levantou ao dizer que os homens devem habituar-se a uma vida humana, a uma vida digna do homem. Não quero afirmar que a cultura é por si só capaz de atingir esse objetivo. Não é disso que se trata. Mas a cultura é, sem dúvida, uma daquelas grandes forças que podem promover esse desenvolvimento humano. Nós, socialistas e comunistas, não devemos ser derrotistas nesse campo. Nas circunstâncias atuais, podemos dizer que "todos os caminhos levam a Roma". Não pode haver elevação do nível intelectual sem que haja um avizinhamento do socialismo.

F. F. – *Suas observações estão, de alguma forma, delineando a estrutura de uma solução positiva, desprovida de elementos burocráticos. Assim, cria-se um campo dinâmico para a cultura, que, no entanto, deve ser delimitado, porque obviamente é impensável um campo em que haja liberdade absoluta. Quais devem ser os princípios regulatórios?*

G. L. – Vinte anos atrás eu disse, em uma conferência, que a liberdade absoluta nunca existiu e nunca poderá existir. Não há sociedade que permita tudo: isso não pode acontecer nem mesmo na democracia mais avançada. Em minha opinião, devemos eliminar todas as tendências expressamente reacionárias. Mas há um ponto que constitui a encruzilhada entre socialismo e antissocialismo e contra o qual nossa cultura deve protestar. Quero dizer que, no regime capitalista, o outro homem é para o homem um limite, um obstáculo, um objeto, mas em nenhum caso um apoio, uma ajuda. Essa é uma manifestação imediata desse conceito de liberdade que se coloca como a superestrutura da economia de livre mercado. Derivam daí os produtos mais díspares da degeneração cultural. Em seu estudo sobre o O *homem do Renascimento**, Ágnes Heller mostra muito bem como Boccaccio, que reivindicou a liberdade da vida sexual, foi impulsionado por uma instância ética fundamental, a exigência de que, na vida sexual, fossem assegurados o prazer e a satisfação tanto do homem quanto da mulher. Trata-se de algo aparentemente banal e, no entanto, se dermos um salto de alguns séculos e nos depararmos com o Marquês de Sade, hoje em dia tão típico e em moda, vemos como de sua ideologia emerge que, para o homem, é completamente indiferente a reação da mulher no ato sexual. A mulher aparece como simples objeto. Tem havido, nessa linha, um amplo desenvolvimento até a literatura contemporânea. Agora, muitos daqueles que se rebelam contra nós pela coerção sectária só o fazem em nome de uma liberdade desse tipo. E é aqui que eu traçaria a linha divisória. Não sou contra o fato de que toda a obra de Sade se encontre na biblioteca da Academia e que, se um jovem sociólogo tiver necessidade de estudá-la, possa solicitá-la e lê-la. Mas não posso aceitar que, em nome da libertação do sectarismo, se deva dar os textos de Sade ou algo assim a um estudante do ensino médio. Mencionei um caso-limite, mas seria importante que nós, socialistas, tenhamos ideais humanos e que esse ideal não tenha nada a ver com o que lemos em romances pseudossocialistas. Nosso ideal humano é que todo homem seja de ajuda para outro homem, e que todo relacionamento não recíproco entre homens não é um relacionamento humano. De Homero a Tolstói e Thomas Mann, todo grande escritor tem essencialmente apoiado essa reciprocidade nas relações humanas. Nesse sentido, a cultura só propagou a tese que Marx formulou assim: com o comunismo começa a história real da humanidade. Antes, houve apenas pré-história, e a grande literatura, a grande arte sempre proclamou a necessidade de sairmos da pré-história. A cultura assume, assim, grande importância quando se constrói o indispensável fundamento material, na medida em que busca formas de utilizar esse fundamento material.

F. F. – *Nesse ponto, gostaria de discutir com você porque considero sua posição sobre as obras a traduzir um pouco severa demais. É claro que não podemos propagandear ações anti-humanas, também é claro que não podemos seguir*

---

*   Trad. Conceição Jardim e Eduardo Nogueira, Lisboa, Presença, 1982. (N. E.)

todas as modas de ontem ou de antes de ontem. No entanto, em minha opinião, devemos dar a conhecer à opinião pública húngara não só os nós positivos do desenvolvimento humano, mas também, de certa forma, os nós negativos que representam, no mais alto nível, certos caminhos errados, certos becos sem saída ou certas deformações do desenvolvimento humano. Repito, isso não implica que as concepções anti-humanas sejam disseminadas ou que seja ridiculamente procurado seguir a moda.

G. L. – Sobre isso não há conflito entre nós. Para mim, é absolutamente natural que Kafka seja traduzido. E assim oponho-me firmemente a uma concepção que está na moda hoje e que poderia burocraticamente bloquear o caminho para o desenvolvimento justo. Segundo essa concepção, os ideólogos estrangeiros que estão se aproximando de Marx (não importa se estão certos ou errados, se o entendem mal ou não) nada mais são que agentes "refinados" do imperialismo. Eu definitivamente rejeito essa afirmação. Posso declarar que não aceito uma única palavra do que [Herbert] Marcuse, [Ernst] Bloch ou outros dizem, mas não se pode negar que eles realmente se opõem ao imperialismo manipulado, e é absurdo não considerar que no plano histórico mundial, em um sentido objetivo, esses ideólogos são, apesar de todos os erros, nossos aliados. Eu, portanto, acredito que não há diferenças sérias entre mim e você. Não se trata para mim de colocar proibições, apenas quero dizer que às vezes é inútil transmitir certas coisas às massas.

F. F. – *Parece-me que conseguimos delimitar, como se diz, o campo do movimento para a direita: qual é o princípio da delimitação para a esquerda?*

G. L. – Peço desculpas, mas, a esse respeito, devo me referir a minha experiência subjetiva. Há cerca de trinta anos tenho lutado contra a tendência de considerar o artigo de Lênin, de 1905, o texto sagrado da política partidária. Naturalmente, o partido elabora sobre determinado problema sua resolução, esta deve ser difundida, divulgada, e é evidente que os propagandistas devem obedecer à linha partidária. Mas, com base no artigo de Lênin de 1905, continua existindo entre nós uma interpretação completamente deformada do tomar partido na arte. Como se tomar partido significasse apenas que a arte deveria ilustrar, de uma maneira ou de outra, essa ou aquela resolução do partido. Em minha opinião, o tomar partido é uma posição espontânea do homem e, consequentemente, também da arte e da cultura.

Darei um exemplo muito simples: um poeta escreve um poema para uma mulher se ele a ama e se a odeia; em ambos os casos, uma poesia pode nascer, e mesmo uma boa poesia. Se o poeta se sentisse totalmente indiferente a essa mulher, nenhuma poesia nasceria. Estou convencido de que, sem esse tomar partido, nunca teríamos literatura, música, pintura ou cultura em si. O tomar partido é uma manifestação espontânea da vida humana, da vida e não apenas da arte, pois eu mesmo oriento minha vida cotidiana pela aceitação de algumas coisas e pela rejeição de outras.

F. F. – *Para finalizar, uma questão aparentemente prática, mas fundamentalmente teórica. Em sua opinião, é possível conciliar o princípio das justas necessidades da reforma econômica com o da eliminação progressiva do caráter "mercantil" da cultura?*

G. L. – Acredito que não há conflito entre os dois princípios. Quanto mais formos capazes de adequar a produção material às justas necessidades da população, mais o campo de atividade será estendido para criar uma verdadeira e grande cultura, e tanto menos a cultura terá de se encaixar na vida social sob a forma de mercadoria. Portanto, como defensor do novo mecanismo, declaro que estamos agora no ponto em que – de uma maneira mais radical do que no passado – podemos eliminar o caráter mercantil da cultura, agindo exatamente em oposição a alguns elementos excessivamente diligentes que pretendem transformar a cultura em mercadoria.

Por outro lado, podemos eliminar de maneira definitiva, ou quase, os entraves burocráticos erguidos, no período do culto da personalidade, contra a plena afirmação do caráter não mercantil da cultura. Em minha opinião, esse problema é de importância excepcional. Estou preocupado com um fato que já apontei: muitas vezes preferimos dizer certas coisas, rir de erros etc., em vez de examinar o problema da correção efetiva dos erros mais seriamente. Por exemplo, tem havido uma tendência a restringir a função dos ministérios e aumentar a dos complexos empresariais. Devo dizer a esse respeito que uma coisa é tomada como igual a outra e que, por conseguinte, não foi dado um passo adiante. O editor deve decidir quais livros garantirão uma boa receita e como ajudar desse modo um livro menos popular.

Os dirigentes mais capazes da atividade cultural devem ter liberdade máxima em suas decisões; se, no entanto, como é nosso caso, os lucros devem ser entregues, então haverá alguma autoridade para decidir sobre essas somas; assim, removemos todo o campo de ação do administrador individual e, de fato, retornamos, ainda que de formas diferentes, à antiga regulamentação burocrática. Gostaria de salientar que apoio plenamente a reforma econômica, mas essa reforma deve ser realizada não em palavras, mas em ações.

I. S. – *Para concluir, gostaria de dizer que esse problema também surge em outros casos. Os promotores da própria reforma econômica estão cientes desse problema e se pronunciam contra a comercialização da cultura. Refiro-me ao IX Congresso do Partido [Comunista Húngaro]: também se expressaram preocupações e se tomaram posições a esse respeito.*

G. L. – Aprovo e sou um entusiasta de tais posições. Afirmo, no entanto, que as palavras devem se tornar realidade, ação prática, e devem ser criadas formas organizacionais capazes de garantir uma dinâmica real. Em minha vida nunca me opus a decisões tomadas, e sinceramente desejo encontrar-me na mesma posição de princípio do IX Congresso. Em nossa entrevista, procuramos examinar como, por meio de uma concepção correta da cultura, se realiza a ação prática. Com minhas observações, desejo apenas favorecer a aplicação mais rápida de um princípio justo.

8
A Alemanha, uma nação de desenvolvimento tardio?*

Conversa com Adelbert Reif em Budapeste

"Acredito que, quanto mais intensamente a literatura e a ciência abordarem as questões cruciais da humanidade, maior será a importância da poesia na preparação ideológica que hoje é tão importante para a revolução da sociedade." (György Lukács)

Reif – *Nossa conversa, professor Lukács, não será uma discussão dos problemas fundamentais do marxismo, mas sim uma tentativa de analisar o desenvolvimento histórico da Alemanha e a consciência sociopolítica dos alemães nos últimos duzentos anos para tornar esses fatores visíveis; mostrar que de Frederico, o Grande, ao atual chanceler [Kurt Georg] Kiesinger, passando por [Otto] Bismarck e Hitler, eles puderam ser considerados uma força motriz decisiva. O senhor mesmo fez uma contribuição essencial para o reconhecimento do irracionalismo na história alemã em seu igualmente famoso e controverso livro* Die Zerstörung der Vernunft** *[A destruição da razão].*

Recentemente, Rudolf Augstein, editor da revista de notícias Der Spiegel, *publicou um trabalho que trata exclusivamente dos problemas dos alemães em suas relações com Frederico, o Grande, da Prússia. Quando se parte desse problema, surge automaticamente a questão do significado ideológico da personalidade de Frederico, o Grande, para a política alemã nos séculos XIX e XX...*

György Lukács – Acredito que devemos começar com uma questão alemã mais geral: por um lado, a rejeição daquela afirmação segundo a qual a natureza

---

* Entrevista concedida em 5 de abril de 1969 e originalmente publicada na revista *Forvm*, n. 185, maio 1969, p. 357-60. Também encontrada em *Lukács Werke: Autobiographische Texte und Gespräche* (Bielefeld, Aisthesis, 2009), v. 18, p. 383-94. Tradução revisada por Vitor Bartolleti Sartori. (N. T.)

** Berlim, Aufbau, 1955. Essa obra ainda é inédita no Brasil. (N. E.)

alemã seria a natureza bárbara e corrupta da Floresta de Teutoburgo*; por outro, devemos romper igualmente com a afirmação de que a Alemanha suplantou o próprio passado através da chamada República Democrática, que hoje governa a Alemanha.

A Alemanha é um produto da atividade político-social dos alemães na era capitalista, de modo que, quando considero os alemães tanto produto como produtores de seu *status* atual, acho que depende dos alemães se essa condição permanece ou não. Se fosse um estigma de raça, não se poderia mudar isso, mas como estamos lidando com um produto histórico, uma mudança é possível.

Devemos enfatizar, no entanto, que a transição do feudalismo na Alemanha tomou um curso totalmente diferente da que ocorreu nos países ocidentais, como a Inglaterra e a França. Refiro-me ao fato importante de que o desenvolvimento do capitalismo na Inglaterra e na França produziu a unidade nacional. Por sua vez, a dissolução do feudalismo alemão levou ao mesmo tempo à dissolução do antigo Reich alemão em Estados isolados. E as tendências de concentração contidas no capitalismo surgiram na Alemanha nas formas caricaturais dos pequenos principados. Eles formaram uma força contrária à unidade alemã, de modo que a unificação nacional na Alemanha só pôde ocorrer em 1870, numa época em que na França e na Inglaterra a unidade nacional já possuía tradições centenárias e revolucionárias.

Aqui temos um antagonismo de desenvolvimento e, nesse antagonismo, os prussianos se uniram sob o chamado de Frederico, o Grande. O resultado foi uma caricatura de grande potência dos Estados ocidentais, na qual todas as tradições feudais foram conservadas e burocratizadas. Sob Frederico, o Grande, que gostava de se referir a si mesmo como um iluminista, nunca houve uma suplantação real do feudalismo. É característico do desenvolvimento alemão que essa suplantação tenha ocorrido basicamente mais tarde. Por exemplo, pode-se ver que economicamente as relações agrícolas na Prússia eram absolutamente as mesmas não apenas sob Frederico, o Grande, mas também na época da fundação do reino por Bismarck. Foi apenas com

---

* Referência à Batalha da Floresta de Teutoburgo, também designada o "Desastre de Varo", ocorrida no ano 9 d.C. em território atualmente alemão. Nela, legiões romanas comandadas por Públio Quintílio Varo defrontaram-se com as forças aliadas das tribos germânicas, lideradas por Armínio. Três legiões romanas foram emboscadas e massacradas e estima-se que, dos 24 mil soldados romanos, cerca de 23 mil foram mortos, enquanto os germanos tiveram um número muito menor de baixas, cerca de 7 mil homens. (N. T.)

a *Rheinbundzeit** sob Napoleão que as condições agrícolas na Alemanha mudaram. Penso que o entusiasmo do republicano [Heinrich] Heine por Napoleão não era por acaso. Heine viu em Napoleão um reformador real das antigas relações alemãs.

Mais tarde, não apenas Bismarck conservou essa Prússia, mas sabemos que a tomada de poder de Hitler sob [Paul von] Hindenburg ajudou essencialmente a sufocar as tímidas tendências de reforma das condições agrárias prussianas durante a Grande Depressão de 1929. Apenas um chanceler do Reich, Hitler, era a garantia de Hindenburg de que as condições agrícolas prussianas seriam conservadas...

Falo dessas relações como os fundamentos econômicos para a não mudança da Alemanha em um período em que as potências ocidentais mudaram decisivamente. A esse respeito, dos fundamentos econômicos da Alemanha até os ideológicos, há continuidade desde a Idade Média dissolvida e decadente. Sob os vários homens da Alemanha, Frederico, o Grande, Bismarck etc., as relações existentes se modernizaram em alguma medida, mas no essencial mantiveram-se inalteradas.

Reif – *Então o senhor vê entre Frederico, o Grande, e Adolf Hitler uma linha consequente de continuidade no desenvolvimento histórico da Alemanha?*

G. L. – Sim, e essa linha estatal-ideológica se fixou firmemente como um problema do Estado autoritário.

É claro que esse prussianismo agrário, do qual acabo de falar, não foi o padrão do antigo Império alemão. Renânia, Berlim e as regiões industriais determinaram o desenvolvimento real. Mas o que restou do prussianismo agrário é a forma de governo burocrático-autoritário, o que foi chamado em 1918 na Alemanha de "Estado autoritário", com uma ideologia cuja melhor formulação consiste em dizer "o silêncio é o primeiro dever cívico"**.

Hoje, quando as reformas são realizadas em conexão com os movimentos estudantis, um observador estrangeiro pode facilmente se perguntar se o

---

* A Confederação do Reno foi uma liga criada por Napoleão Bonaparte em 12 de julho de 1806, no contexto da Terceira Coligação contra a França. (N. T.)

** Pronunciada em um comício realizado em 18 de outubro de 1806 pelo então governador de Berlim, Friedrich Wilhelm, conde Von der Schulenburg, em referência às derrotas de Jena e Auerstadt, essa frase se tornou célebre. Suas palavras foram: "O primeiro dever cívico é o silêncio". Mais tarde, Willibald Alexis escreveu um romance inspirado nessas mesmas palavras: *O silêncio é o primeiro dever cívico*. (N. T.)

problema do "silêncio é o primeiro dever cívico" já não é mais o fundamento ideológico da essência alemã. Eu diria: o mundo não deveria se recuperar da essência alemã, como se dizia em 1914, mas o povo alemão deveria se recuperar de sua própria essência, desenvolvida por ele mesmo.

Reif – *A transformação de uma nação só é possível através de uma nova compreensão da história pela geração mais jovem. Contudo, precisamente essa mudança na compreensão da história, que poderia um dia levar a uma nova consciência da história, ainda não é perceptível na República Federal [da Alemanha]. A escola transmite uma imagem da história, por assim dizer, separada do contexto ideológico dos acontecimentos históricos concretos, apenas um conhecimento dos fatos...*

G. L. – Sim, isso não é por acaso. De um lado, há uma tradição historiográfica muito ruim na Alemanha; por outro, particularmente nos Estados Unidos, surgiu uma ideologia cujos teóricos espalharam a visão de que estávamos em uma era completamente nova. Essas pessoas não veem mais o capitalismo estadunidense como capitalismo, pois acreditam que é uma estrutura completamente nova, com outras formas de expressão. Tome uma categoria cultural geral como o *happening*: isso é uma coisa que existe apenas no presente e não possui nenhuma conexão com o passado. Admito que é bastante difícil vincular nosso tempo ao passado, e estou longe de condenar a juventude estudantil do mundo por não ter esse entendimento no momento. A história que hoje mais se celebra e exalta é justamente a que não é história.

Sem dúvida, algo novo é necessário. Hoje, quando o significado do marxismo é muito mais amplamente reconhecido do que era vinte anos atrás, há um duplo perigo. Existem os chamados marxistas ortodoxos que aderem estritamente ao texto de Marx. Naturalmente, pouco se pode aprender hoje da economia estadunidense com o texto de Marx. No entanto, é errado considerar que o marxismo está obsoleto, porque, se você estudar o método de Marx, certamente poderá apreender do ponto de vista econômico a peculiaridade do capitalismo estadunidense. Esse desenvolvimento do marxismo está apenas começando. Quer dizer, estamos prestes a dar os primeiros passos nesse caminho. Portanto, seria extremamente importante que os marxistas que trabalham na Alemanha conseguissem aproximar nesse sentido a juventude do marxismo. Não se esqueça de que o jovem Marx disse certa vez que existe apenas uma única ciência: e essa é a ciência da história. Para Marx, a história era o devir homem do homem. E, objetivamente falando, todos os jovens veem com razão que a atual sociedade na Alemanha – tanto no moderno capitalismo manipulatório quanto no sentido conservador-reacionário – impede esse devir homem do homem e o coloca em segundo plano.

Portanto, é importante fazer com que os jovens compreendam que o caminho espiritual correto para suplantar a velha concepção seria uma inflexão em direção ao marxismo corretamente entendido. Acredito que, nessa relação, o marxismo teria um significado muito grande para o desenvolvimento futuro tanto da Alemanha quanto de outros países.

Reif – *Decerto, mas no que diz respeito à República Federal [da Alemanha] a juventude mede naturalmente o marxismo e o socialismo pelas realidades políticas da Alemanha. Para a grande maioria dessa geração mais jovem, ambos têm pouca chance de simpatia, porque são julgados pela realidade política e ideológica da RDA, isto é, por um Estado que, como sabemos, se entende propriamente como socialista-marxista.*

G. L. – Sim, veja, isso é algo bastante compreensível. Já mencionei explicitamente em outros lugares que o socialismo – que na década de 1920 teve uma influência significativa sobre a intelligentsia da Europa – perdeu com seu desenvolvimento grande parte de sua influência. Devemos enfatizar, no entanto, que o pior socialismo é melhor que o melhor capitalismo. Só aparentemente isso é um paradoxo. Pois, se você pensar na história mundial dos últimos cinquenta anos, não pode ignorar duas coisas: quem e o que impediu a dominação mundial de Hitler? Sem dúvida, a União Soviética. É claro que se pode listar aqui quantos tanques os estadunidenses enviaram aos russos etc., mas isso é algo sem sentido. Depois de Munique, sem a União Soviética, teria ocorrido o domínio europeu pelo fascismo, possivelmente até uma dominação mundial. O fascismo fracassou graças à União Soviética socialista. Repito agora: o pior socialismo é melhor que o melhor capitalismo. Lembre-se de que a batalha por Stalingrado foi em 1941, mas o desembarque na Bretanha não ocorreu até 1944. Se, entretanto, o Exército alemão não tivesse se debilitado na Rússia, um desembarque na Bretanha nunca teria sido possível. Esse é o primeiro ponto. E agora o segundo ponto: os Estados Unidos conseguiram inventar a bomba atômica, que não teve praticamente nenhum peso na guerra, porque o Japão poderia ter sido derrotado militarmente mesmo sem a bomba atômica, depois que o fascismo de Hitler foi derrotado... Thomas Mann anotou em seu diário que a bomba atômica em Hiroshima foi lançada na verdade contra a Rússia. Porque a bomba atômica foi usada pela política estadunidense como uma ameaça, um meio de trazer o *american way of life* à dominação mundial, e novamente foi a União Soviética que com o impasse atômico contribuiu para o fracasso da dominação mundial do *american way of life*.

Creio que não preciso me defender aqui contra a acusação de que sou um entusiasta defensor de Stálin... Mas nunca esquecerei que diante desses dois perigos – por favor, digo isso com cuidado – apenas a União Soviética *stalinista* nos salvou. Acho que agora você entende minha formulação: o pior socialismo é melhor que o melhor capitalismo, no sentido histórico-universal, não é apenas uma frase.

Hoje o problema é – e meus esforços ideológicos de apelo pela reforma vão nessa direção: sem uma reforma do socialismo nos Estados socialistas, não haverá uma reforma real do marxismo em escala mundial. Esses dois processos ocorrem juntos. No entanto, é nosso dever dizer aos estudantes que eles nunca poderão mudar nada sem uma reflexão, sem uma reflexão crítica sobre a mentalidade alemã a partir da história da Alemanha.

Reif – *Mas não há indícios de que a consciência histórica dos alemães, especialmente no que diz respeito à era de Hitler e à República de Weimar, esteja passando por uma transformação?*

G. L. – Acima de tudo, é preciso entender que a Alemanha passou por um desenvolvimento não natural de seu capitalismo, que tem um efeito sobre a questão nacional e, portanto, sobre a questão democrática. Tanto é que toda uma série de coisas que seria simplesmente impossível na Inglaterra ou na França está naturalmente presente na Alemanha: por exemplo, o caráter anti-democrático da vida cotidiana na Alemanha. Muito instrutivo a esse respeito são as cartas enviadas ao *Der Spiegel*. Sempre que há um ataque severo ao nacional-socialismo no *Der Spiegel*, surgem cartas que defendem o nacional--socialismo como um modo de dominação alemão legítimo – e isso 24 anos após a queda de Hitler!

Assim, devemos – e isso constitui parte desse autoconhecimento histórico dos alemães – reconhecer o atraso ideológico em termos de democracia; e digo isso mesmo em termos da democracia burguesa com todos os defeitos, falhas etc. Mesmo nesse aspecto, a Alemanha é um país atrasado em comparação com outros países. Os alemães não conseguirão encontrar um caminho

A Alemanha, uma nação de desenvolvimento tardio? | 111

para um futuro enquanto não fizerem um acerto de contas com os erros de seu passado.

Reif – *O senhor acha que hoje a parte politicamente ativa da juventude da República Federal [da Alemanha] pode desenvolver um conceito construtivo de futuro?*

G. L. – Acredito que esse movimento estudantil, que hoje acontece não apenas na Alemanha, mas no mundo em geral, é um fenômeno extremamente positivo. Pessoalmente, parto da posição de que chegamos a uma época em que os dois vencedores da guerra contra Hitler caíram numa crise interna de seus próprios sistemas. Que essa crise tenha se deflagrado no stalinismo, é o que temos visto desde o XX Congresso do Partido, em 1956, e esse desenvolvimento ainda não chegou a um impasse. Por outro lado, a derrota dos Estados Unidos na guerra do Vietnã é para o *american way of life* como foi o terremoto de Lisboa para o capitalismo francês... Embora tenham se passado muitas décadas desde o terremoto de Lisboa até a tomada da Bastilha, a história pode se repetir nesse sentido, ou seja, movimentos reais podem surgir inicialmente de movimentos completamente imaturos do ponto de vista ideológico, podem surgir apenas como um sentimento correto de revolta. Em minha opinião, esse é um processo que levará décadas. Mas afirmar que serão necessárias décadas não significa nenhum oportunismo, porque, se não se começar a luta hoje, não haverá mudança de circunstâncias em quarenta anos. Acho que todas as forças devem estar concentradas nessa mudança de circunstâncias.

Na Alemanha, é claro, esse sentimento – que é naturalmente recusado entre os círculos conservadores – está presente também em outros círculos que começam a se rebelar. Não digo que não há pessoas que pensem nessa direção, mas mesmo as forças progressistas às vezes pensam que o progresso hoje é, por exemplo, um apoio ao SPD* ou ao FDP** contra os democrata-cristãos... Isso,

---

*   O Partido Social-Democrata da Alemanha (Sozialdemokratische Partei Deutschlands) surgiu em 1875 como resultado da fusão da Associação Geral dos Trabalhadores da Alemanha, fundada em 1863 por Ferdinand Lasalle, e do Partido Operário Social-Democrata, criado em 1869 por August Bebel e Wilhelm Liebknecht com o objetivo de abolir o Estado de classes e implantar um "Estado popular livre". Adotou o nome atual em 1890, constituindo-se como um partido com base nos princípios políticos do marxismo, de fundo revolucionário, anticlerical e pacifista. (N. T.)

** Em alemão, Freie Demokratische Partei (Partido Liberal-Democrático), fundado em 1948. (N. T.)

112 | Essenciais são os livros não escritos

claro, é uma ilusão, mesmo supondo que os social-democratas conquistassem a maioria absoluta nas próximas eleições – um gabinete [Herbert] Wehner etc. não seria muito diferente do gabinete de Kiesinger.

Reif – *Com isso entramos em um tema atual: as eleições para o novo Bundestag alemão, no outono deste ano, sobre as quais encontramos as mais diversas expectativas e especulações. Espera-se que o NPD*, de direita radical, conquiste o Bundestag alemão, mas também que o FDP volte a emergir, o que poderia levar a uma coalizão posterior desse partido com o SPD. Como avalia o senhor, professor Lukács, esse desenvolvimento da Alemanha?*

G. L. – Bem, é muito difícil para um observador fazer previsões, ainda que remotamente. Eu rejeito tais previsões, mas confesso que, de minha parte, também a base de avaliação é muito restrita. No entanto, posso dizer que não espero quase nada dos partidos existentes. É claro, se o CDU/CSU** continuar a ter maioria, por certo eles vão governar de forma mais reacionária do que se o SPD e o FDP estivessem juntos à frente do governo. Mas não haveria uma mudança real na vida na Alemanha: nem as reformas necessárias nem, como muitos dizem, o perigo de um novo fascismo como alternativa ao futuro desenvolvimento alemão.

Digo isso, evidentemente, com todo o ceticismo, como um homem que julga apenas por leitura de jornais. Mas não penso – e aqui o jornalismo de esquerda, quando usa o termo fascismo para a reação na Alemanha, comete um erro – que a violação aberta do direito se tornará o sistema e o método predominante, já que os partidos de hoje podem, com pouco reforço, mediante as distorções formais existentes e as interpretações formais das leis, governar muito bem.

Por outro lado, não podemos esquecer que o fascismo foi um instrumento para estabelecer a dominação mundial da Alemanha. Agora, os atuais líderes da Alemanha estão plenamente conscientes de que não se pode falar em dominação mundial alemã. É claro que, à sombra dos Estados Unidos e por conversações com a França e a Inglaterra, eles estão tentando ganhar um pouco mais de participação nos assuntos mundiais, mas tal ilusão com a forma pela

---

* Nationaldemokratische Partei Deutschlands (Partido Nacional-Democrático da Alemanha). Fundado em novembro de 1964, é um partido nacionalista, de matriz neonazista, considerado por muitos o sucessor do Partido Nacional-Socialista dos Trabalhadores Alemães, criado por Hitler. (N. T.)

** CDU/CSU designa a força política formada na Alemanha por dois partidos cristãos conservadores: a União Democrata-Cristã e a União Social-Cristã. (N. T.)

A Alemanha, uma nação de desenvolvimento tardio? | 113

qual Hitler chegou ao poder não existe – em minha opinião – hoje. Portanto, as eleições a esse respeito não produzirão muita mudança qualitativa.

Reif – *Seria possível que o liberalismo do FDP e as tendências democráticas dentro do SPD pudessem produzir uma mudança de consciência na compreensão da história da jovem geração alemã?*

G. L. – Devo dizer que não vejo nenhum sinal disso. Tanto quanto se pode julgar os líderes do SPD, [Willy] Brandt, [Herbert] Wehner ou [Karl] Schiller, eles não estão a tal ponto predispostos para que se possa esperar deles uma inflexão decisiva. No caso de uma vitória, eles certamente seriam liberais em algumas questões como o CDU/CSU, certamente tentariam fazer pequenos acordos com o Leste, mas sou muito cético quanto a uma mudança efetiva na sociedade na República Federal [da Alemanha]. Já que a social-democracia seguiu o caminho da adaptação, nenhum governo social-democrata, onde quer que tivesse se estabelecido e qualquer que fosse sua constituição, produziu uma mudança real no sistema. Mesmo na antiga Áustria, onde social-democratas genuínos como Otto Bauer estavam à frente do partido, a história toda foi uma capitulação fracassada à burguesia austríaca.

E o que os social-democratas alemães fizeram em 1918 e depois foi uma série de capitulações etc. Como já disse, não vejo em que toda a atitude de Brandt ou Wehner ou Schiller e outros líderes possa trazer um elemento que promova uma mudança radical nas condições alemãs no futuro próximo.

Reif – *Creio ser importante notar que a juventude na República Federal [da Alemanha], embora em sua totalidade não tenha desenvolvido nenhuma consciência política concreta, espera mais iniciativa política dos sindicatos do que de um dos partidos predominantes. De acordo com uma recente pesquisa demográfica, a disposição dos jovens para entrar para um sindicato é muito mais pronunciada do que, por exemplo, a disposição do mesmo grupo de se tornar membro do partido.*

G. L. – Creio que é porque os partidos, infelizmente incluindo o Partido Comunista, perderam a atração para os jovens devido a seu posicionamento a favor de decisões exclusivamente táticas e à perda de uma grande perspectiva histórica. A única saída seria, se eu pensar na Alemanha, que políticos e teóricos fundassem uma espécie de social-democracia de esquerda, desde que, é claro, atingissem as massas. Pois, embora seja verdade que o estranhamento do homem só pode ser superado no socialismo, os primeiros passos na luta contra uma democracia manipulada e para realizar uma democracia real, ainda que não seja a socialista, devem ser tomados dentro da sociedade civil-burguesa. Além disso, apenas tal tipo de organização – digo isso com constrangimento – poderia ajudar o USP* a retomar os antigos princípios socialistas e tentar realizá-los. No entanto, as tentativas de fazer tal movimento são extremamente fracas na Alemanha. Em última instância, eles teriam pouca chance de se tornar um poder parlamentar nessas eleições.

Reif – *A iniciativa de uma espécie de revitalização da ideia social-democrata independente não poderia emanar hoje dos sindicatos da República Federal [da Alemanha]?*

G. L. – Isso não estaria excluído. O trabalhador de hoje está essencialmente melhor do que o trabalhador de antigamente, em termos de tempo de trabalho e salários. Mas ele também é um trabalhador explorado e um homem estranhado. Se houvesse um partido que pudesse tornar essa exploração e esse estranhamento um objeto da prática social, isso seria um grande passo adiante.

Reif – *O senhor falou anteriormente de uma democracia burguesa que teria de ser criada na Alemanha primeiro. Poderia especificar nesse contexto o que quer dizer com democracia burguesa?*

G. L. – Veja, Marx analisou muito corretamente os documentos clássicos da revolução burguesa e a constituição da Revolução Francesa. Ele viu na dualidade do *citoyen* idealista e do *homme bourgeois* dominante *de facto* a característica essencial da democracia burguesa. Hoje, o *citoyen* idealista tornou-se um lacaio da burguesia. Ele está aí apenas para formular palavras de ordem eleitorais, e se em diferentes partidos alemães isso é feito por certos escritores, tal fato não muda em nada a questão.

Por isso, um movimento que tentasse reforçar os interesses públicos por meio de *lobbies* burgueses e não rompesse a dualidade entre *bourgeois* e *citoyen* não seria ainda socialista; entretanto poderia significar um pouco mais para o desenvolvimento de hoje. No entanto, não me atrevo a prever quais são essas chances na Alemanha.

---

* Partido Social-Democrata Independente da Alemanha (em alemão, Unabhängige Sozialdemokratische Partei Deutschlands), partido político que atuou durante o Segundo Reich e a República de Weimar. Fundado a partir das greves dos trabalhadores na década de 1910, o partido, de bases revolucionárias, atuou ativamente na tentativa comunista de 1918 na Alemanha. (N. T.)

Para não fazer nenhum segredo de minhas concepções pessoais, esclareço: por democracia socialista eu entendo uma democracia da vida cotidiana, do modo como essa democracia surgiu nos conselhos operários de 1871, 1905 e 1917, como existiu nos países socialistas e que deve ser novamente neles despertada. E agora volto aos *slogans* da juventude: os conselhos dos trabalhadores só emergem quando grandes massas do proletariado se movem espontaneamente. Ninguém "fez" os conselhos operários de 1905 e 1917 – nem Lênin, nem Che Guevara, nem mesmo Trótski. Nenhum deles "fundou" conselhos de trabalhadores. Eles simplesmente aprimoraram os movimentos dos conselhos de trabalhadores. Nos movimentos de hoje não se encontra nada disso. Isso certamente não significa que não se deva propagar tanto a renovação da democracia burguesa como os primeiros passos para o desenvolvimento da democracia socialista. Devo confessar que não vejo neste momento nenhuma base espontânea de massa para um ou outro movimento. Por isso meu ceticismo. Acho que, depois das eleições, as coisas vão permanecer as mesmas.

Reif – *Existe hoje outra força na República Federal [da Alemanha] – bem como em outros países – que eu preferiria não chamar de terceira força, mas que considero um fator de desenvolvimento: refiro-me aos intelectuais, especialmente os escritores. No que diz respeito à República Federal [da Alemanha], o senhor considera que a opinião de autores como Günter Grass, Heinrich Böll ou Siegfried Lenz pode realmente desempenhar um papel decisivo no desenvolvimento político da Alemanha, sobretudo na formação da consciência política dos alemães?*

G. L. – Em termos gerais, podemos responder à questão afirmando que os intelectuais desempenham hoje um papel maior nas mudanças que estão por vir do que no passado. Permita-me ilustrar isso com um exemplo simples. No século XIX, quando os sindicatos conseguiram reduzir a jornada de trabalho de nove para oito horas, isso não era apenas uma questão econômica, mas, naquele momento, significava uma redução do estranhamento. Se hoje for assegurado um fim de semana maior, ou seja, em vez de uma jornada de cinco dias e meio, apenas cinco dias úteis, nada acontecerá contra o estranhamento. Pois o problema agora não é ganhar mais tempo livre, como era o caso no século XIX, mas como gastar esse tempo livre.

O que acontece durante o tempo livre? Com essa questão, a importância da ideologia e, portanto, a importância dos líderes ideológicos, dos estudiosos, dos escritores e dos artistas aumentaram objetivamente. Porém, receio que a literatura de hoje tenha se movido muito para um nível puramente prático; o que havia de grandioso na literatura anterior – basta pensar na literatura do Iluminismo, de Voltaire a Diderot e Rousseau – falta em nossa literatura. Há exceções, é claro: eu poderia mencionar partes específicas dos dramas de [Rolf] Hochhuth, *Die Berliner Antigone** [Antígona de Berlim], mas também *Bilhar às nove e meia***, de [Heinrich Theodor] Böll, e de [Friedrich] Dürrenmatt em *A visita da velha senhora****. No entanto, trata-se de casos excepcionais na produção específica desses escritores, pois não se pode dizer que a produção de Dürrenmatt tenha atingido novamente o nível de *A visita da velha senho-ra*. Como esse não é o caso, mantenho o que escrevi em um livro memorial a Heinrich Böll, a saber, que, segundo Ibsen, o homem totalmente ultrapassado do século XIX encontrou uma verdade muito profunda ao fazer a distinção entre o homem e o *troll*: "Homem: seja você mesmo, e troll: baste a você mes-mo"****. É apenas individualismo, como ele enfrenta a manipulação e como ele pode eventualmente praguejar contra a manipulação, amaldiçoando, ralhando e vivenciando complexos freudianos.

E digo, para falarmos aqui de forma política e social: hoje, a literatura e a ciência renunciaram largamente ao próprio poder, deixando-se integrar no sistema ao permanecer no nível da particularidade, embora possam vir a produzir protestos muito agudos no nível da particularidade que, em minha opinião, não sejam de modo algum inessenciais enquanto detalhes sociais. Por enquanto, nossa literatura não foi capaz de enxergar a missão que lhe é predestinada desde Homero e os trágicos gregos; se alguém acredita que tal missão possa ser encontrada hoje especificamente na literatura moderna, está enganado. A literatura, portanto, segue suas próprias grandes possibilidades, que obviamente não são possibilidades imediatas. Não creio que os leitores

---

* Stuttgart, Philipp Reclam Jun., 1992. (N. E.)

** Trad. Vasco Grácio, Lisboa, Ulisseia, 2011. (N. E.)

*** Trad. Mario da Silva, Rio de Janeiro, Abril Cultural, 1976. (N. E.)

****Lukács faz referência à peça de Henrik Ibsen, *Peer Gynt* (trad. Ana Maria Machado, 2. ed., São Paulo, Scipione, 1997). Após seduzir a filha de um rico fazendeiro, Peer é banido de sua vila natal e sai pelo mundo. Certo dia, depois de uma bebedeira, ele bate a cabeça e desmaia e, em seus sonhos, conhece o senhor dos *trolls*. Este lhe pergunta: "Qual é a diferença entre um homem e um *troll*?", e ele mesmo responde: "Lá, onde brilha céu, os seres humanos dizem: 'Para ti mesmo é a verdade'. Aqui, os *trolls* dizem: 'Sê fiel a ti mesmo'". A partir de então, Peer adota a frase como lema, proclamando que é sempre ele mesmo. (N. E.)

de Diderot tenham necessariamente invadido a Bastilha, mas acredito que, sem Rousseau e Diderot, a ideologia que levou à queda da Bastilha não teria existido. Hoje, não apenas a literatura perde essas grandes possibilidades, mas o mesmo acontece em grande parte com a ciência e com a chamada filosofia. Veja, a dialética negativa de Adorno não é fundamentalmente nada de mais: como homem inteligente, ele percebe que o capitalismo hoje é um sistema desumano e vil. Mas como existe apenas uma dialética negativa e não uma positiva, como no caso do Marx desatualizado, posso desse modo viver perfeitamente no sistema. O sistema está pronto para me instalar, está pronto para me dar as maiores honras nesse relacionamento. Então, torno-me um homem honrado com minha dialética negativa. E isso, naturalmente, existe de maneira extraordinária nessa literatura e arte modernas. Nunca as pinturas *happening* tiveram o impacto social que tiveram os desenhos de Daumier.

Reif – *Ao mesmo tempo, isso significaria que o compromisso político dos escritores na República Federal [da Alemanha], toda a sua atividade de esquerda na esfera pública seriam inúteis.*

G. L. – Sim, mas não subestimo isso. Não devemos esquecer que as pessoas que tiveram um grande impacto ideológico, tais como [Gotthold Ephraim] Lessing ou Heinrich Heine, se recusaram a pertencer a qualquer partido político. O poema *Deutschland*, de Heine, é um acerto de contas com a velha Alemanha muito mais radical do que poderia ser um mero acerto de contas político, embora não tenha relação direta com nenhum dos partidos da Alemanha. É por isso que acredito que a grande poesia é tão importante no mundo de hoje para a preparação ideológica da transformação dessa sociedade: quanto mais profunda, mais importante o papel que ela pode desempenhar. É importante dar uma perspectiva real aos homens. É claro que isso não é novo. Já está em *Ifigênia**, e já está de algum modo na *Ilíada***, quando Príamo pede a Aquiles a devolução do cadáver de Heitor, contrariando as tradições de seu tempo, e Aquiles o atende.

A luta atual contra o estranhamento é, em última instância, a luta pela preservação do humano e pelo desenvolvimento mais elevado da humanidade sob condições economicamente mais favoráveis, contra as condições sociais

---

*   Porto Alegre, Mercado Aberto, 1999. (N. E.)

**   Trad. Carlos Alberto Nunes, Rio de Janeiro, Nova Fronteira, 2016. (N. E.)

extremamente desfavoráveis. Aqui está o ponto em que a literatura pode fazer mais do que tem feito até agora. Acho que é muito interessante, talvez, para citar um exemplo russo, ler os romances de [Alexander] Soljenítsin – há neles uma crítica à desumanidade do regime de Stálin, uma crítica que é mais profunda e age mais profundamente do que quaisquer panfletos e explicações por meio dos quais se acusa Stálin de ter sido um tolo e um criminoso. Soljenítsin mostra o que acontece com aqueles que estão internados, e o que acontece com aqueles que os internaram, por meio desses contrastes humanos. São poucos os que conseguem isso na literatura alemã, embora não haja dúvida de que Soljenítsin realizou essa façanha sob condições muito mais difíceis do que qualquer escritor alemão jamais teria de enfrentar hoje. Acho que o exemplo de Soljenítsin ilustra, além dos exemplos alemães, o que quero dizer aqui.

9
A cultura e a República dos Conselhos*

Entrevistador – *Companheiro Lukács, segundo sua opinião enquanto comissário do povo na República Húngara dos Conselhos, quais são os valores permanentes da política cultural realizada por aquela república?*

György Lukács – Devo dizer que, levando em consideração minhas experiências, em certas questões tenho uma opinião diferente. Por exemplo, em relação a nossa preparação ideológica daquele tempo e, sobretudo, em relação ao conhecimento de Lênin e da teoria elaborada na Rússia. A maior parte dos comunistas que retornaram da União dos Sovietes – e entre eles havia operários muito honestos e inteligentes – não possuía ou quase não possuía nenhuma cultura teórica. O único que naquele tempo possuía certo senso teórico era Béla Kún. A meu ver, Béla Kún considerava que o verdadeiro teórico da ditadura era, naquele tempo, [Nikolai Ivanovitch] Bukharin, e, portanto, assimilamos muito pouco das elaborações teóricas de Lênin. Os textos traduzidos eram pouco numerosos e, se no partido húngaro se pôde falar em seguida de tradições leninistas, isso se deveu às emigrações. Portanto, no tempo da República dos Conselhos, Lênin teve pouquíssima influência ideológica sobre nós.

Naturalmente, todos consideravam Lênin o grande líder da revolução, mas quanto a seus escritos, por exemplo, eu havia lido apenas alguns artigos

---

* Entrevista publicada em maio de 1969 na revista *Társadalmi Szemle*, órgão do Partido Operário Socialista Húngaro. Tradução de "Cultura e repubblica dei consigli", em György Lukács, *Cultura e potere* (Roma, Editori Riuniti, 1970), p. 105-12. (N. T.)

e *Estado e revolução**. Nas questões teóricas, estávamos, desse modo, quase apenas à mercê de nós mesmos.

Desejo recordar aqui uma circunstância que traz claramente à luz os erros da ditadura do proletariado, com particular atenção ao campo da cultura. Refiro-me à convicção bastante difundida de que estávamos no início de uma grande onda revolucionária que em poucos anos se alastraria por toda a Europa. Assim tínhamos a ilusão de que conseguiríamos liquidar em pouco tempo qualquer sobrevivência do capitalismo. Várias disposições utopistas da ditadura nasceram desse clima.

Após haver ilustrado, como premissa, esses elementos negativos, desejo examinar um ponto muito importante e muito positivo. No campo da cultura, nós nos encontrávamos em uma situação muito favorável, pois todo o mundo cultural húngaro estava em alvoroço, não apenas o socialista. Esse processo teve início com a *Nyugat*** e a *Huszadik Század****. A guerra e a Revolução de Outubro contribuíram depois para acentuar a agitação.

O estrato dirigente da cultura húngara estava disposto, portanto, desde o primeiro momento, a colaborar com o poder dos conselhos, ainda que nesse processo não estivessem investidos todos os intelectuais húngaros. Nossa política cultural pôde ter uma base social muito ampla.

Quero agora citar um exemplo (e, nesse sentido, sou levado a falar de modo positivo de mim mesmo): entre os comissariados do povo, apenas no da Educação os antigos funcionários foram substituídos por forças novas.

Se me é permitido ilustrar esse fato, devo dizer que se tratou de um evento muito curioso. Como se sabe, eu era o substituto de [Zsigmond] Kunfi no Comissariado para a Educação. Nos primeiros dias, numa tarde, nós nos reunimos para discutir a composição do comissariado. Devo confessar que recorri a um ardil muito malicioso. Eu sabia que Kunfi estava gravemente enfermo dos nervos e, para muitos, ele era viciado em morfina. Conhecendo sua natureza oportunista, assumi, em relação ao problema a enfrentar, um comportamento

---

* Trad. Paula Vaz de Almeida e Edições Avante!, São Paulo, Boitempo, 2018. (N. E.)

** *Nyugat* [Ocidente] foi uma revista literária bimestral fundada em 1908 por Hugo Veigelsberg, Ernő Osvát e Miksa Fenyő. Teve um papel considerável na história da literatura russa moderna. Deixou de ser editada em 1941. (N. T.)

*** A revista *Huszadik Század* [Século XX] foi criada por iniciativa dos círculos radicais da sociedade húngara, com foco nas ciências sociais, mas a partir de 1906 procurou unir todos os cientistas sociais, independentemente de sua filiação partidária. Teve papel importante na preparação político-ideológica da revolução de 1918. (N. T.)

de obstrução. Começamos a discutir às nove da noite, às duas da manhã Kunfi acabou aceitando minha proposta. Essa proposta significou – e passo aqui ao aspecto pessoal – o ingresso dos estratos revolucionários ávidos por reformas na direção do Comissariado para a Educação. Basta que eu cite alguns nomes para que se tenha noção da situação. Béla Fogarasi tornou-se o chefe da seção para as escolas superiores; a direção da Educação elementar e secundária foi assumida por professores que provinham de uma parte da linha de frente do movimento de reforma sindical: Márk Antal, Ferenc Hajtai, József Kelen, Erzsébet K. Bartós, Hilda Neumann etc.

A tudo isso acrescento que, no campo das bibliotecas, a Hungria havia se tornado, por obra de Ervin Szabó, um país de vanguarda. Aos melhores colaboradores de Szabó foram atribuídas as funções mais importantes; com Béla Köhalmi e outros, a direção do setor de bibliotecas passou para as mãos de um grupo que lutava pelas reformas.

No campo das artes apresentaram-se homens como Andor Gábor, Béla Balázs, Béla Reinitz. Se a isso acrescentarmos que os diretores dos museus (Elek Petrovics, Simon Meller, Kálmán Pogány) tinham simpatia por nós e que eles compuseram conosco um grupo de história da arte, que depois se tornou muito conhecido (basta recordar Figyes Antal ou János Wilde), resulta evidente por que conseguimos mudar, diria de cima para baixo, o quadro dirigente do Comissariado para a Educação. Dos velhos, apenas Jenö Gönczi, um progressista que já era subsecretário sob Kunfi, permaneceu em seu posto.

A direção das artes foi assumida por diretores designados pelo comissariado popular: também aqui trabalharam os melhores homens. Basta recordar que, no setor da música, colaboraram conosco Béla Bartók, Ernö Dohnányi e Zoltán Kodály; no campo das artes figurativas, além dos historiadores da arte, Károly Kernstock, e, entre os jovens, Róbert Berény, Bertalan Pór, Béni Ferenczi e Noémi Ferenczi; quanto à literatura, a colaboração se estende da *Nyugat* até os jovens e muito jovens (penso em Lajos Kassák e Tibor Déry). Por isso fica evidente que quase todo o movimento cultural progressista, radical, se pôs a serviço da política cultural da República dos Conselhos.

Que em nosso trabalho, como já disse, houvesse elementos fortemente utópicos, não podemos negar. Mas, considerada em seu conjunto, a República dos Conselhos realizou uma grande política de reforma e, se quisermos exprimir um juízo equilibrado, não poderemos ignorar que a ditadura do proletariado durou, no todo, quatro meses e meio. Em quatro meses e meio, naturalmente, não se podiam realizar transformações profundas. Apenas sobre alguns problemas se delineou uma posição que mereceria ser atentamente estudada, porque encontrou depois aplicação, em máxima linha, também em nossa República Popular. Refiro-me, por exemplo, ao plano de reforma do ensino elaborado pela ditadura do proletariado, que era precedido por uma escola elementar de oito séries, uma escola média de quatro séries e depois a universidade.

Devemos considerar que, na Hungria, não existiam na prática institutos de pesquisa científica. Se uma cátedra era dirigida por um bom professor, em seu âmbito podia-se casualmente desenvolver certa pesquisa. A academia havia se desenvolvido muito pouco nesse plano. O poder dos conselhos projetou – mas foi apenas um projeto – encaminhar a academia de um modo novo, transformando-a no centro propulsor da atividade de pesquisa dos melhores institutos científicos. Também essa impostação foi levada adiante em nossa República Popular.

Como já disse, estávamos persuadidos de que a época capitalista estava terminada e que nossa edificação tinha um caráter radicalmente novo. Mas a realidade, como costumava dizer Lênin, é sempre mais astuta que nossos projetos. No campo em que a ditadura proletária operou de modo mais positivo, teve grande peso nossa decisão instintiva de recorrer a todas as forças progressistas do país, do setor das bibliotecas até aquele da música. Ao plano de reforma do Comissariado para a Educação deram apoio Bartók, Kernstock e todos aqueles que se propuseram a participar, em sentido progressista, da vida cultural húngara.

Consinta-me recordar aqui que, com ajuda de nossos historiadores da arte, conseguimos registrar, em poucos dias, todas as mais importantes coleções privadas da Hungria; assim, já no curso da primeira semana, todos os grandes valores artísticos do país passaram para a posse do Estado. Durante o verão preparamos com tais obras uma grande mostra, provavelmente uma das mais belas coleções já expostas em conjunto na Hungria.

Quando, na qualidade de comissário do povo, inaugurei a mostra, formulei nesses termos nossos princípios basilares: "Devemos recolher tudo aquilo que é válido no plano da história da arte, sem restringir nenhuma das várias correntes. A sorte das correntes dependerá do nível de desenvolvimento cultural do proletariado. Um dia será o proletariado mesmo que dirá qual herança deve ser aceita ou refutada".

Desejo sublinhar com isso que a ditadura do proletariado se preservou de considerar oficial qualquer corrente artístico-cultural. Ela se propunha, ao

A cultura e a República dos Conselhos | 123

contrário, a elevar o grau de cultura do povo trabalhador, de modo que fosse o povo mesmo que decidisse do que tinha necessidade em relação à arte e à cultura presente ou passada.

Punha-se assim a luta em relação à chamada arte oficial. O grupo Kassák, por exemplo, contava sempre com a possibilidade de ser reconhecido como a arte oficial da ditadura, coisa que – é preciso dizer – foi sempre recusada pelo Comissariado para a Educação. O comissariado defendia Kassák e seus seguidores das perseguições dos social-democratas, pois sempre considerou o grupo e sua tendência artística uma das muitas correntes que tinham o direito de existir.

Sob esse aspecto, a República dos Conselhos manteve uma tradição válida. Uma tradição que, no plano da política cultural, apresenta um forte contraste com aquela desenvolvida depois de 1949, sob o influxo da era stalinista. Não quero dizer que o poder dos conselhos tivesse uma teoria e uma prática adequada em relação à efetiva e consequente direção marxista da cultura. Falei no início do baixo nível em que nos encontrávamos no campo teórico.

Mas a ditadura do proletariado teve uma corrente democrática de inspiração socialista, fundada sobre as correntes culturais progressistas húngaras daquele tempo: penso que, entre as tradições da República dos Conselhos, em particular essa tradição devemos recolher e levar adiante.

10

O astronauta na encruzilhada da ciência e do estranhamento*

Entrevista concedida ao jornal *L'Unità*

Entrevistador – *Pode-se chamar "homem novo" o astronauta que descerá sobre o nosso satélite [a Lua]?*

(A pergunta foi feita a György Lukács durante uma entrevista realizada em sua residência, em Budapeste.)

György Lukács – É minha opinião que a pesquisa lunar alcançou grandes resultados científicos, não apenas no que diz respeito à técnica de voo. O fato de que medições exatas possam ser realizadas na Lua, das quais antes não se podia sequer falar, assume grande importância. Nem todos os efeitos podem ser previstos, como é o caso de todas as grandes descobertas científicas. No entanto, ponho em dúvida que tudo isso possa ter algum efeito no desenvolvimento humano do homem.

Portanto, no que concerne à relação do homem com seu ser homem, devemos partir da consideração de que o homem se tornou homem com seu trabalho, com seu ser social, e que os estágios do desenvolvimento humano sempre coincidiram com os estágios de desenvolvimento da sociedade; mas

---

* Entrevista realizada em 19 de julho de 1969, concedida a *L'Unità*. Traduzido de "L'astronauta al bivio fra scienza e alienazione", em György Lukács, *Cultura e potere* (Roma, Editori Riuniti, 1970), p. 121-4. Sobre a opção de traduzir *alienazione* por "estranhamento", ver nota na p. 33. (N. T.)

não temos aqui, naturalmente, aquele elo mecanicista com o qual muitos gostariam de se referir à questão. Esse elo é muito complexo. E o problema da ampliação do conhecimento humano ganha importância nele. Em muitos campos, o progresso é considerável e influencia o *desenvolvimento humano do homem*, embora geralmente ocorra de forma muito problemática.

(Neste ponto, Lukács dá um exemplo que ele mesmo define como "muito grotesco".)

G. L. – Quase em toda parte, nossos ancestrais deram início a sua organização social e humana com o canibalismo. Mais tarde, como o trabalho se tornou mais produtivo e era, portanto, mais útil escravizar o inimigo do que comê-lo, o canibalismo gradualmente desapareceu da história da humanidade, sendo substituído pela escravidão. Esse foi um estágio muito importante no desenvolvimento do homem; também aqui se vê claramente que o motivo subjacente é econômico, social. Isso aconteceu ao longo da história da humanidade até os dias atuais.

[Aqui, Lukács aborda os problemas atuais.]

G. L. – Encontramo-nos hoje em um período de desenvolvimento em que o progresso muito rápido da ciência e da tecnologia está amplamente ligado ao estranhamento do homem. A sociedade de hoje deve resolver esse problema e, a esse respeito, há resultados científicos que ajudam e resultados científicos que são indiferentes. No entanto, outros resultados científicos intensificam o estranhamento do ponto de vista humano. É por isso que, em minha opinião, o desenvolvimento de técnicas de voo, a conquista da Lua levaram a resultados enormes em relação à expansão do conhecimento humano, com consequências práticas inevitáveis para o desenvolvimento da técnica militar e, em segundo lugar, possivelmente para alguns campos da vida econômica. Contudo, não acredito que nessa linha a verdadeira questão da humanidade – ou seja, o *devir homem do homem* e a superação do estranhamento – possa obter resultados substanciais, mesmo com os maiores resultados científicos alcançados na astronomia e na técnica de voo.

11
Após Hegel, nada de novo*
Entrevista concedida a Georg Klos, Kalman Petkovic e Janos Bremer

Entrevistador – *Gostaríamos de começar com uma pergunta pessoal. O que o senhor acha de sua vida? Com o que está satisfeito e o que lhe parece insatisfatório? Durante seus cinquenta anos de atividade revolucionária e científica, o senhor foi honrado e insultado. [Sabemos que em 1937, após a prisão de Béla Kún, sua vida esteve em perigo. Se fosse escrever uma autobiografia, ou qualquer outra confissão similar, qual conclusão tiraria de tudo isso?] Qual o sentido de cinco décadas na vida de um marxista militante?*

György Lukács – Estou muito feliz por ter vivido uma vida tão tempestuosa, que coincidiu com momentos históricos importantes. Fiquei particularmente feliz por ter me envolvido ativamente nos eventos de 1917 a 1919. Meu *background* pessoal é proveniente da classe burguesa – meu pai era diretor de banco em Budapeste. Embora tenha tomado um claro ponto de vista de oposição, eu pertencia basicamente à oposição burguesa. Hoje não saberia dizer se a Primeira Guerra Mundial e o impacto totalmente negativo de minhas

---

* Entrevista publicada originalmente em 31 de dezembro de 1969. O texto apresentado aqui foi extraído de duas edições. A primeira, em alemão, encontra-se em *Lukács Werke: Autobiographische Texte und Gespräche* (Bielefeld, Aisthesis, 2009), v. 18, com o título "Nach Hegel nichts Neues" [Após Hegel nada de novo], e serviu como nossa fonte primária. A segunda, em italiano, encontra-se em György Lukács, *Cultura e potere* (org. Carlo Benedetti, Roma, Editori Riuniti, 1970), com o título "I miei cinquant'anni di marxismo" [Meus cinquenta anos de marxismo]. Essa edição apresenta passagens que não se encontram na edição da editora Aisthesis. Considerando que possuem conteúdo importante, acrescentamos alguns desses trechos ao texto da edição alemã, sempre entre colchetes. Em italiano, a entrevista foi publicada pela primeira vez no jornal *Giorno* em 11 de janeiro de 1970. (N. T.)

experiências pessoais no tempo da guerra foram suficientes para mudar minha mentalidade. Em todo caso, foi a Revolução Russa e os desenvolvimentos revolucionários subsequentes na Hungria que me tornaram um socialista. Desde então, permaneci nesse curso durante toda a vida. Vejo nisso o aspecto positivo desta vida, que teve altos e baixos, mas sempre apresentou certa unidade. Em retrospecto, estava preocupado com duas coisas: encontrar uma maneira de expressar meus sentimentos e ideias; encontrar uma maneira de servir ao movimento socialista. Essas foram as duas tendências convergentes em minha vida. Nunca houve conflito a esse respeito.

Posso dizer com satisfação que, em cada fase de minha vida, procurei expressar em cada momento e da melhor forma minhas ideias e meus conhecimentos. Mais tarde, isso foi tomado muitas vezes como um sinal de que antes eu estava errado. Hoje repito com tranquilidade e serenidade: acho que é certo que abandonei meus pontos de vista anteriores; considero agora que eles estavam errados.

O valor e a forma de minhas ideias não são decididos por mim, não é minha responsabilidade cuidar disso. A história resolverá esse problema de uma forma ou de outra. Tudo o que posso dizer é que, desse ponto de vista, sou um homem satisfeito. Por outro lado, não estou de modo algum satisfeito com o estado de meu trabalho; no pouco tempo que ainda tenho diante de mim, tentarei explicitar certas ideias, com os conceitos do marxismo, da melhor maneira possível, de acordo com os métodos científicos.

Entrevistador – *Existe um momento em que um homem fica satisfeito com suas obras? Existe em geral tal fase e tal sentimento?*

G. L. – Vou lhe dizer francamente: escritores às vezes podem ter esse sentimento. Como escritor, acredito que consegui expressar meus pensamentos, tudo o que queria dizer. Outra questão é se um escritor depois de três dias tem ainda a mesma opinião que tinha no início de seu trabalho.

Entrevistador – *O senhor não apenas testemunhou a história deste século, como também esteve ativamente envolvido nela. Se o senhor comparar as realidades de hoje com os sonhos que teve quando jovem – estamos falando basicamente sobre o desenvolvimento do socialismo na República Soviética da Hungria até hoje –, que balanço faria?*

G. L. – Considerando subjetivamente: em comparação com as esperanças exageradas com as quais saudamos a Revolução Russa de 1917, resultou não apenas em nosso tempo, mas já nos anos 1920, que essas esperanças não foram cumpridas. A revolução mundial em que acreditávamos não veio. O fato de a revolução ter se restringido à União Soviética não era a teoria de um indivíduo, mas o resultado de fatos históricos. [Nesse sentido, naturalmente, não contam meus desejos subjetivos, como homem.] Mas quem é marxista, e, portanto, se ocupa também da história, deve saber que nenhuma grande formação social pode ser transformada da noite para o dia. Milênios tiveram de passar antes que uma sociedade de classes se desenvolvesse a partir do comunismo primitivo. Quase mil anos se passaram antes que a sociedade escravista se desenvolvesse no sistema feudal. Em particular, aqueles que se consideram marxistas devem perceber que uma mudança tão fatídica como a transição de uma sociedade capitalista para uma sociedade socialista não pode ser realizada em uma semana, um mês ou um ano; essa fase que vivemos é apenas a fase inicial. Décadas, e talvez mais, devem passar antes que o mundo entre em uma fase na qual – como devo dizer? – possa existir um socialismo autêntico.

Qualquer um que deseje ser marxista deve chegar à conclusão de que, em relação a certos eventos, não pode pensar em testemunhá-los durante a própria vida.

Entrevistador – *O marxismo de nosso tempo levantou muitas questões que talvez apenas hoje possam ser adequadamente respondidas. Isso inclui uma avaliação muito sóbria e objetiva da filosofia burguesa de nosso tempo. Qual deve ser a relação da filosofia marxista com essa grande riqueza da filosofia contemporânea? O que pode ser tomado como um valor da filosofia burguesa ou servir de incentivo para um maior desenvolvimento?*

G. L. – Permita-me evitar, até certo ponto, responder diretamente a sua pergunta. Eu não aprecio muito a filosofia burguesa contemporânea. Em nosso país, após a decepção do marxismo desfigurado que foi oferecido por Stálin, as pessoas naturalmente se voltaram para a filosofia ocidental, assim como uma mulher que ficou desapontada ao encontrar um dia o marido nos braços de outra pessoa qualquer. Não estou muito interessado na filosofia burguesa contemporânea – por exemplo, devo admitir que, para mim, Hegel foi o último grande pensador, embora os jornais estadunidenses, alemães ou franceses hoje declarem qualquer desconhecido um grande pensador. É, em minha opinião, uma ilusão se, como eu disse, pessoas que ficaram desapontadas com o stalinismo acreditarem que, com a ajuda do estruturalismo, é possível resolver a situação do marxismo. Espero que não fique zangado por eu dizer isso com franqueza.

Foi um erro que, no tempo do stalinismo, o marxismo oficial estivesse completamente isolado dos resultados do desenvolvimento fora da União Soviética. Foi um erro que não correspondeu ao marxismo, uma vez que os próprios Marx, Engels e Lênin seguiram o desenvolvimento da filosofia e da ciência com a máxima atenção. No entanto, deve-se dizer que eles o fizeram com atitude muito crítica. Marx menciona as chamadas grandes figuras de seu tempo – [Immanuel] Kant, [Johann Friedrich] Herbart, [Herbert] Spencer – com simples rejeição irônica.

Psicologicamente, posso entender que o marxismo de hoje esteja procurando apoio em todo lugar do Ocidente. Objetivamente, a meu ver, isso é um erro. No que me diz respeito, considero absolutamente essencial compreender corretamente os métodos do marxismo, retornar a esses métodos e, desse modo, procurar explicar a história após da morte de Marx.

Um dos pecados mais graves do marxismo é que, desde a publicação da obra de Lênin sobre o imperialismo em 1914, não se fez nenhuma análise econômica real do capitalismo. Também nos falta uma genuína análise histórica e econômica do desenvolvimento socialista.

Podemos aprender com a literatura ocidental? Sem dúvida. Por exemplo, grandes realizações foram feitas em muitos campos da ciência da natureza, há muito que aprender nesse sentido. Por outro lado, a literatura que surgiu no campo da filosofia e das ciências sociais deveria ser estudada criticamente por nós.

É ilusório acreditar, como as pessoas desapontadas com o marxismo stalinista o fazem, que devemos aprender alguma coisa com Nietzsche. Minha atitude em relação ao que podemos aprender com o Ocidente é altamente crítica. Gostaria que os marxistas fossem muito mais críticos nesse ponto. Somente através de uma genuína renovação do método marxista, chegaremos a uma avaliação adequada dos desenvolvimentos ocidentais.

Entrevistador – *Há pouco o senhor mencionou o conceito "marxismo oficial" em oposição às correntes filosóficas burguesas. Ao mesmo tempo, destacou que muito havia sido feito pelos clássicos. O que quer dizer com o conceito de "marxismo oficial"?*

G. L. – Pelo termo "marxismo oficial", eu me refiro ao marxismo que se desenvolveu na União Soviética depois que Stálin conseguiu derrotar teórica, política e organizacionalmente [Leon] Trótski, [Nikolai Ivanovitch] Bukharin e outros.

Durante certa fase, que não quero analisar aqui, o leninismo dominou em certa medida, e logo a seguir Stálin introduziu o stalinismo, que, em antítese, ao longo de mais de dez anos de governo stalinista, conduziu a uma nova interpretação do marxismo, em conformidade com o que era apropriado na época. Já interpretei os princípios básicos dessa época várias vezes; permita-me repetir uma vez mais: na opinião de Marx, seu método dialético foi seguido de uma grande perspectiva histórica do mundo; ele tentou explicar os fundamentos econômicos e políticos desse método em todos os escritos. Essa perspectiva forneceu o principal incentivo para a ação marxista. Com a ajuda desse incentivo, ele analisou em seu tempo os fundamentos da estratégia e definiu em cada situação, dentro da estratégia dada, também as táticas. Stálin virou tudo pelo avesso.

Na visão de Stálin, a situação tática de um dia para o outro era de primordial importância; nessa situação, tanto a estratégia quanto a teoria estavam subordinadas às táticas. Quando Stálin forjou, por exemplo, os grandes processos contra Bukharin e outros, ele também forneceu uma teoria para isso, segundo a qual a luta de classes no socialismo recrudesce constantemente.

Eu poderia explicar a mesma coisa com um exemplo também importante, no qual Stálin estava certo, ainda que do ponto de vista tático. Quando fez a aliança com Hitler em 1939, ele deu um passo correto taticamente: a partir daí, a guerra mundial tomou um rumo diferente, apenas a Inglaterra e os Estados Unidos estavam em guerra com Hitler, o perigo para a União Soviética foi contido. Em minha opinião, é uma grande pergunta se isso teria acontecido sem a virada tática de Stálin. Mas quando Stálin desenvolveu a teoria sobre essa base tática de que a Segunda Guerra Mundial era idêntica à Primeira Guerra Mundial e lançou o *slogan*, como [Karl] Liebknecht disse uma vez, que o inimigo estava nos países capitalistas e lutaria lá, ele deu a instrução errada e fatal aos partidos francês e inglês, em nome do *Comintern*.

Além disso, podemos dizer que as ideias stalinistas ainda não estão completamente extintas hoje. É por isso que nossa concepção marxista, em muitas questões da política mundial, é apenas uma concepção tática, que pode ser mudada da noite para o dia; pode se mostrar errada a cada passo, praticamente todos os dias. *Grosso modo*, tal concepção tem muito pouco a ver com os desenvolvimentos atuais da realidade.

Entrevistador – *Por ocasião do tricentésimo aniversário da fundação da Universidade de Zagreb, o senhor recebeu a láurea de* honoris causa *dessa universidade.*

[Sua obra é muito conhecida na Iugoslávia. Nos últimos anos foram publicadas quatorze de suas obras em língua servo-croata. Na universidade iugoslava, suas obras são não apenas textos de leitura obrigatória, mas também objeto de constante estudo científico.] Como considera o tratamento reservado a suas obras na Iugoslávia?

G. L. – [Reconheço que não sou competente para discutir as questões do desenvolvimento ideológico da Iugoslávia.] Já na Segunda Guerra Mundial, nós admirávamos a Iugoslávia. Foi o único país pequeno que travou uma grande luta contra Hitler. No que diz respeito à atitude dos iugoslavos, eles eram um bom exemplo para nós na Hungria, onde a resistência a Hitler era bem menos consciente, menos determinada e foi menos bem-sucedida do que na Iugoslávia. [Por isso, todos nós – e, dizendo todos, refiro-me a um grupo de intelectuais – seguimos com notável preocupação o desenvolvimento do stalinismo. Aqueles que hoje releem meus artigos escritos nos anos 1920 e 1930 podem constatar que nem mesmo na ocasião compartilhei a linha de Stálin e Jdanov. Por exemplo, meu livro sobre Hegel está em aberta contradição com as diretivas de Jdanov. Em contraste com isso, a política húngara do pós-guerra segue servilmente o sulco traçado pela União Soviética e para nós, que éramos capazes de pensar,] foi um grande acontecimento o fato de [Josip Broz] Tito ter sido o primeiro a se opor aos métodos stalinistas com críticas concretas. A história do socialismo nunca esquecerá esse grande passo de Tito. Como resultado desses acontecimentos, uma literatura marxista muito mais livre foi publicada na Iugoslávia, mais livre que a literatura oficial marxista-soviética. Isso eu segui muito atentamente [, e essa atenção significa também que muitas vezes fiz críticas]. Nunca houve um desenvolvimento na história em que se pudesse pular de um turno para outro. O grande confronto ideológico ocorre antes que a ideologia de uma nova era se desenvolva. O fato de esse processo ter sido desencadeado é um grande mérito dos iugoslavos, que deve ser reconhecido por todos [e por isso me sinto altamente honrado por terem os companheiros iugoslavos me conferido o título de *honoris causa*].

Nós expressamos o desejo de uma renovação do marxismo. Nesse campo, todos tentam fazer seu melhor, de acordo com suas capacidades espirituais individuais. Naturalmente, nessa área, não possuímos nem uma posição clara nem uma corrente predominante. Sei que todos esperam que a história mostre que estavam certos sobre suas posições. Em todo caso, tal decisão histórica do caminho certo ainda não apareceu objetivamente. Portanto, tanto nos países socialistas quanto nos capitalistas, há pessoas que estão tentando renovar o marxismo e levá-lo à vitória. Todo mundo faz isso de acordo com as próprias habilidades, a sua maneira, todos estão no meio de polêmicas e esperam que talvez sua vontade atual conduza o marxismo para fora da terrível situação em que se meteu por influência de Stálin.

Entrevistador – *[Quando se fala da Iugoslávia, é comum pensar em 1948*. Alguns autores pensam em uma negação. Ao mesmo tempo, sobretudo no exterior, observa-se que se conhece pouco das circunstâncias de sua superação. Por exemplo,] costuma-se dizer que o sistema de autogestão dos trabalhadores é uma invenção especificamente iugoslava. Não se trata de um conceito mais geral do socialismo?*

G. L. – [Creio ser muito difícil responder a essa questão dessa maneira.] De todo modo, a autogestão dos produtores é um dos problemas mais importantes do socialismo. A autogestão está em oposição ao stalinismo e à democracia burguesa. O mecanismo da democracia burguesa descrito por Marx, já nos anos 1840, é baseado na contradição entre o *citoyen*, que era idealista, e o burguês, que era materialista. O desenvolvimento do capitalismo faz com que o burguês se torne o mestre, e o *citoyen*, seu servo ideológico. Em oposição, o desenvolvimento socialista, primeiro na Comuna de Paris, depois nas duas revoluções russas, impulsionou a democracia dos conselhos. Democracia dos conselhos significa democracia da vida cotidiana. A autogestão democrática deve ser estendida ao plano mais simples da vida cotidiana e se espalhar de lá para o topo, de modo que, em última análise, o povo realmente decida sobre as questões mais importantes. No momento, estamos apenas no começo desse desenvolvimento. Mas as novas práticas desenvolvidas na Iugoslávia contribuirão, sem dúvida, para a revolução dos conselhos de trabalhadores em todos os caminhos do socialismo nas mais variadas circunstâncias.

[Entrevistador – *Em seu livro* Literatura e democracia**, *publicado em 1947, o senhor sustentou uma ideia muito válida. O homem completo, ou melhor, o homem por inteiro, é aquele que age no campo social.*]

[G. L. – Sim.]

---

*   Ano em que o marechal Tito rompe definitivamente com Stálin, ruptura que mais tarde implicou a não adesão da Iugoslávia ao Pacto de Varsóvia, celebrado em 1955. (N. T.)

** György Lukács, *Irodalom és demokrácia' összes példány* (Budapeste, Kiadó, 1948). (N. T.)

[**Entrevistador** – *Peço que desenvolva um pouco mais amplamente esse pensamento.*]

[**G. L.** – Penso que se trata aqui de um dos princípios fundamentais do marxismo, daquilo que Marx quando jovem se ocupou nas *Teses sobre Feuerbach**. Criticando Feuerbach, Marx afirmou que ele, ao se voltar para o materialismo, se restringe à natureza, na qual de fato comparecem os gêneros do mundo da natureza orgânica, mas esses gêneros, como diz Marx em reprovação a Feuerbach, são mudos. O leão é um leão-indivíduo, pertencente ao gênero do leão. Mas o leão-indivíduo não sabe disso. Quando caça, procria ou ensina seus filhotes, crê satisfazer as próprias necessidades biológicas, enquanto, sem saber de nada disso, serve a seu gênero, representa seu gênero. Mas o que entende Marx ao dizer que, quando se fala do gênero humano, não se pode mais considerá-lo um gênero mudo? Ele quer afirmar, na realidade, que o homem é uma unidade análoga indivisível de indivíduo e de gênero humano, assim como o é o leão entre os animais ou, se preferir, a erva entre os vegetais. Todavia, o homem, ainda que em um nível muito primitivo, é membro consciente de uma tribo. O fato de ele ser membro mesmo da tribo mais primitiva já o eleva daquela impotência na qual se encontra o gênero puramente biológico, e aqui comparece uma dialética particular: a exigência do gênero em direção ao indivíduo, a manifestação das obrigações do indivíduo em relação ao gênero e sua recíproca influência, seja sobre o desenvolvimento do indivíduo, seja sobre o do gênero. Isso fez com que o homem se tornasse homem. E o desenvolvimento do homem, quando considerado seriamente, do início até hoje, é por isso o verdadeiro e próprio conteúdo de toda a história. Se acrescentarmos agora aquilo que Marx disse em seu tempo, isto é, que todo o desenvolvimento que temos atravessado – e esse desenvolvimento é enorme, já que, se confrontarmos a faca de pedra com a bomba atômica, é impossível não ver esse progresso –, tudo isso, segundo Marx, é somente a pré-história da humanidade. O homem começará sua verdadeira história apenas no comunismo, quando houver posto de lado todos os entraves da sociedade de classes. Isto é, se consideramos o homem contemporâneo e seu comportamento em relação ao gênero, devemos saber que estamos ainda na pré-história. Interpretarei tudo isso deste modo: o problema substancial do gênero na pré-história consistiu sempre na contraposição a todas as exigências

---

* Em Karl Marx e Friedrich Engels, *A ideologia alemã* (trad. Rubens Enderle, Nélio Schneider e Luciano Cavini Martorano, São Paulo, Boitempo, 2007). (N. E.)

individuais do singular, e as exceções no curso da história ocorreram onde esses dois elementos coincidiram plenamente. Recordemos, por exemplo, o epitáfio* para os trezentos espartanos em Termópilas. No entanto, essa dialética se reforça sem interrupção. E essa dialética no âmbito da sociedade humana fez com que houvesse um número cada vez maior de homens que descobriram mais profundamente diante de si o problema de que minha afirmação individual é possível apenas quando aceito o comando superior de meu gênero como objetivo de minha vida pessoal. Assim, na personalidade fascinante de Sócrates na Antiguidade, ou de Lênin em nossa época, o fascínio consiste – ainda que nem sempre tenhamos consciência – no fato de que neles convergem o livre desenvolvimento do indivíduo e a aceitação voluntária do dever de seguir os comandos do gênero. Eu diria que o programa marxista no comunismo consiste propriamente no fato de que o homem enquanto tal, com sua espécie não muda, se distingue do animal na medida em que cada indivíduo encontra a realização de sua vida pessoal no cumprimento das obrigações que provêm do lugar que ocupa em sua espécie.]

Entrevistador – *[No curso de nossa conversa, o senhor citou duas vezes com paixão o nome de Lênin.] Qual a importância de Lênin em sua vida pessoal?*

G. L. – Se você se refere a contatos pessoais, Lênin significa muito pouco para mim. Nosso contato pessoal consistiu apenas no fato de que, nos anos 1920, Lênin atacou meu artigo sobre o parlamentarismo, tachando-o de não marxista e ruim. [Reconheço que] aprendi muito com essa crítica. Lênin enfatizou a diferença entre uma instituição que é historicamente obsoleta e uma instituição que já é tão obsoleta que sua existência não produz nenhuma consequência tática. Conheci Lênin no Terceiro Congresso do *Comintern*, mas naquela época eu era um membro menor do Comitê Central de uma pequena ala clandestina do Partido. Se alguém me tivesse apresentado a Lênin, certamente ele teria tido problemas mais relevantes do que discutir com um húngaro secundário. No entanto, a atitude de Lênin no congresso deixou uma forte impressão em mim. O estudo de suas obras contribuiu para fortalecer essa impressão. Lênin

---

* Atualmente, no local onde ocorreu a Batalha de Termópilas, encontra-se um monumento dedicado ao rei de Esparta Leônidas I, inaugurado em 1955, no qual se lê a resposta dos espartanos ao pedido dos persas para que depusessem as armas: "Venham buscá-las". Em outro monumento, este dedicado aos trezentos de Esparta, uma lápide com versos de Simónides de Ceos diz o seguinte: "Viajante, vá dizer aos espartanos que aqui, pela lei de Esparta, repousamos". (N. T.)

foi um novo tipo de revolucionário. Não quero questionar o significado dos antigos revolucionários. Mas eles tinham algo de uma aristocracia, com uma visão de mundo dos sábios, que poderiam se comportar adequadamente em resposta aos comportamentos errados das massas. Há algo ascético nos grandes revolucionários. Isso é claramente visível em Robespierre. E também se aplica a revolucionários modernos como Ottó Korvin na Hungria ou Max Lewin em Munique. Max Levin disse que os comunistas só são libertados mortos. Esse é o mais alto grau de ascetismo. Em oposição, Engels e especialmente Lênin não têm traços ascéticos. [Esse fenômeno revolucionário se manifesta no fato de que o particularismo humano não desempenhou nenhum papel na tomada de qualquer decisão na vida de Engels, nem na de Lênin, e, de fato, suas decisões, mesmo quando tomadas em contraste com suas tendências humanas particulares, nunca foram apresentadas de forma ascética. Se alguém lê as memórias de Górki sobre Lênin – especialmente aquela bela passagem em que Lênin fala da *Appassionata* de Beethoven –, fica claramente visível que Lênin, ao contrário do tipo Robespierre-Levin, representa um novo tipo de revolucionário que é igualmente inteligente, que se sacrifica com o mesmo destino pessoal de abnegação, mas essa abnegação não está envolta em roupas ascéticas.] Creio que esse exemplo de Lênin terá um papel importante no desenvolvimento futuro.

Entrevistador – *Existe uma ligação direta entre o ascetismo e a crítica de Lênin à "doença infantil de esquerda" do comunismo?*

G. L. – Evidentemente. Os radicais de esquerda eram na maior parte ascetas revolucionários, inclusive, dentre eles, revolucionários muito honestos e dedicados [– aspecto que era percebido pelo próprio Lênin. Nunca ocorreu a Lênin que, digamos, o holandês [Anton] Pannekoek ou [Henriette] Roland-Holst não fossem verdadeiros revolucionários, embora condenasse o sectarismo deles.] Mas Lênin julgou essa questão como um problema político. Naturalmente, o problema moral estava por trás disso, mas apenas em um nível mais alto de desenvolvimento como um problema público.

Entrevistador – *Qual é sua opinião sobre o movimento internacional dos trabalhadores de hoje – quando visto sob a perspectiva dos escritos de Lênin sobre o radicalismo de esquerda como uma "doença infantil"?*

G. L. – Devemos ter muito cuidado ao aplicar as obras dos clássicos a nosso tempo. Quem pensa que um livro de Lênin, escrito em 1920, pode ser aplicado tal e qual à juventude estadunidense de 1969 está, é claro, errado. A questão é que hoje estamos apenas no começo de mudanças profundas na sociedade capitalista. Quando se pensa em 1945, por ocasião da derrota de Hitler, as pessoas acreditavam que o *american way of life*, o novo capitalismo manipulatório, significava uma nova era no desenvolvimento humano. Dizia-se que não se tratava mais do capitalismo, mas de uma sociedade de ordem superior, e assim por diante. Hoje, 25 anos depois, todo esse sistema está em profunda crise e necessita de reformas muito profundas. O início dessas mudanças é definido pela revolta de estudantes e intelectuais.

Estudantes e intelectuais ainda não produziram um programa genuinamente elaborado. O programa que eles produzem na maioria dos casos é muito ingênuo. Os jovens, por exemplo, muitas vezes falam sobre a necessidade de eliminar a manipulação e fazer do trabalho um jogo. Isso levaria à renovação do que [Charles] Fourier exigia no início do século XIX e que Marx ironizou nos anos 1840. Estamos lidando com um movimento ainda muito imaturo ideologicamente, mas que deve ser valorizado positivamente, porque representa uma oposição às contradições da sociedade capitalista manipulatória. [Refiro-me à crise vietnamita, de um lado, e à crise dos negros nos Estados Unidos, de outro, ao fato de a Inglaterra não estar em condições de enfrentar sua condição de ex-potência colonial; refiro-me à crise em que se encontram a França, a Alemanha, a Itália.] Em termos de história universal, estamos no limiar de uma crise mundial. Esse período pode durar cinquenta anos. Isso deve ser esclarecido de vez, devemos estar plenamente cientes disso.

Por outro lado, vejo aqui uma importante ocasião prática de renovar o marxismo. O que Lênin escreveu em O *que fazer?** ainda permanece vigente: sem a teoria revolucionária, não há prática revolucionária. Devemos renovar o método marxista tanto em nosso próprio país quanto no Ocidente. Devemos analisar o desenvolvimento do capitalismo econômica e socialmente (o que nós, marxistas, não fizemos até agora) e resolver concretamente os problemas concretos. Só quando isso acontecer, poderemos falar de um movimento revolucionário realmente forte, que leve a grandes decisões. É por isso que considero absolutamente necessária a renovação das questões da teoria marxista. Existe também um problema semelhante nos países socialistas, porque sem uma renovação da teoria não existe nova prática para

---

*   Trad. Edições Avante! e Paula Vaz de Almeida, Sao Paulo, Boitempo, 2020. (N. E.)

nós. Qualquer um que acredite que o capitalismo pode ser eliminado com *happenings* é ingênuo.

Entrevistador – *Que problemas concretos surgem na prática dos países socialistas em relação à renovação da teoria marxista? [Quais deles devem ser particularmente mencionados?]*

G. L. – Existem muitos problemas. Vamos começar com os problemas econômicos. Como o próprio Lênin estava bem ciente, a Revolução Russa não se manifestou de acordo com o prognóstico marxista, nos países capitalistas mais desenvolvidos, nem irrompeu sob a forma de uma revolução mundial, mas em um país relativamente atrasado, como uma revolução isolada. Isso significa que a União Soviética tem uma tarefa especial que não estava prevista no modelo de Marx da revolução socialista nos países mais desenvolvidos: a tarefa de levar a produção a um nível em que o estabelecimento do socialismo real seja possível.

Stálin triunfou sobre seus rivais não apenas porque era um bom tático, mas também porque representava de uma maneira mais determinada o socialismo em um só país. Queria que a produção subdesenvolvida compensasse seu atraso. Isso foi alcançado, mesmo que não completamente, na União Soviética sob Stálin. Até o momento, ainda não ocorreu que essa produção se transformasse em uma produção que abra caminho para a transição para o socialismo efetivo.

Na União Soviética, assim como em todos os outros países socialistas, surge hoje a seguinte questão: qual é o próximo passo? Se recorrermos aos métodos stalinistas, não encontraremos nenhuma resposta para a questão. Por ocasião da introdução da nova política econômica [na Hungria], declarei [ao *L'Unità*]*: o problema só pode ser resolvido com a introdução da democracia socialista.

O novo desenvolvimento econômico e a transição do sistema stalinista e antidemocrático para a democracia socialista implicam toda uma série de problemas. Esses problemas estão inter-relacionados – é impossível resolver um deles sem resolver ao mesmo tempo os outros. Como ainda não foram resolvidos em muitos países, também estamos numa crise que, de alguma forma, deve ser resolvida tanto na teoria como na prática. Essa questão tem importância decisiva para nós, pois, do contrário, não conseguiremos elevar nossa economia ao nível do resto do mundo. Somente um desenvolvimento democrático eliminará o dano do stalinismo. Quando a União Soviética se

---

*   Ver, neste volume, a entrevista "O astronauta na encruzilhada da ciência e do estranhamento", p. 125. (N. T.)

encontrava em uma posição terrível – militar, política e economicamente, na época de Lênin –, participei como emigrante em Viena de numerosas reuniões nas quais buscamos contribuir para sanar a situação conturbada do povo da União Soviética. A maioria dos intelectuais vienenses, e especialmente os trabalhadores, sentiu que o que estava acontecendo na União Soviética era algo decisivo para sua própria vida. Era por causa deles que os russos queriam construir o socialismo. A consequência desastrosa do desenvolvimento stalinista foi que essa *nostra res agitur* foi perdida nos movimentos dos trabalhadores europeus.

Não seria correto dizer que um francês ou um italiano é socialista hoje porque quer viver como um trabalhador na União Soviética. Ele não quer viver como na União Soviética. Ele quer uma vida socialista. O modo de vida dos trabalhadores ou camponeses na União Soviética não é socialista para o trabalhador europeu. Enquanto não conseguirmos realizar a teoria socialista em nossa vida cotidiana, enquanto não conseguirmos fazer isso nos países socialistas, será impossível renovar a enorme atração que o socialismo despertou em 1917 e que durou até os grandes processos de 1938. Isso também se aplica à restauração da solidariedade internacional no socialismo.

Entrevistador – *[Temo não ser capaz de formular de maneira exata a próxima pergunta.] Fala-se muito de reforma econômica nos países socialistas. O senhor acha que é possível reformar somente a economia?*

G. L. – É impossível olhar para a economia isoladamente de tudo o mais. Nesse aspecto, as pessoas estão erradas. Nosso povo está errado em acreditar que algo para o qual existem cátedras autônomas nas universidades existe também na realidade. Embora eu possa ser docente de economia, independentemente de sociedade, ideologia etc., o desenvolvimento econômico real é sempre uma parte do desenvolvimento social em seu todo. Portanto, não digo que se deva revitalizar a economia marxista, mas que se deve renovar o marxismo. Marx nunca foi economista no sentido ensinado por nossos professores. Se alguém folhear *O capital**, encontrará em cada página muitas declarações que não podem ser atribuídas à economia. Marx, como todos os grandes pensadores, não se preocupa com classificações, antes examinou o desenvolvimento social como um todo.

É por isso que, na Hungria, argumentei que a nova política econômica não pode ser realizada sem a revitalização da democracia socialista. Estou

---

* Trad. Rubens Enderle, São Paulo, Boitempo, 2011-2017. (N. E.)

convencido de que muitos dos erros e retrocessos que surgiram em nosso país como resultado da nova política econômica decorreram do fato de que tomamos medidas econômicas sem criar a base democrática para elas. De Marx pode-se dizer muita coisa, mas de modo algum que ele era um simples especialista em economia, como sugerem alguns professores na Hungria ou na sua Iugoslávia, nem sequer seus piores inimigos podem dizer isso. Sem pretender que nos tornemos um novo Marx, devemos retornar ao marxismo.

[**Entrevistador** – *Até agora quase não falamos do problema nacional. Significa que sobre esse tema o senhor não tem nada a dizer?*]

[**G. L.** – Veja, creio – e não se irrite se sou um tanto ortodoxo – que aquilo que Marx e Lênin disseram esteja totalmente correto. Quando Marx dizia que um povo que oprime outro povo não pode ser livre, quando Lênin pedia que todo povo tivesse autonomia a ponto de poder até mesmo cedê-la, referiam-se àquelas relações recíprocas sem as quais é impossível realizar o desenvolvimento do socialismo em um país plurinacional. Parece-me que não temos nada a acrescentar ao que disseram Marx e Lênin. Eles colheram de maneira precisa as relações recíprocas e nossa tarefa seria aplicar concretamente seu ensinamento lá onde é necessário.]

[**Entrevistador** – *Ou seja?*]

[**G. L.** – Sim. De fato, não o temos feito em todos os casos. Falamos de questões ideológicas e não desejo abordar as questões específicas da política corrente. Apenas como observador distante – e como observador húngaro –, posso dizer que, a mim, falando em termos gerais, agrada muito o modo como foi resolvido esse problema na Iugoslávia. Se aí existem também elementos negativos, é melhor que não falemos deles nesta conversa.]

[**Entrevistador** – *Fiz essa pergunta porque o chamado marxismo oficial – oficial entre aspas – difundiu a ideia de que, com a transformação das relações de propriedade, a questão nacional nos países socialistas se revolveria por si mesma. Para nós na Iugoslávia...*]

[**G. L.** – O fato é que Lênin nunca disse que uma questão pode ser resolvida por si mesma. E nem mesmo eu, no curso de minha longa vida, desde as pequenas questões da vida pessoal até os grandes problemas da vida pública, nunca vi uma questão que tenha se resolvido por si mesma.]

[**Entrevistador** – *Eu disse "entre aspas".*]

[**G. L.** – Permita-me interpretar suas aspas e recorrer a um exemplo: quando quero fumar, preciso me dirigir a uma tabacaria para comprar um pacote de Kossuth*, pois, se não o faço, não posso fumar, e nunca achei em minha longa vida como socialista que eu pudesse permanecer sentado em minha casa que o cigarro viria sozinho até minha escrivaninha. Não creio que nenhuma grande questão da sociedade possa se revolver diversamente desse pequeno problema cotidiano.]

---

* Marca de cigarro existente na época de Lukács e ainda hoje vendida na Hungria. A embalagem homenageava Lajos Kossuth, um dos líderes do movimento de independência húngaro contra a Áustria em 1848-1849. A embalagem trazia estampada a foto de Kossuth. (N. T.)

12
Conversa com Lukács*

Entrevista concedida a Carlo Benedetti

Por dois anos e meio (de novembro de 1967 a maio de 1970) morei em Budapeste na qualidade de correspondente de L'Unità. Cheguei à Hungria em um período repleto de problemas, denso de acontecimentos, interessante no campo da política e da economia, vivaz mais do que nunca no campo da cultura.

Já estava havia alguns meses em Budapeste quando György Lukács reingressou no Partido Operário Socialista Húngaro, depois de um longo período de ausência, desde os dias de outubro de 1956.

*O primeiro compromisso "público" de Lukács, uma vez retornado às fileiras do partido, foi a entrevista ao jornal do Comitê Central (o Népszabadság) publicada em 24 de dezembro de 1967**.*

O tema das perguntas e das respostas: o "novo mecanismo econômico", os métodos dogmáticos do período stalinista, o contraste "entre o novo mecanismo e o velho". Lukács reivindicou fortemente a necessidade de um "choque" em relação às massas para fazer do "mecanismo econômico" um instrumento de mobilização e orientação. Na longa entrevista, o filósofo húngaro enfrentou também problemas de literatura e arte, salientando, mais uma vez, aqueles

---

* Entrevista publicada originalmente em 25 de fevereiro de 1970. Tradução de "A colloquio con Lukács", em György Lukács, *Cultura e potere* (org. Carlo Benedetti, Roma, Editori Riuniti, 1970), p. 7-25. (N. T.)

** Ver, neste volume, a entrevista "Novos modelos humanos", p. 35. (N. T.)

"*princípios*" *aos quais sempre permaneceu fiel e pelos quais, com extrema honestidade, sempre se bateu.*

"*Onde emergiram divergências de opinião", conclui Lukács, "gostaria de sublinhar: como ideólogo, considero meu dever expressar profundamente minhas opiniões. Se estas suscitarem discussão, tanto melhor.*"

Esse é o sentido de todas as intervenções de Lukács, que, nestes últimos anos, intensificou, até o inverossímil, seu trabalho. Não existe problema nacional ou internacional pelo qual ele não tenha se interessado: tive oportunidade de conversar com ele muitas vezes, de encontrá-lo em seu apartamento às margens do Danúbio e sempre encontrei nele o mesmo espírito e a mesma paixão pela vida ativa, política, cultural, econômica. Ainda que a premissa fosse sempre a mesma ("eu não sou um político"), Lukács deu provas, em seus escritos mais recentes, em entrevistas e declarações, de haver enfrentado plenamente os problemas em face dos quais se encontra hoje a sociedade socialista da Europa e, em particular, de seu país.

Com Lukács tive condições de seguir o desenvolvimento da Hungria dia a dia, conhecer sua vida intelectual, todos os aspectos sociais e culturais.

Com ele discuti longamente temas e problemas que os escritos e as declarações recolhidos neste volume* colocaram para a sociedade e, mais precisamente, para o movimento operário. Eis, portanto, o texto do longo colóquio que tive com Lukács, em sua casa, em 25 de fevereiro de 1970.

Carlo Benedetti – *Companheiro Lukács, assim como os problemas éticos e filosóficos, você segue com interesse os grandes processos mundiais e da sociedade. Uma prova válida disso é seu trabalho recente, em particular o que apareceu em 1968 na revista* Kortárs, *no qual foi abordado o problema do marxismo na coexistência**; ou mesmo em outro, também publicado na* Kortárs, *dedicado à nova direção econômica e sua relação com a cultura socialista***. Por isso, peço-lhe que me fale sobre esse seu empenho, sobre sua investigação no campo da vida mundial e da vida húngara.*

György Lukács – A questão levanta o problema do método do marxismo, que assume grande importância prática e ainda não foi suficientemente tratado.

---

* György Lukács, *Cultura e potere*, cit. (N. E.)

** Ver, neste volume, "O marxismo na coexistência", p. 53. (N. T.)

*** Ver, neste volume, "A nova direção econômica e a cultura socialista", p. 87. (N. T.)

De fato, se consideramos as manifestações ideológicas da humanidade, as obras de ciência, filosofia e arte estão unidas, é verdade, no desenvolvimento histórico; desse modo, por um lado, contêm elementos objetivos, mas, por outro, correspondem a certa instância profissional e, portanto, são separadas de alguma forma da realidade concreta e também entre elas. A prática, ao contrário, não se torna uma esfera particular e separada.

Em minha opinião, a prática deve ser discutida de modo amplo pelos marxistas: do modo como o homem se comporta no trabalho até o modo como se formam as tomadas de posição humanas e políticas de nível mais elevado. A prática é um campo unitário no qual existem, sim, passagens muito importantes, formas e conteúdos que se manifestam de modo particular, mas sobre o qual não devemos concentrar exclusivamente a análise. Assim, se me ocupo, por exemplo, de questões estéticas e éticas, posso dizer que Thomas Mann é um expoente na arte, enquanto X ou Y é um escritor ruim, que não merece interesse. No campo da ação moral, não existe um fenômeno com o qual não valha a pena se preocupar: um fato de grau inferior, mesmo que nocivo e perigoso, não é menos importante que aquele de alto valor. É preciso procurar elaborar um método que permita seguir a vida do homem, da prática da vida cotidiana até a prática de mais alto nível. Isso não significa que entre as diversas formas da prática não existam diferenças. Apenas que as diferenças se acham no interior de uma esfera unitária, e as concessões burguesas – a de Kant, por exemplo, que não apenas separa, mas realmente contrapõe a ação moral à atividade cotidiana do homem – falsificam, assim penso, a substância da prática.

O marxismo tem a tarefa de elaborar uma concepção da prática unitária, porém diferenciada, com a qual, creio, conseguiremos dar, tanto para a vida atual quanto para a passada, explicações mais ricas do que aquelas fornecidas até agora; em outras palavras, até este momento, os marxistas deduziram mecanicamente a prática da atividade econômica e imitaram o exemplo burguês, dizendo que as formas mais elevadas da prática representariam um território particular, como o da arte, da ciência e da filosofia.

C. B. – *No mundo ocidental, em particular, existem ideologias anticoexistenciais; um processo crítico se desenvolveu em relação ao marxismo, houve uma rebelião estudantil; houve – na República Federal da Alemanha, na França, na Itália – um movimento estudantil contestando o sistema. Hoje, esse movimento, pelo menos do ponto de vista da participação em massa, está* *em declínio. No entanto, não houve uma resposta adequada dos marxistas às ideologias do protesto.*

A que se deve isso? Qual deve ser, segundo sua opinião, o empenho, o caminho do marxismo na resposta, no contato, na conversa com os movimentos de protesto que tiveram um papel bem importante em muitas partes da Europa?

G. L. – Desejo retomar as afirmações tantas vezes mencionadas segundo as quais de 1945 em diante o mundo mudou de modo particular. Em 1945, o *american way of life* era considerado uma concepção de mundo perfeita e irrefutável, assim como a concepção stalinista nos países socialistas. Tudo isso, nesses 25 anos, mudou profundamente.

Para falar apenas do Ocidente, ao qual você se referiu em sua pergunta, o *american way of life* está em crise hoje nos Estados Unidos em razão do Vietnã, da questão dos negros e de toda uma série de outras questões. Entre as manifestações dessa crise encontram-se movimentos agudos, explosivos, da ideologia – muitas vezes bastante duvidosos – da juventude.

Nós, marxistas, devemos partir, acima de tudo, do fato de que, por causa do stalinismo, não fornecemos até agora uma análise verdadeiramente séria do capitalismo contemporâneo. A última análise marxista séria foi aquela feita por Lênin sobre o imperialismo, no tempo da Primeira Guerra Mundial. Ora, não sou economista, mas me dou conta de que existem fenômenos sobre os quais os marxistas não refletiram ainda.

Gostaria de fazer referência a apenas um fato: no fim do século passado, o capitalismo compreendia basicamente a indústria pesada e os setores que trabalhavam com algumas matérias-primas de importância fundamental. A maior parte da produção dos bens de consumo estava nas mãos dos pequenos artesãos e a atividade terciária tinha ainda um caráter capitalista menor. Nos últimos quarenta ou cinquenta anos, a produção capitalista se estendeu a todo o conjunto da produção, a indústria de consumo tornou-se capitalista e vemos, dia a dia, que a atividade terciária ocupa uma posição cada vez maior no mundo capitalista. Segundo algumas estatísticas, nos Estados Unidos o setor terciário emprega mais trabalhadores do que aqueles ocupados na indústria pesada. Essa mudança – sem ter aqui a pretensão de tratar a questão de modo cientificamente exato – poderia ser resumida na afirmação de que o capitalista do século passado não se interessava pelo consumo do operário, enquanto para o capitalista estadunidense do século XX o operário representa um dos principais consumidores.

Naturalmente, não posso aqui me empenhar em esclarecer cada particularidade da questão com um método científico aprofundado, quero apenas chamar a atenção para um ponto. No fenômeno – que com base na obra juvenil de Marx definimos como *estranhamento* – verifica-se uma mudança fundamental. No século passado, de fato, quando o estranhamento do operário era dado sobretudo pelo longo tempo de trabalho e pelo baixo salário, cada ação sindical, sem que os sindicatos se dessem conta, inseria-se na luta contra o estranhamento. Cada redução da jornada de trabalho era, no século passado, um resultado importante da luta contra o estranhamento. As coisas são bem diversas no capitalismo contemporâneo. De fato, se em um país capitalista a semana de trabalho é de cinco dias e meio, meia jornada de trabalho livre a mais não atenua obviamente o estranhamento do operário.

O operário estadunidense deve utilizar a luta sindical não para defender a si mesmo da pressão externa do estranhamento. O problema consiste naquilo que faz o operário em seu tempo livre a partir do momento que o capitalismo se serve desse tempo livre para levar o trabalhador ao estranhamento. Em resumo, os mesmos problemas que interessavam as massas no século passado vêm aos poucos assumindo um caráter cada vez mais ideológico. O que faz o operário em seu tempo livre é, na realidade, um problema ideológico. E, portanto, não pelas razões indicadas pelos ideólogos burgueses, mas, pelo contrário, por efeito do desenvolvimento econômico, a ideologia assume hoje, do ponto de vista da luta de classes, um significado bem maior do que no passado.

Não foi por acaso, portanto, que o estrato dos estudantes e dos jovens intelectuais, que são mais sensíveis a tais questões, foi o primeiro a reagir ao início da crise profunda do capitalismo. Sobre essa crise, naturalmente, ninguém pode fazer um prognóstico hoje, mas penso que nos próximos anos seremos testemunhas de seu desenvolvimento. Se é lícito fazer uma analogia histórica, direi que o movimento estudantil – que, por exemplo, em Paris teve uma função tão importante – poderia ser comparado aos operários ingleses que se rebelaram espontaneamente contra a introdução das máquinas. Sem dúvida, com tais atos teve início a luta de classes, que depois dominou o século passado, porém é evidente que o movimento operário superou em seguida a ideologia das origens. Bem entendido, é preciso ser muito cauteloso com as analogias históricas, e no meu entendimento quero apenas concluir que estamos no início de uma grande crise, a qual previsivelmente deixará sua marca no próximo decênio. Nesse aspecto, os marxistas devem liquidar as deformações stalinistas, voltar aos verdadeiros princípios do marxismo, a seu verdadeiro método, e analisar, por meio deste, o capitalismo atual.

Se seguirmos esse caminho, o desenvolvimento objetivo nos permitirá organizar o movimento anticapitalista de forma nova, segundo critérios marxistas. Como ideólogo, eu me ocupo somente dessa correlação geral, não sei dizer de que modo tudo isso se realizará. Quero recordar que nem Marx conhecia antecipadamente, em 1848, o andamento da luta de classes na Alemanha; e nós, que somos muito menores do que ele e pretendemos somente renovar seu método, não podemos fazer prognósticos concretos sobre a crise e sobre movimentos em desenvolvimento. Devemos, porém, sublinhar que o movimento revolucionário poderá adquirir a verdadeira ideologia somente se tomar posse do verdadeiro método marxista.

C. B. – *Permita-me, companheiro Lukács, reter uma particularidade de sua exposição e fazer algumas perguntas a respeito dela. Se a ideologia recebe um papel novo na luta de classes, que efeito tem essa mudança sobre a função dos intelectuais? Sobre a função dirigente da classe operária? Mudam as formas da luta de classes? E como?*

G. L. – As formas da luta de classes estão em contínua mudança, e os ideólogos que esperaram que alguma coisa se repetisse sempre se enganaram. Para ilustrar a possibilidade de erro, quero recordar o exemplo de um homem verdadeiramente grande. Nos anos 1920, quando Lênin enviou [Karl] Radek e [Nikolai Ivanovitch] Bukharin a uma conferência internacional da paz, ele lhes disse, com base nas experiências da Primeira Guerra Mundial, que o capitalismo estava preparando em grande segredo um novo conflito, e que o movimento da paz tinha o objetivo de mascarar esses preparativos secretos.

Mas a Segunda Guerra Mundial não foi preparada em segredo e não eclodiu de improviso: por anos a burguesia conduziu a propaganda de massa para preparar as pessoas para a guerra. De fato, em seguida ao desenvolvimento do capitalismo, a guerra total, conduzida tanto por Hitler como pelos estadunidenses no âmbito do segundo conflito mundial, não podia se realizar sem publicidade. Não digo isso para criticar Lênin, mas para precisar que, se nem mesmo um grande homem como Lênin conseguiu prever aquela situação com vinte anos de antecedência, seria absurdo pensar que eu possa dizer, com meus estudos, qualquer coisa de concreto sobre as formas que assumirão, no futuro, as lutas de classes. Existe, todavia, a possibilidade de acrescentar algumas regras de desenvolvimento. No século XIX, a burocracia dos partidos e dos sindicatos procurou apresentar o desenvolvimento social como um efeito mecânico do desenvolvimento econômico e atribuir à ideologia uma função subordinada. Não por acaso Lênin disse, em O *que fazer?**, que no proletariado pode surgir espontaneamente somente uma "consciência sindical". A consciência socialista deve ser levada "de fora" à classe operária, e é essa a função da ideologia. Portanto, se falamos da função crescente da ideologia, de uma parte, também em sentido mais amplo, falamos do mesmo fenômeno indicado por Lênin; mas, de outra parte, é evidente que esse fenômeno não pode assumir hoje nos Estados Unidos as mesmas formas com que se apresentou na Rússia tsarista nos anos 1890.

Nós, ideólogos, temos a função de especificar como um fenômeno social já ocorrido se realiza em formas totalmente novas. Os políticos marxistas de diversos países devem investigar os modos pelos quais o movimento operário poderá adequar-se às novas circunstâncias.

C. B. – *Retornando ao fato de que a ideologia chega, necessariamente, "de fora" do movimento operário, se não são os operários que elaboram a ideologia de seu movimento e se essa ideologia elaborada pelos não operários adquire um papel cada vez mais importante na luta de classes, tudo isso leva a uma mudança na função dirigente da classe operária?*

G. L. – É bem sabido que as bases da ideologia da classe operária não foram assentadas por um operário do Ruhr, mas pelos burgueses Marx e Engels, sendo que esse último provinha de uma família de capitalistas. Também na Rússia não foram os operários de São Petersburgo que elaboraram a ideologia do proletariado, mas o filho de um intelectual burguês: Vladímir Ilitch Uliánov. Foram muitos os debates sobre esse tema. Não foi apenas a burocracia sindical que se opôs à tese de Lênin segundo a qual a ideologia penetra de fora na consciência da classe operária; mesmo Rosa Luxemburgo escreve, em sua época, um artigo contra essa concepção leninista.

O debate – mesmo se não mais em relação aos fatos históricos, mas em relação aos aspectos atuais do problema – continuará ainda por muito tempo. Em relação às funções dirigentes da classe operária, também aqui devemos levar em consideração o desenvolvimento histórico.

---

*   Trad. Rubia Prates Goldoni, São Paulo, Martins Fontes, 2006. (N. E.)

No movimento operário do século XVIII, teve grande importância, por exemplo, a divisão entre o proletariado e o subproletariado. Atualmente, nos países capitalistas desenvolvidos, a função do subproletariado é mínima em relação àquela do século passado, quando os estratos superiores da classe operária, no que tange às condições de vida e trabalho, começaram a se assemelhar aos estratos inferiores da burguesia, isto é, aos pequeno-burgueses que trabalhavam na produção. Foram essas mudanças econômicas que determinaram a composição da classe operária revolucionária.

Não se pode, portanto, saber antecipadamente onde passa a linha de demarcação. Seria ridículo afirmar, por exemplo, que somente quem ganha menos de 500 dólares por mês pode fazer parte da classe operária revolucionária. Na sociedade produziram-se importantes transformações estruturais. No século XIX, por exemplo, e particularmente na França, o estrato dos rentistas cumpriu uma grande função no âmbito das classes. No capitalismo moderno, esse estrato, na prática, não existe mais. Mudou por isso o capitalismo? Creio que sim. Mas podemos dizer também que ele se tornou diverso? Não, por certo. E creio que não temos nenhum motivo para submeter a revisão a teoria marxista da luta de classes. Sei muito bem que a classe operária de 1970, com os diversos estratos sociais de seus aliados, não é mais aquela de 1870. Mas também a de 1870 era diversa daquela de 1770.

C. B. – *Companheiro Lukács, você disse que o estrato superior da classe operária, a aristocracia operária, vai ampliando-se. E que, no que concerne a sua existência, uma parte da classe operária assume um caráter burguês.*

G. L. – O "aburguesamento" já havia se manifestado no fim do século passado. É um processo inevitável. Quando a classe operária saiu do estado de miséria, em razão do período da acumulação originária, e alcançou algum resultado econômico, houve certo aburguesamento. Porque, no fim das contas, na sociedade contemporânea, se alguém que no passado – desculpe-me o exemplo um tanto grosseiro – andava descalço possui agora sapatos, também isso é aburguesamento.

C. B. – *Não pensei em aburguesamento nesse sentido. Você disse que esse estrato, considerando também seu trabalho, acha-se em situação similar àquela de certos estratos da burguesia.*

G. L. – No século passado, o trabalho do engenheiro era mais distante daquele do operário. Hoje, ao contrário, o operário maneja máquinas de maior progresso e seu trabalho se avizinha, de certo modo, daquele dos estratos técnicos inferiores. Penso que ocorreu uma mudança objetiva na divisão do trabalho. Se penso no período da Revolução Húngara, lembro que, por um lado, nos estratos mais avançados da classe operária (digamos, os tipógrafos) desenvolveu-se um oportunismo muito forte e, por outro, foi precisamente das fileiras dos melhores operários que saíram, no tempo da ditadura do proletariado, os elementos mais revolucionários, os quadros dirigentes. No estrato superior da classe operária desenvolveu-se, portanto, no modo mais agudo, esse antagonismo, essa polarização: de uma parte, vieram os melhores dirigentes da classe operária; de outra, os maiores oportunistas. Posso aqui afirmar que tal diferenciação, em *circunstâncias* modificadas, de modo diverso, ainda hoje é possível.

C. B. – *Essa diferenciação diz respeito, em medida diversa, também aos estratos burgueses. Engels foi um dos máximos dirigentes da classe operária, mas às classes de seus genitores pertenciam também os maiores adversários da classe operária. No entanto, a função histórica da classe da qual veio Engels é univocamente reacionária, antioperária.*

Acredito que também na avaliação dos estratos superiores da classe operária devemos deixar de lado a questão dos singulares e ver se a função de tais estratos é revolucionária, ao menos em sua função histórica.

Para você, companheiro Lukács, nas circunstâncias já ilustradas, qual e como poderá ser a função desses estratos do ponto de vista da luta de classes?

G. L. – Seria difícil prognosticar. A meu ver, as questões ideológicas teriam uma função mais importante do que aquela que tiveram no movimento revolucionário do século passado. Naquele tempo, a elevação aos estratos superiores representava, indubitavelmente, uma elevação de caráter ideológico. Basta recordar a bela poesia revolucionária de Richard Dehmel, que se reporta aos anos 1890. Na poesia, um operário se dirige a uma operária e diz a ela que, para conquistar uma vida mais humana, é preciso ter tempo livre. Afirma-se sucintamente que a redução da jornada de trabalho de dez para oito horas garantiria ao operário uma vida mais humana. O capitalismo manipulatório atual é caracterizado pela circunstância em que, quanto melhor alguém vive, tanto mais artificial é sua vida individual.

Esse fenômeno se manifesta com particular clareza entre os estudantes. Poderíamos resumir a situação com um *slogan*, que não foi formulado nesses termos, mas exprime bem a natureza do movimento estudantil: *não queremos nos tornar idiotas profissionais, queremos ser donos de nossa profissão.* Essa já é uma questão ideológica: não é de modo algum inútil saber se na universidade se ensinam noções necessárias à técnica e à economia, se o estudante se tornará um verdadeiro especialista, capaz de adequar-se a todas as transformações, ou se, em vez disso, apenas as últimas descobertas serão oferecidas a ele e, em dez anos, diante das novas aquisições, ele se sentirá "um peixe fora d'água". Trata-se de uma questão ideológica que poderá assumir um significado decisivo na vida do homem. Não devemos cair no erro de pensar que os problemas ideológicos são, enquanto tais, indiferentes do ponto de vista do desenvolvimento revolucionário. Todo o progresso técnico atual é pleno de problemas do gênero. Não é exceção nem mesmo a sociedade húngara, na qual os homens que aprenderam algo dez anos atrás nas escolas do partido insistem em exigir que tudo siga sempre da mesma maneira, pois, se alguma coisa muda, fica claro que eles não são nada. São os "idiotas" que há dez anos aprenderam a fazer coisas – e, se as circunstâncias se modificam, a gestão deve permanecer inalterada, porque cada modificação pode ameaçar sua posição.

C. B. – *Permita-me, companheiro Lukács, fazer uma pergunta sobre a sociedade húngara. Em um escrito seu, você fala das experiências da República dos Conselhos. Como vê a ligação entre o poder de antes e o atual?*

G. L. – A essa pergunta posso responder apenas como ideólogo: não sou economista ou político. A ditadura proletária se realizou, por assim dizer, sob a insígnia do sectarismo messiânico. Os comunistas estavam convencidos de que, em um ou dois anos, a Europa iria se tornar socialista por meio de uma clamorosa transformação revolucionária. Isso, naturalmente, não aconteceu. Por outro lado, a República Húngara faz parte hoje da aliança dos países socialistas; por consequência, em todas as ações, deve levar em conta os outros países socialistas; trata-se de uma situação nova em relação àquela da ditadura. E isso implica, entre outras coisas, que a Hungria, sendo um país pequeno, não pode ter a pretensão de autonomia que teve no tempo da República dos Conselhos. Desejo, portanto, chamar a atenção para esse fato, por si só muito interessante, mas que não foi ainda enfrentado por nós com o adequado empenho teórico. A ditadura não teve a capacidade de resolver bem a questão camponesa. Todos conhecem os graves erros da coletivização agrícola de [Mátyás] Rákosi. Mas não se deve desconsiderar que a questão camponesa húngara registrou nos últimos dez anos um desenvolvimento bastante interessante e houve, tanto material como moralmente, um bom direcionamento.

O exemplo que darei pode parecer superficial, mas, apesar de tudo, o homem possui olhos e deve também usá-los. No passado, as vilas húngaras, em grande parte, eram constituídas de cabanas perigosas. É esse o sintoma de um incremento material. O regime húngaro de hoje eliminou as normas severíssimas impostas à agricultura no tempo de Rákosi; nasceram assim iniciativas muito interessantes. Basta um pequeno exemplo. Em Gyöngyös, não sei se você viu, construíram um belo café; esse café moderno foi construído e é administrado por operários de uma cooperativa agrícola das proximidades. É interessante que os operários de uma cooperativa agrícola pensem em coisas desse gênero. E é importante salientar que, no tempo de Rákosi, os jovens abandonavam as cooperativas agrícolas para se transferir para as fábricas, e que hoje se verifica um processo inverso. Não são poucos os jovens que, depois de trabalhar nas fábricas, agora retornam para a agricultura. Mas, lembre-se, porque a coisa é bem interessante, esses jovens não querem mais trabalhar como nos velhos tempos, dedicando-se a pequenos parcelamentos privados. Não, os jovens procuram desenvolver sua atividade num plano cooperativista.

As relações entre os camponeses e a democracia popular, tanto no plano econômico quanto no político, têm, portanto, sofrido mudanças fundamentais. Esse dado novo não vem sendo, segundo penso, devidamente ressaltado nos discursos concernentes à Hungria. É preciso acrescentar que, em relação à classe operária, o novo regime não realizou nem de longe reformas importantes como aquelas introduzidas no campo. Na Hungria existe, assim, uma situação particular: a reforma econômica já provocou entre os camponeses a mudança que ainda se deve produzir no seio da classe operária.

C. B. – *Gostaria de passar a um outro tema de particular interesse, também relacionado aos jovens. As novas gerações estão à procura de ideologias avançadas, aproximam-se do marxismo e observam os revolucionários, como Ho Chi Minh, que ensinaram a todos que os opressores podem ser vencidos. Qual deve ser, em sua opinião, a relação entre a personalidade e o marxismo?*

G. L. – É uma questão complicada. Só os maiores oportunistas acreditam que a questão da personalidade possa ser eliminada pelo fato de a classe operária tornar-se marxista. As grandes personalidades – e não é preciso fazer referência a Marx, Engels, Lênin, basta pensar em [August Ferdinand] Bebel,

[Jean] Jaurès, [Palmiro] Togliatti – deixam sem dúvida sua marca no movimento operário. Marx disse que o ponto de vista de classe é importante, mas sustentou também que, em substância, são os homens que fazem a história. Cada homem participa de algum modo da criação histórica e, obviamente, os maiores determinam um influxo notável no andamento da história. Não estou convencido de que – dou um exemplo absurdo, mas de ordem científica – se, em razão de uma epidemia, Lênin tivesse morrido em 1917, antes de retornar à Rússia, a posição de Zinoviev-Kámeniev não teria vencido na reunião do Comitê Central de outubro de 1917.

Ainda que, em escala histórica mundial, as circunstâncias econômicas é que determinem em última instância o desenvolvimento, seria ridículo pensar que as grandes personalidades não influenciam esse desenvolvimento.

Penso que não existe um só companheiro italiano que não reconheça a função de Gramsci ou de Togliatti na história do Partido Comunista Italiano. Nós, húngaros, não temos motivo para pôr em dúvida o grande aporte do companheiro [János] Kádár no desenvolvimento ocorrido nos últimos quinze anos na Hungria.

Negar a função dos dirigentes significaria ater-se a uma concepção mecanicista do marxismo. Desse tipo é também a tese segundo a qual os dirigentes têm importância, mas é o desenvolvimento da luta de classes que produz automaticamente, em cada época, esses dirigentes.

Em 1871, no tempo da Comuna de Paris, Marx escreveu em uma carta a [Ludwig] Kugelmann que depende sempre do acaso o caráter das pessoas de que se encontram, em princípio, à frente da classe operária. Estou convencido de que não se pode eliminar essa casualidade. A história não é um processo regulado por Deus ou determinado automaticamente pelo mecanismo das forças sociais. Permita-me recorrer novamente a Marx: ele disse que são os homens que fazem a sua história, mas em circunstâncias não escolhidas por eles.

C. B. – *A sociedade socialista tem por particularidade o fato de os homens "construírem", em circunstâncias escolhidas por eles, sua própria história. Essa questão é objeto de debate quando se fala da sociedade socialista. Qual sua opinião sobre isso?*

G. L. – É difícil falar brevemente sobre isso, pois se trata do problema de fundo dos países socialistas. Não se deve esquecer que entre 1917 e 1921-1922, quando Lênin adoeceu, a classe operária não agiu em circunstâncias escolhidas por ela, mas agiu, todavia, de modo autônomo. Quem examinar com um pouco de atenção a história dos sovietes nos primeiros anos poderá ver isso com clareza.

Saiu recentemente na Hungria um estudo muito interessante a esse propósito. O livro de Ferenc Donáth estuda os movimentos dos camponeses húngaros de 1945 a 1948* e mostra como era espontânea e autônoma a atividade dos mais vastos estratos de camponeses nos primeiros anos depois de 1945. A repartição da terra, por exemplo, foi efetuada por comitês locais, por vezes em contraste com as leis e segundo critérios reais de equidade. Stálin "bloqueou" a ação autônoma da classe operária. Sob o stalinismo, do qual não liquidamos ainda totalmente as consequências, a classe operária não agiu mais com a autonomia que havia demonstrado na Revolução de 1917.

Em 1921, antes ainda da doença de Lênin, inicia-se no partido bolchevique o notório debate sobre os sindicatos. Nessa discussão, Trótski sustentou a necessidade de estatizar os sindicatos. Lênin, pelo contrário, estava convencido de que os sindicatos deviam defender os interesses dos operários em relação ao Estado soviético, que já era ou estava se tornando um Estado burocrático.

Ora, se analisamos com imparcialidade o desenvolvimento dos sindicados no último triênio – e a questão não é indiferente do ponto de vista da ação e da ideologia do proletariado –, vemos com clareza que a transformação dos sindicatos se realizou segundo a linha de Trótski e não segundo a de Lênin. Como ideólogo, sustento a necessidade de retornarmos à linha de Lênin. Mas isso não aconteceu ainda em nenhum país socialista.

Por isso, como já disse, os estratos sociais que menos se ressentiram dessa imposição restritiva, os camponeses húngaros, por exemplo, encontram-se hoje mais avançados em relação à classe operária, em cujo seio os sindicatos desenvolvem de fato essa função burocrática, de caráter estatal, os quais na época de Rákosi se assentaram sobre a base dos princípios stalinistas.

---

* Trata-se, provavelmente, de Ferenc Donáth, *Reform and Revolution: Transformation of Hungary's Agriculture 1945-1970* (Budapeste, Corvina, 1980). (N. T.)

13
Essenciais são os livros não escritos*

Adelbert Reif conversa com György Lukács

Reif – *Professor Lukács, deixe-me recebê-lo com uma pergunta pessoal: qual de seus escritos o senhor considera mais significativo e influente hoje em dia?*

György Lukács – Bem... isso é muito difícil de responder. Basicamente, vejo todos os meus escritos anteriores como soluções para problemas mais ou menos provisórios e, ao mesmo tempo, como passos mais ou menos bem-sucedidos na direção de minha pretendida renovação do marxismo do ponto de vista ontológico, como elaboração que vai da doutrina marxista da atividade humana da vida cotidiana à ética sob uma nova luz.

Reif – *O senhor fez recentemente uma espécie de confissão em uma conversa com os marxistas iugoslavos. Disse: "Acho que é certo que abandonei meus pontos de vista anteriores; considero agora que eles estavam errados"**. Em particular a geração jovem do Ocidente, interessada no marxismo, gostaria de compreender concretamente de quais posições anteriores o senhor se libertou, quais posições anteriores considera agora erradas?*

---

* Entrevista publicada originalmente em 11 de abril de 1970 na revista *Die Tat*, n. 84, sob o título "Georg Lukács zum 85. Geburtstag" [György Lukács, aniversário de 85 anos]. Foi publicada também em *Lukács Werke: Autobiographische Texte und Gespräche* (Bielefeld, Aisthesis, 2009), v. 18, p. 441-6, com o título "Wesentlich sind die nicht geschriebenen Bücher". O presente texto é tradução da publicação original e foi revisado por Vitor Bartolleti Sartori. (N. T.)

** Ver, neste volume, a entrevista "Após Hegel, nada de novo", p. 127. (N. T.)

G. L. – Não é tão difícil dizer. Em primeiro lugar, é preciso contar com o fato de que, como autor oposicionista burguês, escrevi basicamente obras como *A alma e as formas** ou *A teoria do romance*** a partir de um anticapitalismo utópico-romântico. Em 1918, mudei meu ponto de vista e passei a ver essas obras como produtos de uma etapa superada de meu desenvolvimento.

Nos anos 1920, procurei aderir ao marxismo. Durante esse período, surgiu *História e consciência de classe****. Mais tarde, percebi que o caminho de *História e consciência de classe* era, em muitos aspectos, um caminho errado e, portanto, esse livro também foi abandonado.

No período posterior, o complexo de problemas do marxismo tornou-se cada vez mais claro para mim, de modo que posso dizer que meu pequeno livro *Introdução a uma estética marxista***** aponta, em certo sentido, para o marxismo real. Mas acredito que só agora estou no processo de formular o método de Marx como ele realmente é, e combater os erros que ainda hoje prevalecem.

Isso é que considero as etapas principais de trabalho da minha vida.

Reif – *Na conversa com os marxistas iugoslavos já mencionada, o senhor afirmou, entre outras coisas, que, "desde a publicação da obra de Lênin sobre o imperialismo em 1914 [O imperialismo: fase superior do capitalismo]*****, não foi feita nenhuma análise econômica real do capitalismo". Com essa afirmação, provocou os críticos, que declaram que o senhor superestimou a contribuição de Lênin à discussão sobre o imperialismo e desprezou tantas outras contribuições de outros autores (marxistas e não marxistas), muito diversificadas, de conteúdo científico bastante considerável. Em particular, o marxista austríaco Theodor Prager acusou-o recentemente de ignorar, de maneira soberana, as conquistas dos economistas marxistas desde Lênin e, ao mesmo tempo, de imputar, em certo sentido, que em princípio apenas o marxismo é capaz de prestar uma contribuição científica efetiva.*

Como o senhor considera essas e outras alegações semelhantes?

---

*   Trad. Rainer Patriota, Belo Horizonte, Autêntica, 2015. (N. E.)

**   Trad. José Marcos Mariani de Macedo, 2. ed., São Paulo, Livraria Duas Cidades/Editora 34, 2009. (N. E.)

*** Trad. Rodnei Nascimento, São Paulo, WMF Martins Fontes, 2016. (N. E.)

**** Trad. Carlos Nelson Coutinho e Leandro Konder, Rio de Janeiro, Civilização Brasileira, 1978. (N. E.)

***** Trad. Leila Prado, 4. ed., São Paulo, Centauro, 2010. (N. E.)

G. L. – Em primeiro lugar, devo responder aqui que de fato sou da opinião de que apenas o marxismo é o método com o qual todos esses problemas podem ser enfrentados. Dito isso, não nego que vários teóricos ingleses, estadunidenses, franceses etc. tenham produzido resultados valiosos e bons em questões específicas e em investigações específicas. Minha observação em relação a Lênin foi uma espécie de autocrítica de nossa teoria socialista. Sem superestimar a importância de Lênin, não há dúvida de que Lênin e, em parte, Rosa Luxemburgo, com sua obra *A acumulação do capital**, foram os que tentaram expor os novos fenômenos do capitalismo com um modo sistemático de compreensão e apresentação, desde a morte de Marx e Engels.

Agora, em minha crítica ao período de Stálin, enfatizo repetidas vezes que uma continuação do método de Lênin, ou seja, uma teoria e uma crítica da formação conjunta do capitalismo de hoje, considerando as mudanças que ele sofreu desde a morte de Marx, está ausente em nossa literatura. Nossa consideração acerca do Ocidente, portanto, permanecerá falsa até que tenhamos sucesso em produzir uma análise efetiva do capitalismo hoje existente. Isso ainda não aconteceu. Não sou economista nem especialista nesse assunto. Apenas me permita apontar um exemplo: na época de Marx, basicamente só a indústria pesada e algumas grandes indústrias de matérias-primas eram realmente capitalistas. Aquilo que era produzido para o consumo e para os chamados serviços estava quase inteiramente no nível do artesanato. E, ao ler as teorias de Marx, você verá que evidentemente – isso não é uma censura, pois não poderia ser de outra forma – elas estão baseadas no capitalismo que realmente existia em sua época.

O ramo de serviços se tornou um grande território capitalista. Um ofício no sentido antigo, assim se poderia dizer, que em geral não existe mais hoje. A produção em sua totalidade tornou-se capitalista. (Para acrescentar apenas um fato econômico: para o capitalismo, como capital global, o consumo dos trabalhadores era uma questão absolutamente secundária na época de Marx.) Portanto, não é coincidência que o chamado mais-valor absoluto tenha se tornado o fator dominante na exploração capitalista da época. Desde que a produção global se tornou capitalista – de acordo com as estatísticas estadunidenses, há mais pessoas empregadas nos serviços hoje do que na indústria

---

* Trad. Marijane Vieira Lisboa e Otto Erich Walter Maas, 3. ed., São Paulo, Nova Cultural, 1988. (N. E.)

pesada –, o consumo da classe trabalhadora é da maior importância para o funcionamento do capital global. Então, vê-se que há um novo complexo de questões econômicas aqui; que o capitalismo de hoje é, precisamente enquanto capitalismo, algo muito diferente do capitalismo da época de Marx.

Trata-se de confrontar nossa economia com a exigência de apontar esses novos lados do capitalismo, para apresentá-los teoricamente, a fim de não combater ideologicamente o capitalismo de hoje com o ponto de vista dos anos 1860 ou 1880. Esse é o conteúdo essencial de minhas refutações, e não é dirigido contra pesquisadores específicos que produziram coisas valiosas em questões específicas. Nego isso categoricamente.

Gostaria de contestar que exista uma teoria marxista do capitalismo hoje. Minha reivindicação é produzir uma análise do capitalismo que, com métodos marxistas, mostre precisamente as características específicas do capitalismo hoje.

Reif – *Professor Lukács, o senhor não saiu da Hungria desde 1956. Há críticos que o censuram pelo fato de o senhor analisar e avaliar acontecimentos políticos e sociais fundamentais do Ocidente apenas com base em relatórios de imprensa e ensaios teóricos, e que lhe falta um contato vivo com esses eventos. Na opinião desses críticos, essa é uma circunstância que afeta negativamente a exatidão de suas interpretações dos eventos atuais. Como avalia esse problema?*

G. L. – Aqui tenho de destacar várias coisas. Primeiro, desde 1930 não me considero um político, mas um ideólogo. Qualquer um que conheça meu desenvolvimento sabe que desde 1930 nunca mais mantive uma posição eminentemente política e acompanhei os eventos exclusivamente como ideólogo.

Em segundo lugar, minha idade também deve ser levada em conta. Nos anos 1930 não havia a possibilidade de deixar a União Soviética. De 1945 a 1957 fiz muitas viagens pela Europa e tentei ver as coisas com meus próprios olhos. Mas agora sou um homem de 85 anos, cuja esperança é trazer certas obras à luz do dia. Para isso, é necessário um regime estrito de vida em minha idade, e isso inclui a abstinência de viajar.

Existe outro aspecto importante. Depois de 1957, eu estava em uma relação crítica com as direções predominantes em meu país de origem. Então a questão era: eu deveria, como fizeram Ernst Bloch e Hans Mayer, estabelecer-me no Ocidente e criticá-lo de lá?

Decidi ficar no país, porque não me considerava um oposicionista do sistema, mas um reformador do marxismo a ser renovado, e porque tal crítica do sistema socialista é moralmente mais bem fundamentada se for levada a cabo na própria pátria, mesmo que isso envolva um risco pessoal. Como você sabe, assumi esse risco e, se hoje esse risco é escasso, acredito que isso se deve às críticas à reforma das teorias socialistas; a crítica é mais genuína e, portanto, mais eficaz quando liderada em solo socialista.

Por várias razões, mas de forma completamente consciente, permaneci na Hungria. Existe, sem dúvida, um risco de que eu possa não conhecer todos os fatos. Contudo, devo dizer que esse risco existiria mesmo se eu vivesse no exterior, porque ninguém hoje pode apreender completamente toda essa realidade.

Reif – *Nos últimos anos, o senhor tem repetidamente – desde 1966 em conversas com os marxistas Hans Heinz Hölz, Leo Kofler e Wolfgang Abendroth, da Alemanha Ocidental, e mais tarde em uma entrevista ao jornal do partido húngaro* Népszabadság – *usado a frase: "Mesmo o pior socialismo é melhor que o melhor capitalismo". Especialmente na Alemanha, essa frase provocou uma contradição viva. Há críticos que pensam que todos os excessos do stalinismo foram expressamente acobertados. Talvez hoje seja possível para o senhor, professor Lukács, explicar com mais detalhes essa tese violentamente atacada, para torná-la um pouco mais compreensível, pelo menos em um sentido histórico-universal...*

G. L. – Acho que temos de levar em conta o que Marx chamou de desenvolvimento desigual. Se uma formação substitui outra formação e apresenta progressos em relação a ela, isso não significa necessariamente que deve haver progresso em todas as áreas da vida.

Pense no seguinte exemplo – é um exemplo remoto, apenas o menciono no sentido metodológico: no século XIX, na época de maior expansão do capitalismo, [John] Ruskin e os pré-rafaelitas ingleses enfatizaram com razão que o artesanato produzia com melhor qualidade do que a indústria capitalista. Isso é correto, se levamos em consideração um fato isolado, embora não refute o caráter progressista geral da nova formação; portanto, como uma questão secundária, ela não poderia contestar a superioridade do capitalismo.

Quando digo hoje que o pior socialismo é melhor que o melhor capitalismo, estou falando precisamente de questões de vida relativas à história universal. Se penso retrospectivamente no período de minha vida, observo que a cultura esteve duas vezes em grave perigo. Um perigo era que Hitler criasse um império mundial no qual toda a cultura da era burguesa fosse enterrada e destruída. Hoje considero que o fato de Hitler ter sido derrubado foi, em primeiro lugar, mérito da União Soviética. Nesse sentido, Stálin realmente derrubou Hitler. Jamais teria ocorrido aquela guerra de aniquilação contra o regime de Hitler, seja com [Édouard] Daladier, [Neville] Chamberlain, [Winston] Churchill ou [Franklin Delano] Roosevelt. E eles nunca teriam liderado essa guerra tão energicamente, até as últimas consequências, como Stálin a liderou. Com isso não quero dizer que o sistema de Stálin como tal é justificável.

Voltemo-nos agora para uma pequena questão subjetiva: como consequência da concepção jdanoviana de Hegel, meu livro sobre Hegel* só apareceu dez anos depois de sua redação. Na época, quando me perguntaram sobre isso, afirmei que não era por causa da visão de Jdanov, na União Soviética. Agora acredito que a guerra certamente teria sido ganha sem a estupidez sobre Hegel, como propagada por Jdanov. Mas, uma vez que uma guerra estava em andamento, acho que era muito mais importante que Hitler fosse destruído do que reclamar que meu livro sobre Hegel – que eu ainda acredito estar certo – não pudesse aparecer.

Isso é uma bagatela. O exemplo também se refere a coisas maiores. Não se esqueça de que mesmo pessoas que não eram marxistas na época do surgimento do existencialismo (Merleau-Ponty, Sartre, por exemplo) declararam que, se os grandes processos haviam ajudado a derrotar Hitler, esses processos deveriam ser considerados justificados. (Não estou citando literalmente, porém, mesmo depois de vinte anos, de alguma forma isso vive em minha memória.) Apenas quero dizer: não é uma justificativa do regime de Stálin que ele tenha derrotado Hitler. Ao mesmo tempo, porém, devemos afirmar que Hitler acabou de ser destruído pela União Soviética stalinista.

A segunda grande questão é a bomba atômica. Quando a bomba caiu sobre Hiroshima, Thomas Mann escreveu em seus diários que essa bomba foi lançada não contra os japoneses, mas contra os russos. Ou seja, os Estados Unidos queriam estender a ditadura do *american way of life* a todo o mundo com a ajuda da bomba atômica. Somente pelo fato de que, logo em seguida, a União Soviética também teve uma bomba atômica eficaz, o domínio mundial do *american way of life* foi frustrado. E se alguém hoje pensa no Vietnã e no

---

* György Lukács, O *jovem Hegel e os problemas da sociedade capitalista* (trad. Nélio Schneider, São Paulo, Boitempo, 2018). (N. T.)

Leste Asiático, se pensa na questão do negro, então deve dizer: é uma sorte para toda a cultura mundial que não tenha ocorrido uma posição de monopólio e governo do *american way of life*.

Por isso, considero que a União Soviética salvou o mundo inteiro de uma catástrofe política e cultural, mesmo com tudo o que se possa criticá-la política e ideologicamente – e nunca me moderei nessa crítica. Nesse sentido, posso dizer que o socialismo, mesmo em suas formas incompletas, é um pouco mais progressista que o capitalismo "mais progressista". E apenas nesse sentido quero dizer que o pior socialismo é melhor que o melhor capitalismo.

Reif – *Por favor, deixe-me fazer uma última pergunta. Se é que assim posso dizer, o senhor tem uma vida historicamente longa, que apenas a algumas personalidades deste século foi concedida. É provável que algum dia o resumo de suas ricas experiências seja acessível na forma de registros biográficos ou diários?*

G. L. – Só posso responder que hoje existe esse plano. Minha intenção é escrever a história de meu desenvolvimento intelectual, não de minha história de vida. Seja como for, um homem de 85 anos só pode "garantir" muito condicionalmente tal tarefa.

Hoje estou – o que agora considero minha tarefa principal – por concluir a ontologia do ser social. Espero poder tratar disso em cerca de um ano. Então terei de decidir se continuarei essa ontologia, ou seja, se tentarei escrever uma teoria da atividade humana, da vida cotidiana à ética – que mostraria como a humanidade se desenvolveu da generidade muda dos animais, como Marx disse, até a generidade não mais muda no socialismo e no comunismo –, ou se escreverei tal autobiografia. Essas duas empreitadas estão planejadas hoje e estão em relação de concorrência uma com a outra. Devo confessar francamente: não estou em posição hoje de responder por qual das duas resoluções decidirei oportunamente*.

---

*   Das duas tarefas aqui mencionadas por Lukács, sabemos, hoje, dos progressos e realizações posteriores a esta entrevista. Embora sua *Ontologia* não tenha sido concluída, o grosso volume de páginas manuscritas deu origem a sua obra publicada postumamente, *Para uma ontologia do ser social* (trad. Nélio Schneider et al., São Paulo, Boitempo, 2012-2013, 2 v.), além de *Prolegômenos a uma ontologia do ser social* (trad. Lya Luft e Rodnei Nascimento, São Paulo, Boitempo, 2010). No que diz respeito ao projeto de sua autobiografia, com a ajuda de alunos e estudiosos de seu círculo pessoal Lukács realizou, em forma de diálogos, uma larga série de depoimentos sobre os momentos mais relevantes de sua existência. Essas entrevistas foram reunidas e publicadas sob o título *Pensamento vivido: autobiografia em diálogo* (trad. Cristina Alberta Franco, São Paulo/Viçosa, Ad Hominem/Universidade Federal de Viçosa, 1999). (N. T.)

14
O sistema de conselhos é inevitável*

Entrevista concedida a Dieter Brumm

Dieter Brumm – *Professor Lukács, certa vez o senhor disse que conheceu Lênin, na ocasião em que ele o criticou, corrigindo sua ideia de que o parlamentarismo estava historicamente ultrapassado no mundo, e assinalou que a questão não era ideológica, mas tática, que não se podia dizer que o parlamentarismo estava historicamente ultrapassado.*

Como o senhor classificaria o parlamentarismo hoje, especialmente nos países socialistas? Diria que o parlamentarismo ainda pode ser discutido?

György Lukács – Essa é uma forma híbrida estranha que tivemos apenas na época de Stálin, quando ele transformou os resquícios já degradados dos conselhos centrais dos trabalhadores em Parlamento.

Em minha opinião, apesar do fato de que o sistema de conselhos já não era mais o que fora em 1917-1920, ele foi prejudicado e deu um passo para trás – porque o parlamentarismo é um sistema estabelecido, por assim dizer, para ser manipulado a partir de cima.

---

* Esta entrevista foi publicada pela primeira vez, de forma resumida, na revista alemã *Der Spiegel*, n. 17, 1970, com o título "Das Rätesystem ist unvermeidlich". Encontra-se também em *Lukács Werke: Autobiographische Texte und Gespräche* (Bielefeld, Aisthesis, 2009), v. 18, p. 395-430. A versão da *Der Spiegel* foi traduzida e publicada pela revista *Verinotio*, n. 9, ano V, nov. 2008, com o título "*Der Spiegel* entrevista o filósofo Lukács". O presente texto é a tradução da versão publicada pela editora Aisthesis, que consiste em versão mais completa da entrevista concedida por Lukács. (N. T.)

Bastaria dizer que originariamente o Parlamento inglês foi manipulado pelos latifundiários. E, por muito tempo na Inglaterra também, o deputado era o proprietário de terras do distrito.

Hoje a coisa se tornou uma manipulação capitalista geral e, basicamente, em países decisivos como os Estados Unidos o parlamentarismo como um todo se tornou uma questão monetária. Veja, de acordo com a Constituição, é claro, qualquer um pode começar um partido e concorrer nas eleições. *De facto*, para atuar de maneira eficaz nas eleições estadunidenses, é necessário muito dinheiro e, desse modo, exclui-se completamente a fundação de partidos plebeus.

Em contrapartida, a essência dos sistemas de conselhos é construída a partir de baixo. E, é claro, se pensarmos nas circunstâncias de 1917, qualquer trabalhador consciente podia formar um grupo em sua fábrica e, através desse grupo, levar representantes desse grupo para o conselho de trabalhadores da fábrica em questão. E daí ir subindo passo a passo.

Isso foi burocratizado, tornou-se muito pior. Em minha opinião, era o sistema mais avançado do ponto de vista democrático. E demos um passo para trás do ponto de vista do socialismo autêntico, em que a democracia é a democracia da vida cotidiana, no interesse de uma administração totalmente integrada e da capacidade de ação.

D. B. – *O senhor acha que esse desenvolvimento que traçou de Stálin – e sua ampliação na transformação da ideologia (e o senhor escreveu muito sobre isso) – pode ser mudado simplesmente reformando-se a situação tal como ela existe? Ou acha que uma segunda revolução socialista, por assim dizer, é necessária para restabelecer um sistema de conselhos primeiramente?*

G. L. – Acredito que o dilema que você coloca não está correto. Por um lado, acho impossível resolver uma questão tão importante de maneira administrativa. Se fôssemos introduzir os conselhos dos trabalhadores hoje, por meio de um decreto, esses conselhos seriam constituídos tão burocraticamente como é hoje o conselho dos deputados.

No decurso das reformas econômicas, que se tornaram necessárias em todos os lugares, é importante introduzir uma democracia a partir de baixo, isto é, começar por dar às massas interessadas em uma questão o direito e o poder de falar e, com base na experiência, subir passo a passo até o alto.

Com um decreto, não se podem introduzir os conselhos de trabalhadores. Não sei se os novos órgãos nos quais estou pensando serão necessariamente chamados de conselhos de trabalhadores. Quero dizer, isso não importa. Depende de quão longe um fórum mais baixo pode ter o direito de falar.

Cito, para ilustrar, um caso em que o assunto, a meu ver, é muito atual e muito importante: em 1921, houve na União Soviética a grande discussão sobre a questão dos sindicatos. Trótski era da opinião de que os sindicatos nacionais deveriam ser estatizados para servir plenamente como apoio à produção. Lênin se opôs a esse ponto de vista e, por outro lado, afirmou que os sindicatos tinham a tarefa de representar os interesses dos trabalhadores em face do Estado burocratizado. Agora, se levantarmos a questão *de facto*, sem distorções históricas, e se perguntarmos a quem Stálin deu continuidade, Trótski ou Lênin, ninguém duvidará, creio eu, de que ele levou a cabo as ideias de Trótski, como em muitas outras questões.

E nossa tarefa agora é recuperar essa concepção leninista. Deixe-me tomar novamente o exemplo dos sindicatos: se chegarmos ao fato de que em toda fábrica, em toda mina, o sindicato tem o direito e o dever de agir efetivamente em todas as questões em que os trabalhadores são materialmente ou moralmente prejudicados, dessa forma os órgãos sindicais se tornarão órgãos reais. E assim como o controle dos compradores tem consequências para os negócios etc., se, por um lado, se conceder direitos efetivos a eles e, por outro, realmente se apoiar essa atividade, é possível formar um movimento que não terá o poder arrebatador dos conselhos de trabalhadores de 1917, mas poderá conduzir à real transformação de toda a vida.

Vamos dizer agora, para dar um exemplo muito simples: hoje, quando em nosso prédio o elevador não funciona ou não funciona com frequência, é puramente formal que de vez em quando seja convocada uma reunião de moradores. Se fosse estabelecido que, agora, os moradores devem se sentar juntos para fazer alguma coisa a fim de que o elevador funcione melhor, um desses pequenos passos a que me refiro teria sido dado.

Não podemos evocar uma situação revolucionária. Temos de perceber o que, no movimento dos conselhos, tem importância histórico-universal. A democracia não deve conduzir a uma democracia da divisão do homem entre *citoyen* e *bourgeois*, como na Revolução Francesa e nas seguintes, mas deve pôr fim necessariamente ao domínio do *bourgeois* sobre o *citoyen*.

A sociedade socialista deixa para trás objetiva e economicamente o dualismo do *bourgeois* e do *citoyen*, porque nela os temores próprios aos capitalistas desaparecem, já que o movimento *citoyen* poderia perturbar ou impedir o processo de produção capitalista. Esse dualismo – a ideia de que a rousseaunização da sociedade poderia ser perigosa para a produção – está ausente aqui. Ao contrário, a produção só teria a ganhar, de modo que aqui temos outra estrutura interna de democracia.

E devemos aos poucos perceber – em certos círculos essa percepção está crescendo, embora muito lentamente – que tal apoio democrático a partir de baixo é inevitável e insubstituível para as reformas econômicas que são absolutamente necessárias nos Estados socialistas. Então aqui os dois interesses convergem objetivamente, embora na realidade concreta eles colidam com os interesses momentâneos da burocracia.

Não acho que para isso seja necessária uma revolução. Isso pode acontecer provavelmente ao longo de algumas décadas. E devo dizer: para mim, a questão não é o que vai acontecer amanhã, mas em que direção iremos. Então falar da perspectiva de uma década seria muito otimista.

D. B – *Mas o senhor certamente acha que esse desenvolvimento pode encontrar sua base em uma mudança na consciência das massas. A mudança na consciência das massas seria de fato o pressuposto, isto é, um tipo de tomada de consciência ou revolução cultural – ou seja lá como se queira chamar – para o estabelecimento de uma solidariedade que permitiria formas de autogoverno ou conselhos de trabalhadores constituídos a partir de baixo.*

G. L. – Sou da opinião de que existem hoje vastas camadas em todas as áreas que realmente querem reformas específicas. Mas elas não são compostas de heróis revolucionários, que arriscam algo por isso. No momento em que um movimento realmente começar, ele os encontrará.

Posso estar sendo excessivamente otimista aqui. As pessoas sempre falam sobre as chamadas questões dos quadros, que faltam quadros etc. Minha longa experiência mostra que o desenvolvimento social produz pessoas suficientes aptas para a nova atitude e que se sentem assim. Só que a grande maioria não tem iniciativa pessoal. Devo dizer, partindo de uma questão muito simples: na ditadura de 1919 fui enviado ao *front* para ser temporariamente comissário de uma divisão. Tratava-se de uma reforma; antes de tudo, era preciso encontrar comissários apropriados em todas as pequenas unidades e até mesmo nos batalhões. Isso foi feito em três dias.

D. B. – *Eram pessoas que não entendiam de assuntos militares, mas eram bons comissários.*

G. L. – Para falar sobre esse caso, não se deve pensar no comissário de guerra sob uma ditadura como limitado – como homem inteligente, ele deve ser capaz de criticar certa sabotagem e assim por diante. Mas a questão essencial, se devo resumir minhas experiências, é que os soldados: a) querem receber comida decente; b) querem receber seu correio regularmente. Se um comissário de batalhão o prover, ele também terá a confiança do povo em outras questões. Realmente não precisava de muita mágica para fazer ambas as coisas. Mesmo entre trabalhadores muito simples, era possível encontrar homens com essas aptidões em nove de cada dez casos, uma vez estivessem eles convencidos de que essas eram as questões essenciais.

Estamos criando uma grande comédia formal e fazendo exigências formais em questões nas quais não se trata de realizar formalidades, mas de realizar certas tarefas concretas. Por exemplo, estou firmemente convencido de que hoje não existe uma única fábrica em nosso país que não tenha cinco ou seis engenheiros entusiasmados com a reforma; mas, enquanto prevalecerem estados de espírito como o do stalinismo, eles não vão pôr sua vida em jogo. Existe uma grande diferença entre alguém se interessar pelas relações reais do futuro e decidir pôr em jogo sua existência. Se eliminarmos esse risco, teremos imediatamente massas predispostas à reforma.

D. B. – *Isso significa que os quadros já existem. Eles apenas têm de ser enco-rajados e não devem ser incomodados. Então penso, se me permite, ver aqui um elemento muito otimista. Ou seja, você falou da convergência entre os in-teresses da burocracia e os interesses do povo a partir de baixo. Penso que há uma contradição entre a burocracia a partir de baixo...*

G. L. – Eu não falei sobre a convergência da burocracia, porque é claro que não podemos fazer uma caricatura aqui. É claro que temos burocratas do pior tipo. Mas muitos stalinistas são, em certo sentido, bons socialistas que estão convencidos de que essa é a maneira de fazer.

Portanto, trata-se aqui apenas de ganhar uma massa cada vez maior, reco-nhecendo que as reformas econômicas necessárias só são viáveis dessa maneira. Acho que, se se considerar o assunto em uma perspectiva de longo prazo, isso não seria impossível.

Acho que seria impossível surgir na Hungria amanhã um sistema de conse-lhos em pleno funcionamento. Seria uma utopia ridícula. Mas, em dez, vinte, trinta anos, essa transformação pode acontecer. Eu pergunto: por que não?

D. B. – *Uma objeção contra isso. E isso é, penso eu, a contradição entre a libertação de elementos espontâneos a partir de baixo e o que eu poderia designar como papel de liderança do partido.*

G. L. – Não acredito nisso, e agora estou falando outra vez como um membro do partido com determinadas experiências partidárias.

Em 1919, alcançamos mais na linha cultural do que a maioria dos comissariados do povo. Nossa linha era completamente democrática, no sentido de que os comunistas que apoiavam uma reforma cultural haviam feito uma aliança com alguns movimentos culturais burgueses existentes. Devo dizer, apenas para ilustrar isso: no topo de cada organização de arte tínhamos o chamado *diretorium* das partes interessadas. Por exemplo, o *diretorium* musical consistia em [Béla] Bartók, [Zoltán] Kodály e [Ernö] Dohnányi, sem um único comunista. Bartók fez a reforma da vida musical húngara melhor do que qualquer comunista poderia ter feito.

D. B. – *Quem não está contra nós está conosco.*

G. L. – Devo confessar abertamente, talvez você leve a mal, mas tenho uma opinião muito boa de [János] Kádár. Não acho que Kádár seja um burocrata. É um homem que era um trabalhador e nunca se esqueceu de que era um trabalhador, sempre teve noção do que estava acontecendo embaixo. E ele disse algo muito correto: que hoje – não estou falando de trinta anos atrás, estou falando de hoje – quase todas as pessoas que se importam com seus interesses de um modo não completamente egoísta, mas socialmente mediado, são instintivamente nossos aliados.

Esses importantes músicos, em 1919, entenderam plenamente que os obstáculos que existiam no caminho do desenvolvimento da música moderna desapareceram com a ditadura. Bartók nunca se tornou comunista. Mas viu claramente que uma transformação das lições de música, uma transformação da ópera, do concerto etc. era mais fácil de fazer conosco do que com o conde [István] Tisza. E isso é suficiente para mim, se me colocar como comissário do povo, perfeito. Nós tivemos uma cooperação absolutamente harmoniosa com o Bartók.

Tomemos outro exemplo. Trabalhei como comissário do povo com historiadores da arte. Entre eles estavam pessoas como Frigyes Antal – de quem você pode ter ouvido falar –, que mais tarde se tornou comunista. Mas entre eles estava, por exemplo, o conhecidíssimo historiador da arte Charles de Tolnay, que escreveu sobre Bruegel e Michelangelo. Não sei se o nome dele é de seu conhecimento. Atualmente vive em Florença, chegou a morar nos Estados Unidos. Essas pessoas, por exemplo, perceberam que o que pretendíamos fazer, o confisco das grandes obras de arte das coleções particulares e a unificação dessas obras de arte em uma grande galeria, era uma questão de seu próprio interesse. É até muito interessante que esses historiadores da arte, com quem eu tinha ligações antes da ditadura, já haviam elaborado a lista dessas obras de arte, mesmo antes da ditadura, com base em seu conhecimento histórico-artístico, de modo que, no curso de uma semana, pudemos nacionalizar obras importantes.

Veja: alguém tem de ser comunista para perceber que o lugar de uma pintura de Bruegel é melhor no museu do que numa coleção particular? Outro fato muito interessante foi, por exemplo, quando cheguei a Viena no outono de 1919: conheci, por intermédio de meus amigos historiadores da arte, o grande historiador da arte [Max] Dvořák, que não era comunista. Por Deus! Ninguém vai dizer isso! Dvořak felicitou-me calorosamente por essa nacionalização das obras de arte e disse que desejava que isso também acontecesse na Áustria. Sei que, você entende, esses são exemplos extremos. Mas acredito que se perceba o que quero dizer aqui, que uma boa organização socialista tem muito mais simpatizantes do que se sabe, mesmo fora do país.

D. B. – *Permita-me agora voltar às reformas. O senhor disse que há um grande número de pessoas dispostas à reforma. Como avalia a linha de reforma de muitos partidos comunistas nos países ocidentais que – se estou certo – não se opuseram há algum tempo ao parlamentarismo, mas o apoiaram e consideraram o caminho parlamentar permissível, desde o XX Congresso do Partido Comunista da União Soviética?*

G. L. – Tenho aqui de voltar ao ponto inicial, ou seja, ao que Lênin escreveu na ocasião.

No entusiasmo da época de 1917, certa vez escrevi: o parlamentarismo é algo completamente ultrapassado, não devemos participar das eleições parlamentares etc. E Lênin estava certo ao criticar que são duas coisas distintas: se uma instituição está ultrapassada no sentido histórico universal ou se está ultrapassada no sentido histórico contingente. A esse respeito, ele estava absolutamente certo de que, por exemplo, num país como a Alemanha, o poder do Parlamento deveria ser reforçado perante a burocracia, no interesse da liberdade e também da liberdade do indivíduo.

Uma das maiores deficiências da Alemanha é que o Parlamento está longe de ser independente o suficiente. Muitas coisas, como a legislação de emergência, nunca teriam sido aprovadas num parlamento eleito de maneira realmente independente e com um funcionamento independente. Isso tem ocorrido por pressão de uma burocracia reacionária no Parlamento. E se as pessoas pensam que o fortalecimento do parlamentarismo é necessário no sentido de uma reforma – ou seja, eu acrescentaria da democracia burguesa – eu diria, em contrapartida, não se deve recusá-lo em tudo.

D. B. – *No entanto, o senhor se referiu agora há pouco ao Parlamento como um instrumento de manipulação do sistema capitalista.*

G. L. – É assim hoje: isso não foi completamente suplantado no capitalismo. Pois é parte da essência do capitalismo que os capitalistas, os grandes trustes, que têm enormes recursos, com esses recursos tenham uma influência extraordinária sobre a opinião pública.

Por exemplo, agora tomo a questão sobre a qual falamos, sobre a liberdade ilimitada de expressão. E, se alguém quiser comparar o *New York Times* ou o *Frankfurter Allgemeine Zeitung* com o *Pravda* como ideal de liberdade de expressão, devo dizer que, como velho jornalista e escritor, tenho o maior ceticismo sobre a liberdade de expressão do *Frankfurter Allgemeine Zeitung*. É claro que os proprietários do jornal alemão não podem prender ninguém. Mas, para evitar que certas tendências ou opiniões literárias se tornem públicas, o *Frankfurter Zeitung* pode, por outros meios, se sair tão bem quanto qualquer órgão socialista. O que se chama liberdade de expressão na Alemanha nada mais é do que a rotina dos escritores, que sabem exatamente o que podem escrever em um jornal e em que tom. Você vai me desculpar, porque não faço exceção nem ao *Spiegel*.

D. B. – *Não é preciso desculpar-se. O senhor diria que a regulação de escritores soviéticos como [Alexander] Soljenítsin etc. é qualitativamente outra coisa, porque é necessário que a sociedade restrinja certas vozes, enquanto inversamente, por exemplo, a manipulação do* Frankfurter Allgemeine Zeitung, *do qual o senhor fala, consiste apenas em representar os interesses capitalistas ou os interesses dos anunciantes?*

G. L. – Acho que aqui essa é uma situação muito transitória. Devo dizer que, tanto quanto conheço a história, nunca houve uma sociedade dividida em classes ou conflito de interesses em que existiu uma completa liberdade de expressão.

Do *ostrakhismós** na democracia ateniense à manipulação dos jornais de hoje, as formas dessas situações mudaram muito, mas é indiscutível que determinadas sociedades tenham tentado banir a disseminação de certas opiniões.

Eu diria que, de Homero ao caso Dreyfus, ou melhor, de Péricles ao caso Dreyfus – embora em Homero seja possível ver isso também –, pode-se observar isso por toda a história, sob uma variedade de formas.

Se aqui defendo essa renovação muito diferente do sistema de conselhos, é porque esse sistema pode produzir, de certo modo, uma autorregulação democrática que não é possível em nenhum sistema manipulado – seja manipulação refinada ou brutal –; por isso aqui, como sempre acredito, existe uma nova forma de democracia em andamento.

Não podemos agora ser novamente fetichistas. Conhecemos o democratismo militar, cujos vestígios ainda podem ser vistos em Homero. Conhecemos a democracia da *pólis* ateniense e romana. Marx chegou a chamar o sistema medieval de democracia da não liberdade. Mais tarde, uma nova forma de democracia emergiu com o surgimento do capitalismo até a Revolução Francesa.

Temos, então, os primórdios da democracia dos conselhos em 1917; e por essa razão é ridículo entender a democracia como uniforme. A democracia é a tentativa de, em situações respectivas, pôr em movimento as respectivas camadas decisivas – isto é, no socialismo, a classe dos trabalhadores – na representação de seus interesses reais. Todos admitirão que a Revolução de 1917 foi um começo nessa direção. Certas razões econômicas e políticas conduziram necessariamente a uma recaída a certo nível.

Refiro-me com isso, em primeiro lugar, àqueles momentos em que o socialismo foi vitorioso em um país atrasado e, em segundo lugar, que a revolução que eclodiu em 1918 parou, e não se estendeu à Alemanha e à Itália, onde as relações objetivas conclamaram muito cedo para uma revolução.

Portanto, existem razões históricas para uma estagnação, um impasse. Essa estagnação está acontecendo há várias décadas. Mas não se esqueça de que, falando em escala histórica, quando se fala em ir de uma formação a outra, cinquenta anos não é muito. Basta pensar que a transição da dissolução da escravidão para a fixação do feudalismo levou de oitocentos a mil anos.

---

* Ostracismo: punição típica da *pólis* ateniense do século V a.C., por meio da qual um cidadão, quase sempre um político, que atentasse contra a liberdade pública poderia ser banido ou exilado da *pólis* por um período de dez anos. Tal medida foi criada por Clístenes, conhecido como o "pai da democracia". (N. T.)

D. B. – *Além disso, os teóricos socialistas ou marxistas há muito falharam em fornecer uma análise econômica adequada do capitalismo existente. Isso também pode ter como consequência a inexistência de uma crítica adequada às possibilidades de desenvolvimento ou modos de manipulação do capitalismo, e que a própria perspectiva esteja cada vez menos nítida.*

G. L. – Olhe, eu concordo com você que, embora o capitalismo tenha passado por mudanças estruturais extraordinariamente importantes e grandes, nós não temos acompanhado essas questões com uma precisão nítida – lembre-se exatamente como Marx acompanhou o desenvolvimento econômico na Índia ou na Rússia, sem mencionar o da Alemanha e o da Inglaterra. Pessoalmente, sei tanto sobre economia quanto qualquer marxista decente pode saber, mas não me considero um especialista em economia.

No entanto, nesse caso, por exemplo, gostaria de mencionar uma coisa que é muito pouco discutida. Fala-se sobre sociedade de consumo etc., isso são frases. Economicamente, o capitalismo em tempos anteriores a Marx era um capitalismo da chamada indústria pesada no sentido mais amplo, e a produção dos meios de consumo estava em grande parte nas mãos dos artesãos. Isso teve duas consequências. Uma consequência foi que, para o capitalismo, o consumo dos trabalhadores era algo completamente indiferente, pois os bens de consumo dos trabalhadores eram comprados de pequenos artesãos e não capitalistas, de modo que, para o capitalismo, se o trabalhador ganhava x ou 2x por semana, do ponto de vista econômico isso era completamente indiferente.

D. B. – *Não havia nada para acumular.*

G. L. – Sim, eles acumularam expropriando os pequenos artesãos, os artesãos entraram nas fábricas e o assunto acabou. Enquanto isso, entretanto, o processo tomou seu rumo, gradualmente a indústria de bens de consumo se tornou completamente capitalista e mesmo, como se pode ver em toda parte, os chamados serviços, que há 100 ou 150 anos não tinham nada a ver com o capitalismo.

Não sei se você sabe – você é muito jovem para isso, eu sei –, as férias de verão em minha juventude consistiam em alugar parte de um casarão em algum lugar com o dono do casarão e cozinhar com um cozinheiro da aldeia, ou passar o verão com os próprios cozinheiros, que eram levados para as férias. Hotéis em balneários eram grandes raridades naquela época. Não digo, pois, que Carlsbad, Marienbad etc. não tinham hotéis. Mas é claro que, de fato, ainda que mais ridículas, remotas e climáticas, naturalmente não havia nas aldeias algo que pudesse ser considerado um hotel.

D. B. – *Não havia ainda indústria.*

G. L. – Evidentemente. O capitalismo tornou-se o proprietário de toda a indústria de produção, de toda a indústria de bens de consumo e de todos os serviços.

Como resultado, por um lado, o terreno para a aquisição de novos trabalhadores tornou-se muito menor. Não existem mais artesãos, ou existem apenas em número mínimo: eles tiveram de perecer para se tornar trabalhadores na fábrica. Assim, a ampliação extensiva do capitalismo torna-se mais difícil, resultando em uma ampliação intensiva por meio do aperfeiçoamento dos meios de produção. E, em segundo lugar, o capitalismo passou a ver seriamente o trabalhador como um consumidor; por conseguinte, todo o capitalismo tem interesse de que os salários aumentem e a hora de trabalho se reduza, pois, ao fazê-lo, o trabalhador torna-se um melhor consumidor, uma questão que no tempo em que Marx viveu nem sequer existia como questão.

Se consideramos esses dois momentos, temos uma economia capitalista, mas estruturada de outro modo. E devemos agora submeter todas as categorias que Marx estabeleceu para o capitalismo da década de 1880 a uma nova investigação econômica. Isso não aconteceu. Ao mesmo tempo, nós, comunistas, como incapazes, enfrentamos o novo capitalismo e constantemente atribuímos a ele categorias antigas, com as quais em geral não explicamos nada.

O que chamo de renascimento do marxismo teria, portanto, como uma de suas primeiras tarefas examinar exatamente quais são as peculiaridades econômicas do capitalismo de hoje e então fazer com que a atitude em relação ao capitalismo dependa dessa análise e não das análises de oitenta anos atrás.

D. B. – *Existem tentativas no Ocidente de analisar as novas formas fenomênicas do capitalismo de consumo e do capitalismo de serviço. Essas tentativas são empreendidas por aqueles estudantes que hoje são chamados de nova vanguarda revolucionária.*

G. L. – Quando se fala do movimento estudantil, devo dizer que a base desse movimento é, sem dúvida, algo saudável. Se eu criticasse o movimento estudantil, criticaria apenas seu caráter de *happening*, a saber, a ilusão de que com uma greve ou com várias maquinações escandalosas se poderiam mudar as linhas de desenvolvimento, que, em primeiro lugar, precisam ser compreendidas, a fim de permitir qualquer mudança e investigar onde exatamente as reformas efetivas começam.

Para os estudantes, na medida em que os considero como estudantes, a questão é relativamente simples. Aqui também estamos lidando com a falsificação enorme produzida pela prática e pela teoria do capitalismo manipulatório. Ou seja, como um modelo de todas as formas corretas da prática e também da ciência, o trabalho em equipe estadunidense extraordinariamente diferenciado é estabelecido dividindo-se a ciência em uma imensa série de áreas muito específicas. Nunca acreditei que a revolta dos estudantes fosse em grande parte "a revolta" – permita que eu me expresse com minhas próprias palavras.

Não queremos nos tornar idiotas profissionais. Agora, a revolta contra o idiotismo profissional não é uma espiritualização do ludismo – peço-lhe, agora, abster-se por um momento do trabalho em equipe estadunidense para entender o efetivo desenvolvimento científico em sua estrutura real. Então eu lhe faria a pergunta: se se levantasse um problema há duzentos anos e se perguntasse se esse era um problema físico ou químico, todo homem racional poderia tê-lo respondido imediatamente. A fronteira entre física e química ainda era extremamente nítida e claramente desenhada há cem anos. Hoje, se você levantar a questão de saber se determinado problema é físico ou químico, nem Heisenberg nem ninguém mais poderá lhe responder, porque hoje física e química estão integradas uma à outra como nunca antes. Considere a ciência social. Você pode me dizer onde a economia termina e onde a sociologia começa? Isso é muito interessante.

O freudiano Erich Fromm escreveu recentemente um artigo muito interessante no qual ele diz que, para realmente entender o freudismo, é preciso acrescentar uma análise das condições sociais sob as quais os sintomas analisados por Freud são produzidos socialmente, de modo que o limite entre a psicologia e a sociologia também está objetivamente desaparecendo.

Agora temos o interessante fato ideológico de que objetivamente há um processo ininterrupto de integração nas ciências e, na aplicação da ciência, uma extrema diferenciação e divisão do trabalho. Se isso não é um problema objetivo, não sei o que seria um problema objetivo. E não vejo essa questão e questões similares aparecerem nas discussões de hoje com a severidade suficiente e adequada. Que, por exemplo, a divisão capitalista do trabalho e a manipulação capitalista não vão na direção da ciência, como aconteceu há cem anos, mas contra o desenvolvimento real das ciências.

Deliberadamente não falo de questões atuais, mas acho que afirmações ideológicas desse tipo não são sem significado para o curso dos acontecimentos, e que, em oposição à palavra da moda da desideologização, temos de chegar à compreensão correta do papel da ideologia no desenvolvimento social. Aqui peço novamente que me permita tomar um momento para tratar da ideologia em Marx.

D. B. – *Sobre o conceito de ideologia em Marx.*

G. L. – Sim. Ou seja, hoje é costume entender por ideologia uma falsa consciência que é confrontada com a consciência correta do neopositivismo manipulado como ciência objetiva. E esta é supostamente desideologizada.

Marx deu uma descrição exata da ideologia na introdução da *Crítica da economia política**. Ele diz que o desenvolvimento econômico, acima de tudo, a contradição entre as forças produtivas e as relações de produção, constantemente coloca problemas. O meio para tomar consciência e enfrentar esses problemas é a ideologia. Nesse sentido, portanto, a ideologia tem sua razão de ser. Por um lado, é sempre um momento da prática social; por outro, a questão da correção e da falsidade pode certamente ser levantada contra uma ideologia. No entanto a correção ou a falsidade no sentido científico não é um critério decisivo para a efetividade política e ideológica da ideologia.

Veja, tome-se o século XVIII. Sem dúvida, havia muita coisa cientificamente contestável na ideologia de Rousseau. Mas também não há dúvida de que, se a Revolução Francesa tivesse sido liderada pelos girondinos, em grande parte materialistas, nunca teria ocorrido a revolução agrária que Robespierre e Saint-Just impunham com a falsa ideologia de Rousseau e Bodin. O ideal de Bodin pode ter sido uma fantasia. A divisão da grande propriedade fundiária não é, no entanto, fantasia.

D. B. – *Foi realmente apenas em função da questão da ideologia jacobina que a libertação dos camponeses ocorreu?*

G. L. – É evidente que não. Objetivamente, um movimento resultante do capitalismo ocorreu na vida agrícola da França. E que o feudalismo tenha se tornado insustentável foi um fato econômico. Só não se esqueça de que, sob algumas outras condições econômicas no século XVII, a capitalização

---

*   Karl Marx, *Contribuição à crítica da economia política* (1859) (trad. e intr. de Florestan Fernandes, 2. ed., São Paulo, Expressão Popular, 2008). (N. E.)

da agricultura na Inglaterra tomou uma forma completamente diferente, as propriedades fundiárias permaneceram como a base para o desenvolvimento da grande indústria da época. Na França, por outro lado, essencialmente, as propriedades fundiárias foram parceladas. Sem pretender julgar sobre isso, esses são dois processos econômicos diferentes e é necessário antes de tudo uma outra ideologia.

A preservação da existência levanta mais e mais problemas para os homens, primeiro no período de coleta, depois na pecuária, na agricultura etc. O pensamento humano sempre corresponde a alguma demanda econômica que esteja no ar. E a consciência humana está lá para formular uma questão e essa questão não está respondida. Mas, como a prática humana depende em última instância dessas respostas, não se segue que a questão e a resposta antropológica sejam o primordial; o primordial é o processo de reprodução do homem, que tem sido, desde a existência do trabalho, uma adaptação ativa ao meio ambiente. E a adaptação ativa só pode ser organizada por tal transformação das questões de produção etc. Desse modo, estamos lidando com o problema de que aqui ocorre um processo objetivo, que é continuado a cada instante pelas questões e respostas humanas. A independência relativa dessas perguntas e respostas não muda pelo fato de que os problemas cruciais últimos são produto de uma situação objetiva. Eu só posso expressar essas situações de forma mais simples.

Fizemos um progresso tremendo desde os primeiros veleiros até os grandes navios de hoje. Mas nunca teríamos feito isso se a natureza não tivesse produzido o mar. Que qualquer ser humano elabore navios por si mesmo quando não há mar, que é uma necessidade para um navio, é obviamente absurdo. Se não estivéssemos com fome, não comeríamos. Se não comêssemos, não cozinharíamos. E todas essas instalações agradáveis que o capitalismo atual fez simplesmente não existiriam se a necessidade brutal de que o homem deve comer não estivesse presente. De lá vieram as questões, e essas questões agora são respondidas pelos mais recentes restaurantes de várias maneiras.

D. B. – *Atualmente tem havido um grande e quase tempestuoso desenvolvimento de tecnologia. O senhor já mencionou isso em relação às empresas de serviços. Esse desenvolvimento da técnica foi analisado filosoficamente em algumas tentativas, por exemplo, a sua maneira por Heidegger.*

O senhor vê uma crítica desse desenvolvimento da tecnologia também do lado marxista? Receio que os teóricos marxistas tenham sido muito pouco críticos sobre o fenômeno da tecnologia e apenas a tenham visto na perspectiva da satisfação progressiva das necessidades etc.

G. L. – Veja, em minha opinião se deve considerar essa questão sob dois aspectos. Por um lado, foi o que fiz há mais de vinte anos: [Nikolai Ivanovitch] Bukharin apresentou a teoria de que a tecnologia era a força produtiva propriamente dita. E eu protestei contra isso. Bukharin disse, por exemplo, que o não desenvolvimento do antigo modo de produção era a causa da escravidão. Eu disse que a escravidão foi a causa da produção não desenvolvida. Aqui, na mesma conexão causal, há um antagonismo.

Acho que aqui temos de lidar com a realidade do problema, a saber, que o consumo total da sociedade representa um problema, pois se põe a questão de que os trabalhadores são considerados consumidores do capitalismo. Mas o capitalismo só pode resolver essa questão de maneira puramente mercadológica.

Se me permite não falar agora como marxista, mas me reportar ao economista estadunidense [John Kenneth] Galbraith, ele certa vez escreveu que houve muitas *reformas* técnicas na indústria automobilística, mas a esmagadora maioria é uma questão de reconstruir carrocerias etc., pois querem que as pessoas vendam seus carros e comprem carros novos o mais rápido possível, como resultado do consumo de prestígio.

D. B. – *Obsolescência planejada.*

G. L. – E uma parte extremamente pequena é um progresso econômico real.

Se eu agora estender um pouco essa ideia galbraithiana, diria que é uma coisa interessante que nunca houve um período da humanidade em que existissem cremes de barbear e minissaias tão perfeitos como hoje. Mas, se eu medir o progresso nas habitações e comparar a questão das moradias pobres há cinquenta anos com a de hoje, o progresso é muito menor do que o do creme de barbear.

D. B. – *Talvez um passo para trás.*

G. L. – Talvez sim. Não quero discutir isso. Mas, de qualquer modo, recuso-me a julgar o desenvolvimento das forças produtivas pelo creme de barbear e considero que, por exemplo, um apartamento é uma coisa muito importante.

Temos uma contradição absoluta no tráfego, as grandes cidades se tornaram quase inviáveis e impraticáveis por consequência do tráfego de carros. Nós temos a poluição do ar e da água em todos os lugares. Portanto, temos esse capitalismo maravilhoso, que já disseram que não é mais um capitalismo, e alguns sociólogos disseram que chegamos ao fim da história, que esse é um capitalismo problemático distinto daquele do século XIX, mas um capitalismo problemático. E esse problema deveria vir à tona em um belo dia. E hoje estamos no momento em que ele está vindo à tona.

Permita-me recorrer à questão do Vietnã de meu ponto de vista. Porque o Vietnã é um dos momentos de crise do capitalismo estadunidense atual. Talvez eu possa começar com uma piada comum em Budapeste, pois em Budapeste, às vezes, há boas piadas: alguém pergunta ao departamento cibernético do Ministério da Guerra dos Estados Unidos quando os vietcongues serão derrotados, de acordo com seus cálculos. A resposta é: eles foram destruídos há dois anos. Como muitas piadas de Budapeste, acho que essa é uma piada muito boa.

Trata-se da questão de que o pensamento humano é basicamente uma máquina cibernética imperfeita e basicamente se vê na cibernética o ideal do pensamento humano. Essa visão do mundo aparece aqui na questão do Vietnã em crise, ou seja, que o cálculo cibernético exato pode causar um absurdo e um beco sem saída.

Não quero dizer nada contra a cibernética. Há certos casos, eu sei, de físicos em que um experimento levanta questões matemáticas de cálculo, e o que um instituto inteiro levaria dois meses para completar pode ser resolvido em cinco ou dez minutos por cartões cibernéticos. Isso é algo fantástico. Mas a questão é: todas as questões podem ser reduzidas a tais elementos cibernéticos, especialmente no caso de uma guerra civil como a do Vietnã?

Perdoe-me, já disse isso muitas vezes, mas infelizmente devo repetir que estamos numa situação peculiar na questão do Vietnã. Isso me lembra o absolutismo francês do século XVIII. O século baseava-se na religião, na vontade de Deus de maneira amplamente ideológica. E agora chegamos a um grande antagonismo ideológico. Ou seja, Marx, o Marx real, escreveu em *Ideologia alemã* que conhecemos uma única ciência fundamental, a ciência da história*.

Apenas sou da opinião de que o que surge na ciência moderna é basicamente uma prova de que Marx estava certo em 1840, que a física é governada pelo método estatístico, como sabemos exatamente desde os tempos de [Max] Planck, [Max] Born etc.

---

* Idem, *A ideologia alemã* (1845-1846) (trad. Rubens Enderle, Nélio Schneider e Luciano Cavini Martorano, São Paulo, Boitempo, 2007), p. 86, nota d. (N. E.)

O que é um método estatístico: um reconhecimento de que, quando investigo um processo, não existe uma causa fundamental que produz uma consequência fundamental, como se imaginou no sentido de causalidade geral, mas que todo fenômeno – estou pensando nas primeiras experiências de [Ludwig] Boltzmann em termodinâmica – é um movimento de moléculas. E Boltzmann chegou à conclusão de que, embora as moléculas sejam basicamente iguais – podemos chamá-las, com razão, de moléculas –, quando aquecidas a reação delas não é exatamente igual. As moléculas também são singularidades, como Leibniz disse certa vez às senhoras da corte no parque que existem folhas nas árvores, mas elas nunca encontrariam duas folhas idênticas. Quando é posto em movimento um complexo cujos componentes são no sentido essencial iguais mas divergem um do outro, uma legalidade estatística surgirá e mostrará uma tendência de maior ou menor probabilidade. É claro que, falando praticamente, uma probabilidade de 98,5% é idêntica à antiga necessidade. Isso é apenas uma questão prática.

É importante observarmos que os processos naturais que víamos anteriormente nessa simplicidade causal receberam sua maior expressão ideológica na filosofia de [Baruch] Espinoza no século XVII, e chegam até nosso tempo como se fossem grandes leis de ferro por meio das quais podemos concluir todas as situações da existência. Essas leis da natureza devem ser apreendidas de outra maneira; essa antiga ideologia dos processos naturais nos deu uma imagem incorreta da realidade.

O que é estatisticamente apreendido é sempre – quero sublinhar esta palavra – um *processo* irreversível que funciona com maior ou menor probabilidade.

Se percebermos que, do átomo até a economia estadunidense de hoje, o mundo é constituído de processos irreversíveis, deveremos dizer que o jovem Marx estava completamente certo quando viu na história a ciência fundamental.

Afinal, o que é fundamentalmente a história? A história é a manifestação e a compreensão de tais processos. Se a história sempre voltasse a seu ponto de partida, deixaria de ser história. A história é um sistema de processos irreversíveis – temos de começar a entender isso hoje –, seja o movimento interno do átomo, seja a mudança geológica da Terra. Esses processos irreversíveis na natureza inorgânica produziram a vida orgânica na Terra através de felizes coincidências. Agora, não há dúvida – como sabemos a partir dos estudos biológicos de hoje, com a ajuda de Darwin e seus grandes antecessores – de que desde os primeiros pequenos sinais de vida que ocorreram na Terra, do orangotango ao mamute, um desenvolvimento irreversível aconteceu.

182 | Essenciais são os livros não escritos

D. B. – *É possível concluir da irreversibilidade que há sempre um desenvolvimento ascendente e que uma recaída está excluída?*

G. L. – Olhe, primeiro, a questão "movimento ascendente e recaída" só existe de certo ponto de vista. Enquanto um ponto de vista estiver ausente, a questão "se um meteoro atinge um planeta e este permanece inteiro ou se quebra em pedaços" é uma questão completamente indiferente. Se uma espécie de ser vivo pode ou não se sustentar é, do ponto de vista dessa espécie, progresso ou não progresso. Quero dizer, o desenvolvimento não tem nada a ver com isso. Sabemos muito bem que uma infinidade de espécies animais desapareceu porque elas não puderam se adaptar, e a adaptação não significa simplesmente um desenvolvimento mais elevado.

Para voltar ao ser humano: cito algo muito interessante de Gordon Childe, um homem competente no tema da pré-história da humanidade. Childe mostra, por exemplo, que no período original de coleta, quando a caça era a ocupação dos homens, no Sul da França e na Espanha, sob certas circunstâncias favoráveis a essas pessoas, foi encontrada uma cultura de caça muito elevada, algo que se reflete na pintura lá achada. Gordon Childe chega a dizer que há descobertas que indicam, em certo sentido, a existência de tipos de escolas de pintura naquela época, de modo que não se trata de uma genialidade casual de selvagens, mas de um tipo de cultura.

Então, a imagem geológica do mundo mudou. Essas áreas de caça deixaram de ter fertilidade e a humanidade começou a trabalhar em um patamar de extensão menor, a saber, nos primórdios da agricultura e da pecuária. Isso foi culturalmente muito mais profundo do que no tempo dessa expansão no período de coleta. Mas, enquanto o período de coleta, economicamente falando, teria sido um golpe de sorte dentro de um beco sem saída, a primitividade da agricultura e da pecuária é a possibilidade de maior progresso no sentido econômico.

Portanto, para que se entenda isso, devo dizer que se trata de um desenvolvimento, em última análise, causal, irreversível, que como movimento em seu conjunto não pode ser levantado dessa maneira contra a questão do progresso ou da regressão.

Mas isso se mostra – e falo aqui propositadamente da natureza orgânica e não de homens – quando surgem certos sistemas reprodutivos que tentam se adaptar a seu ambiente; então surge em certo sentido, como consequência da possibilidade e da necessidade de adaptação – com incontáveis raças e espécies sendo extintas e perecendo –, o aperfeiçoamento tendencial da adaptação essencial à realidade. Pense-se, portanto, nas plantas em que a vida orgânica é tal que os processos físico-químicos atuam diretamente sobre elas, permitindo o surgimento da vida nelas.

Agora, quando surgem seres vivos que se movem autonomamente, a mera absorção de efeitos físico-químicos não é suficiente. E, desde o início, o que chamamos de sensações surge. A saber: as ondas sonoras do ar são transformadas em som no animal em questão. Não nos esqueçamos de que, fisicamente falando, um som não existe. Existem ondas sonoras de diferentes comprimentos. Mas o som surge na sensação do animal. Da mesma forma, quando falo de luz em um sentido físico, não há cores, mas apenas quantidades de oscilação. E as cores surgem nos olhos dos animais como um meio de melhor adaptação ao meio ambiente.

Ninguém vai negar, acredito, que tal tendência existe na natureza orgânica. Que, nessa relação, uma águia estar mais bem constituída para a adaptação do que um animal primitivo não é uma questão. Nessa relação existe uma adaptação.

Então, um novo salto surge com o trabalho, ou seja, a adaptação biológica, que é uma adaptação passiva ao ambiente, é substituída no trabalho por uma adaptação ativa, que transforma o ambiente.

A meu ver, há três momentos que o marxismo descobriu nos quais se pode falar de um desenvolvimento isento de ideologia. Um é que o trabalho físico dos homens para se preservar e para se reproduzir está diminuindo. Que um homem hoje produz cinquenta vezes ou cem vezes o que seria necessário para reproduzir sua vida física...

D. B. – *Com uma carga de trabalho menor.*

G. L. – Sim. Em uma palavra, há aqui um desenvolvimento objetivo: se compararmos o trabalho de um polidor de pedras do período original com o trabalho de um trabalhador estadunidense em uma grande empresa, descobriremos que a proporção de trabalho necessário indispensável para a autoprodução do homem está em constante declínio. Isso seria uma coisa.

A segunda é o que Marx chama de recuo da barreira natural. Isto é, o homem é originalmente um ser biológico. Através do trabalho, ele se torna um ser humano, e o biológico não desaparece mas é transformado. Marx disse certa vez que comer simplesmente rasgando carne crua e comer carne cozida com garfo e faca são coisas diferentes.

Marx nunca diz que as barreiras da natureza desaparecem. Só diz que elas estão recuando. Como sempre, gostaria de fazer a pergunta: se você for à Itália, verá que o macarrão é cozido de maneira diferente em Florença e Bolonha; agora, se eu perguntar se "o estômago biológico do povo de Bolonha é tão diferente do de Florença que eles precisam cozinhar de forma diferente", todos vão, naturalmente, responder com uma risada.

D. B. – *Em relação aos bolonheses, eles dirão não, mas o florentino tem um estômago diferente.*

G. L. – Portanto, a história é que aqui a comida se tornou uma categoria social. E, da mesma forma – agora estou de propósito falando de coisas biologicamente mais diretamente determinadas –, da biologia da vida sexual, você nunca será capaz de derivar o relacionamento de Robert Braun e Elisabeth Bell. Não que o impulso sexual tivesse cessado, os dois estavam suficientemente apaixonados um pelo outro, mesmo no sentido sexual, mas o amor, a gênese do erotismo, trouxe novos momentos ao processo físico da vida sexual.

Por isso, quero dizer que esse recuo da barreira natural é, evidentemente, uma espécie de progresso, um processo irreversível.

As pessoas podem querer agir da maneira mais selvagem possível hoje. Nenhum dos estudantes estadunidenses com a rebeldia mais selvagem voltará a comer como no período da coleta e a praticar a sexualidade desse período. Quando se proclama a sexualidade pura, proclama-se uma sexualidade pura a partir de 1970, não aquela de 10 mil anos antes de Cristo.

D. B. – *Assim, por exemplo, no caso desse problema sexual, o que Engels chamou de amor sexual individual, como grande conquista civilizatória, não pode ser desfeito, não pode retroceder.*

G. L. – Sim, e agora, como terceiro momento, eu diria que há um processo de integração em andamento.

A humanidade originalmente consistia de unidades tribais muito pequenas e, mesmo a uma distância de 50 ou 100 quilômetros, uma unidade tribal geralmente não sabia nada de outra. Lembre-se de que o desenvolvimento de Roma e o da China foram completamente independentes um do outro. O capitalismo, ao criar o mercado mundial, criou efetivamente pela primeira vez a base econômica do que podemos chamar de humanidade, a saber, uma humanidade unificada. Hoje ela ocorre de um modo puramente negativo.

D. B. – *Uma cultura universal também já existe.*

G. L. – Não quero contestar isso. Mas que um processo de integração nesse sentido tenha ocorrido objetivamente não é uma questão.

Se tomo apenas esses três momentos, o que Marx enfatiza aqui já mostra que o chamado processo de civilização é um processo irreversível, que mostra grande progresso nessa relação. Apenas não devemos conceber o progresso em um sentido imediatamente vulgarizado, pois nesse sentido – poderíamos dizer – a bomba atômica também é um avanço em relação ao canhão comum, assim como as armas foram um avanço em relação às flechas, embora a bomba atômica carregue o perigo de coisas terríveis e as guerras, com o progresso da técnica, sempre foram mais sangrentas e devastadoras do que as guerras primitivas. Portanto, não devemos agora compreender o progresso num sentido vulgarizado, mas tentar olhar para essas condições objetivas da sociedade – listei esses três momentos – em que o progresso objetivo pode ser constatado sem regredirmos diretamente para uma avaliação subjetiva.

D. B. – *No entanto, desenvolvimentos sociais são concebíveis e acho que são capazes de elevar até mesmo esse progresso objetivo.*

G. L. – Evidentemente. Veja, agora chego a outro antagonismo que os homens muitas vezes não querem entender.

Quando você folheia livros filosóficos antigos, sempre descobre que existem duas grandes formas de conexão das coisas, a causal e a teleológica. Agora afirmo com o marxismo que não há teleologia na natureza orgânica ou inorgânica, que a teleologia – como Marx mostra exatamente em O *capital** – surge com o trabalho, no plano de trabalho do que tenho de fazer antes da execução. A execução é, todavia, a execução do que foi ideado.

Não esqueça, aqui temos de voltar aos momentos mais primitivos. Quando o homem nem sequer polia pedras, mas apenas procurava pedras para fazer certos trabalhos, teria sido impossível para ele encontrar a pedra adequada se não houvesse elaborado certa representação de antemão por meio de sua experiência, não importa quão grande, quão difícil a forma que essa coisa possa ter, de modo que com o trabalho surgiu esse momento.

E eu diria que toda a ciência se desenvolveu a partir dessa busca pela pedra, sempre tentando aperfeiçoar essa ideia com a qual se considera a produção.

---

*   Trad. Rubens Enderle, São Paulo, Boitempo, 2011-2017. (N. E.)

Sobre o trabalho, o essencial é: um leão rasga um antílope hoje da mesma forma que fazia 10 mil anos atrás. Um ferreiro não trabalha como um ferreiro trabalhava há 10 mil anos. O processo de reprodução do leão é estável nessa relação, para além do fato de que algumas raças se extinguiram e novas podem surgir. Mas dentro de uma raça não há inovações técnicas essenciais, enquanto constitui parte da essência do trabalho ser constantemente aperfeiçoado.

E aqui, em relação a essa questão, volto ao problema filosófico segundo o qual, com o trabalho, isto é, com o pôr teleológico, um elemento completamente novo se verifica no desenvolvimento, qual seja, o pôr teleológico como o direcionamento do processo de trabalho.

O próprio processo de trabalho é um complexo de relações causais, pois não posso produzir nada, ao trabalhar e polir uma pedra, que não esteja objetivamente colocado em uma pedra. O processo teleológico, portanto, libera séries causais, e a execução do processo teleológico nunca produz exatamente o que é planejado. Por um lado, existe o que está planejado, mas o homem não pode agir de modo que ele conheça todas as condições e todas as relações com antecedência. Ele fez o machado, por exemplo, para cortar ramos da árvore. Digo isso de maneira puramente hipotética. Trata-se da questão de saber se, na produção do primeiro machado, ele sabia perfeitamente que o machado poderia ser usado também para quebrar o crânio de um homem.

D. B. – *O senhor disse que houve um desenvolvimento contínuo, um aperfeiçoamento do processo de trabalho e que este é um processo irreversível. É, portanto, irreversível quando um trabalhador usa sua ferramenta para fazer um sapato ou uma carruagem puxada por cavalos, uma vez que um ou mais trabalhadores tenham feito a peça inteira desde o começo até o fim. Entretanto, hoje, um trabalhador em uma linha de montagem só faz segmentos muito específicos do trabalho como um todo. Que daí surja um carro talvez ou um avião pode ser algo bastante complicado e grande. Ele não conhece em geral nada disso. Até que ponto se pode falar em aperfeiçoamento do processo de trabalho? Esse trabalhador já é um instrumento inconsciente.*

G. L. – Estou falando sobre o processo de trabalho e não sobre o trabalhador. O processo de trabalho surge no instante em que a direção da fábrica aceita o plano de uma máquina. Nesse momento surge esse pôr teleológico, o trabalho leva a essa situação. Se o trabalhador individual é ou não consciente de seu trabalho é algo completamente indiferente.

Não podemos esquecer que muito antes, em todas as divisões de trabalho, o trabalhador individual tem menos consciência de seu papel no processo do que aquele que planeja o trabalho. Quando Colombo embarcou para a América, duvido muito que todos os tripulantes do navio tivessem ideia de que naquele momento estavam buscando uma nova rota para a Índia. No entanto, o fato de que alguém pudesse fazer tais barcos, e que estes pudessem atravessar o oceano com velas e remos, foi objetivamente um avanço.

E agora volto ao fato de que as consequências de um pôr teleológico são sempre causais, estão apenas parcialmente relacionadas com a finalidade do pôr originário, de modo que o que Goethe diz sobre a benevolência se tornar uma praga é um traço constante desse processo que existe em certas intenções. Marx cita ironicamente em O *capital* antigas esperanças, em que se sonhava que, quando máquinas fossem inventadas, a escravidão – isto é, a dependência do trabalho de outros – cessaria, e ele discutiu ironicamente as ilusões dos antigos, porque a dependência da máquina realmente havia ocorrido.

D. B. – O *que nos leva à cibernética.*

G. L. – Cito aqui Marx: os homens fazem sua própria história, mas não sob circunstâncias escolhidas por eles. Essas circunstâncias não exatamente escolhidas são em parte produto de seu próprio trabalho.

Olhe, para levantar uma questão mais complicada: os estadunidenses estavam firmemente convencidos de que, quando descobrissem a bomba atômica, assegurariam para sempre a superioridade militar dos Estados Unidos. Que isso viesse a se tornar um impasse nuclear, certamente não estava no pôr teleológico dos estadunidenses que fabricaram a bomba atômica. Ela saiu exatamente o oposto do que eles queriam, embora não haja dúvida de que a bomba atômica é um pôr teleológico extremamente complicado, cientificamente elaborado.

Por isso, quero esclarecer essa dupla relação no desenvolvimento social. Por um lado, tudo se baseia em pores teleológicos. A questão de saber se devo agora apagar este charuto e acender outro, ou continuar, é também um pôr teleológico, em nada gnosiologicamente diferenciado da descoberta da bomba atômica. Por outro lado, o desenvolvimento geral como um processo irreversível é uma série de tais relações causais comprováveis cuja probabilidade pode ser estatisticamente compreensível.

Aqueles que não veem essa dualidade do desenvolvimento humano só podem ver necessidade e liberdade nas formas antigas, completamente falsas e abstratas. Como imagem de liberdade, tem-se sempre o belo burro de Buridan, incapaz de escolher entre duas possibilidades iguais.

Nós nos esquecemos de vez em quando de que cada um de nossos movimentos, cada uma de nossas ações cria para nós uma situação em que, sob certas condições concretas, temos um espaço de ação concreto para decisões livres. Mas esse campo de ação concreto é sempre dado concretamente. Quero dizer, para ser franco: está concretamente dado para você que eu moro num apartamento do Quai Belgrad, 2. E, se quer a entrevista, você não tem a escolha de ir ou não ao Quai Belgrado, 2. Você tem de ir lá, porque esse pôr de finalidade contém esse momento em si. Por outro lado, você pode decidir que não fará a entrevista. Portanto, há certo campo de ação que pode ser muito grande e, às vezes, muito pequeno. Nas relações humanas, ele cresce e encolhe, minuto a minuto, quando se pensa na relação entre dois homens.

Mas o que chamamos de liberdade e o que Marx expressa ao dizer que os homens fazem sua própria história é que na história humana essas decisões teleológicas, essas decisões alternativas, surgem continuamente.

Agora, novamente: não pense em nada sublime. Pense no simples polidor de pedra dos tempos pré-históricos. Ele tinha de decidir se iria segurá-la com a mão para poli-la ou algo assim. Esse é, em certo sentido, o primeiro passo da liberdade diante das coisas, em que o campo de ação biológico de suas atividades é muito mais rigoroso.

D. B. – *Posso voltar ao desenvolvimento avançado da técnica? Há tantos filósofos que observam de maneira cética esse fenômeno. Eles fundamentam isso, como Horkheimer e Adorno em* Dialética do esclarecimento*, *dizendo que certo modo de comportamento racional dos homens pode levá-los a criar condições – com a ajuda daquilo que eles chamam de razão instrumental – que posteriormente se tornam objetivamente insuportáveis para eles.*

É portanto, uma crítica, não um mau uso da razão, mas é exatamente um modo de uso da razão, que significa esclarecimento, no sentido do progresso da ciência. Este cria veículos melhores etc., mas contra o homem. Se observarmos suas condições de vida, que deveria estar livre de ruído, não é de fato nenhum progresso, mas um estorvo das condições de vida humanas. O senhor compartilha esse ceticismo?

---

* Trad. Guido Antonio de Almeida, Rio de Janeiro, Zahar, 2006. (N. E.)

G. L. – Eu não nego isso. Depende do que eu disse anteriormente, os pôres teleológicos dos homens são transformados em efeitos causais no interior de complexos, cujos efeitos causais são então relativamente independentes do que os homens desejavam.

No entanto, esse processo irreversível está presente e, nele, o homem surgiu enquanto homem. Por exemplo, não há dúvida – você deve me desculpar por voltar a coisas tão brutais – de que a escravidão foi um avanço em relação ao canibalismo originário. Hoje podemos dizer que o escravo não estava entusiasmado com esse progresso, em especial porque a escravidão – isso é muito interessante – foi no início algo relativamente humano como escravidão doméstica; com o desenvolvimento das forças produtivas, com o surgimento dos escravos das grandes plantações, ela chegou efetivamente a sua forma completamente desumana. No entanto, essa forma desumana, no decurso de um longo período, acabou com a escravidão, tornou-a impossível. E continuando, sem ter ilusões particulares, a relativa liberdade do servo é um grande progresso na humanidade.

Agora, se você considerar o desenvolvimento da economia feudal, quanto mais desenvolvida a economia feudal se tornou após um movimento ascendente, pior foi a condição dos servos, de modo que o que Adorno diz não é historicamente nada de novo e específico, mas segue do fato de que o desenvolvimento histórico – e eu gostaria de enfatizar isso de novo e de novo – não é de caráter teleológico.

A concepção cristã da criação do mundo e do juízo final é uma concepção teleológica. Santo Agostinho tinha uma concepção teleológica, o marxismo, assim como os iluministas, com suas ilusões, também tinham.

Você deve desculpar minha rudeza por manifestar aqui um profundo ceticismo em relação a Horkheimer e Adorno. Ele provém de um caso ocorrido na filosofia alemã, numa época em que a ela reagiu ideologicamente, de maneira grandiosa, à Revolução Francesa e daí nasceu a filosofia de Kant a Hegel. Uma forma completamente nova surgiu com Schopenhauer, na qual ele compilou de maneira filosoficamente muito sofisticada, muito engenhosa e muito desenvolvida todos os aspectos negativos dos acontecimentos e assim negou a história como história. Ele desenvolveu assim uma necessidade de sentimentos muito profunda. No caso de Schopenhauer, chamo essas necessidades de apologética indireta, pois para cada situação da sociedade é importante que certas camadas – nesse caso, nas sociedades modernas, o intelectual desempenha um papel relativamente grande – não se rebelem contra a sociedade. Isso é alcançado diretamente quando se vê a sociedade como algo ideal, grande, exemplar.

Podem surgir situações – como a situação alemã antes e depois de 1848 – em que seja impossível convencer os intelectuais de que tais situações sejam as ideais e, portanto, por isso deveriam ser aceitas. Mas alguém pode afirmar – e Schopenhauer resolveu brilhantemente essa questão para seu tempo – que o mundo é muito ruim, mas não podemos mudá-lo. E as pessoas se tornaram defensoras do sistema com base em uma crítica aguda do sistema desprezível.

D. B. – *Mas, nesse caso, acho que se deve defender Horkheimer e Adorno...*

G. L. – Não, veja, só gostaria de dizer aqui que há certa analogia histórica. Horkheimer e Adorno reconhecem a dialética, reconhecem o desenvolvimento histórico. Não me ocorre compará-los filosoficamente com Schopenhauer. Digo apenas que há aqui uma longínqua analogia, ou seja, satisfazer todas as demandas intelectuais da intelligentsia com relação à crítica da situação atual da sociedade e, ao mesmo tempo, salientar que não existe saída social para esse desenvolvimento.

Aqui Horkheimer e Adorno não possuem um ponto de vista completamente igual. Adorno está mais perto de um desenvolvimento do que Horkheimer.

Digo, sem entrar em detalhes, que eles refletem meu ponto de vista. Trata-se apenas de uma tendência. Chamei-a em meu livro *Die Zerstörung der Vernunft** [A destruição da razão] de Grande Hotel Abismo, em que as pessoas vivem em um hotel magnificamente mobiliado e o fato de que, à beira do abismo, há um encanto mais próximo, porque é impossível mergulhar no abismo. É um detalhe picante que vem servido durante as refeições e a dança.

No entanto, não afirmo que Adorno queria isso. Mas a influência de Adorno e sua profunda decepção com a ação do movimento estudantil derivam do fato de que muitos estudantes aprenderam com as palestras e com os escritos dele sobre a perversidade da sociedade de hoje e os erros da sociedade que devem ser reparados. E, se o movimento dos estudantes ocorreu agora, isso é ruim. O que posso fazer? Adorno deu de ombros educadamente e disse que o Marquês de Sade é a consequência necessária da Revolução Francesa.

---

*   Berlim, Aufbau, 1955. (N. E.)

O sistema de conselhos é inevitável | 191

D. B. – *Por outro lado, continua sendo um mérito que, desse modo, as questões críticas, a consideração crítica das condições existentes tenha sido mantida em aberto...*

G. L. – Não nego isso.

D. B. – *... em vez de ceder à ilusão de que em cada situação singular a revolução já poderia acontecer, como alguns estudantes superestimaram...*

G. L. – Eu gostaria de interromper e dizer: só se pode dizer alguns estudantes. Não se pode dizer Marx e Lênin. O marxismo nunca disse que se pode fazer uma revolução a qualquer momento.

D. B. – *Nem Mao [Tsé-tung] disse isso.*

G. L. – Temos de diferenciar muito bem entre o que estudantes dizem em um momento de entusiasmo e o ponto de vista real do marxismo.

Se falo de Adorno, acredito que, nesse caso, mais honro Adorno do que o contrário, ao compará-lo não com os *happenings* espontâneos dos estudantes, mas com pensadores importantes. Nessa comparação, chego ao Grande Hotel Abismo.

D. B. – *O senhor acha que a espontaneidade dos estudantes, em todo caso, seja ruim?*

G. L. – Não, não.

D. B. – *Devemos ver o outro lado, todo movimento parcial é sempre bom, é progresso. Mas, em sua opinião, existe uma situação revolucionária objetiva no Ocidente?*

G. L. – Devo lhe dizer que não sei. Neste momento estamos no começo de um choque revolucionário.

Não esqueça que esses momentos específicos do social já aconteceram na grande Revolução Francesa e, de maneira mais fraca, na Revolução Inglesa. Eles tiveram de ser reprimidos. Houve a conspiração liderada por Gracchus Babeuf, que foi esmagada. Mas de Gracchus Babeuf a Marx há um desenvolvimento ininterrupto da crescente consciência da crise, que, por um lado, é um desenvolvimento ideológico e, por outro, está ligado às experiências práticas dos próprios interessados, pois não esqueça que a primeira reação dos trabalhadores à era da máquina foi o ataque a elas.

Agora, em minha época na União Soviética, nas discussões com pessoas vulgarmente progressistas, eu sempre disse que do ponto de vista vulgarmente progressivo a acumulação primitiva também era economicamente progressiva. Sempre respondi que não nego isso. Mas o maior avanço foi o ataque às máquinas. Você entende o que quero dizer quando digo que não haveria marxismo sem o ataque às máquinas.

D. B. – *Foi um progresso para a consciência.*

G. L. – Sim. Isso provocou um movimento geral. Veja, isso remonta a certos temas morais.

Em *Moll Flanders**, [Daniel] Defoe descreveu como uma mulher pode se comportar humanamente no horror da acumulação originária e por fim chegar a uma existência feliz. É um romance de um indivíduo. Se a acumulação originária tivesse realmente sido tal que todos os trabalhadores, como trabalhadores, tivessem sido esmagados completamente, se isso fosse possível, o ataque às maquinas não teria surgido e o movimento operário não teria surgido do ataque às máquinas. Essas coisas são sempre processos extremamente complicados que às vezes começam com um homem singular e evoluem lentamente a partir de seu caráter exemplar.

Aqui volto mais uma vez ao fato de que os homens fazem sua própria história. As condições não escolhidas forçam decisões, perguntas e respostas sobre elas. E o desenvolvimento da pergunta e da resposta produz o que Lênin enfatizou particularmente em seu desenvolvimento social como o fator subjetivo. Lênin não determina o fator subjetivo como um espaço vazio, mas sua determinação é a seguinte: se as classes dominantes não *podem* mais governar da maneira antiga e as classes oprimidas não *querem* mais viver da maneira antiga, surge a situação revolucionária.

D. B. – *Se me permite fazer uma intervenção, ambas as coisas podem ser ditas, ainda que com grande restrição, em relação ao movimento estudantil. No entanto, é claro que é possível que esse fator subjetivo, presente no movimento estudantil, não esteja de acordo com as condições objetivas.*

G. L. – Eis a história: o que os alunos querem é, sem dúvida, um sintoma de uma crise inicial do sistema. Isso não é uma questão. Quanto ao tempo que essa crise vai durar, devo lhe dizer: Marx não pôde prever o colapso do capital. Como um homem medíocre como eu poderia prever quão rápido ou por quanto tempo essa crise se desenvolverá?

---

* Trad. Donaldson M. Garschagen, São Paulo, Cosac Naify, 2015. (N. E.)

D. B. – *Permita-me mais uma questão sobre a relação entre o fator subjetivo e as condições objetivas. Devemos ir direto ao que acontece hoje com o movimento estudantil, porque esse é o tema, que naturalmente interessa a nós e a nossos leitores em particular. Mas, antes de tudo, deixe-me falar novamente sobre Lênin. Em 1917, o fator subjetivo estava dado. Os governados não queriam continuar vivendo daquela forma e os governantes não podiam continuar governando. De fato, o processo de reprodução se desenvolvera a tal ponto que o momento da revolução socialista, a revolução proletária, estava dado? Objetivamente não.*

G. L. – Lênin, muitas vezes fala sobre como a realidade é astuta.

D. B. – *Como um bom hegeliano.*

G. L. – Houve essa situação estranha na União Soviética de que, em 1917, ocorreram dois grandes movimentos de massa irresistíveis. Por um lado, o povo russo queria a paz; por outro, os camponeses queriam a terra. Agora, consideradas objetiva e sociologicamente, ambas as exigências são de uma revolução burguesa. Mas Lênin levantou a questão. Lênin, se bem me lembro, colocou o problema aos soviéticos no outono de 1917: faça a paz, faça a reforma agrária. Nós, bolcheviques, seremos uma oposição leal a vocês, não fazendo nada contra vocês. Entretanto, mencheviques e social-revolucionários se recusaram a atender a essas demandas de massa. E Lênin teve de fazer uma revolução socialista para cumprir essas demandas de massa.

D. B. – *Uma revolução política socialista para a qual, porém, estava faltando a base social. Isso não explica todas as contradições que vieram depois de Lênin?*

G. L. – Veja, acho que isso é faticamente correto. Você não deve esquecer que Lênin estava plenamente ciente disso; nas linhas introdutórias de O *extremismo: a doença infantil do comunismo**, ele escreve: somos hoje exemplo para o socialismo. No momento em que um país capitalista desenvolvido abraçar o socialismo, ele também passará a liderar e nosso papel de liderança cessará.

D. B. – *Esse país desenvolvido, mais concretamente a Alemanha, não cumpriu essa tarefa histórica naquele tempo.*

G. L. – Por razões de fraqueza do fator subjetivo. Tudo o que quero dizer aqui é que surgiu uma forma intermediária peculiar, o significado socialista que

---

* Ed. bras.: *Esquerdismo: doença infantil do comunismo* (São Paulo, Expressão Popular, 2014). (N. E.)

ultrapassa a burguesia não deve ser subestimado, apesar de todas as críticas que muitas vezes se fazem.

Uma questão, considerando também o Pacto Molotov*, foi a era de Hitler. Se dependesse das potências ocidentais, Hitler seria hoje o governante da Europa e do mundo. Apenas a resistência do socialismo derrubou Hitler. Acho que você não negará isso.

D. B. – *Então, o antifascismo é o primeiro elemento socialista.*

G. L. – Sim. O segundo momento é que os soviéticos conseguiram impor o pacto nuclear aos Estados Unidos, de modo que uma intervenção bélica, nascida originalmente no interesse de uma ditadura estadunidense, acabou, como resultado do desenvolvimento socialista, exatamente como era, impedindo a guerra mundial imperialista – nesse meio-tempo, 25 anos se passaram e não nego que todas as causas da guerra permanecerão enquanto o capitalismo existir.

Mas não esqueça que o Vietnã mostra um lado muito interessante: sem o transporte de armas da Rússia para o Vietnã, os vietcongues teriam sido vencidos há muito tempo. Acredito que ninguém tem ilusão quanto a isso. E, por outro lado, sem um impasse atômico, os Estados Unidos nunca permitiriam o transporte de armas para o Vietnã do Norte.

Se você compreende como considero essa questão, aqui estão os dois grandes pontos de inflexão de nosso período: 1) se Hitler fosse o governante do mundo, 2) se o modo de vida estadunidense governasse o mundo – por meio do socialismo *tel quel*, o modo stalinista do socialismo, ambos foram impedidos.

D. B. – *O segundo é um momento tecnológico. Ambos os momentos poderiam ter sido realizados também por um Estado não socialista como contrapeso a outro grande poder.*

G. L. – Se eu tivesse visto um Estado burguês se opor, ainda que da forma mais simples, ao domínio do mundo por Hitler, concordaria com você. Não esqueça, no entanto, qual política Daladier, Chamberlain e também grande

---

* Pacto Molotov-Ribbentrop, ou pacto Hitler-Stálin, foi um tratado de dez anos de não agressão entre a Alemanha nazista e a União Soviética. Foi assinado em Moscou, em 23 de agosto de 1939, pelo ministro das Relações Exteriores da União Soviética, Viatcheslav Molotov, e pelo ministro das Relações Exteriores da Alemanha, Joachim von Ribbentrop. Os dois países comprometeram-se a não atacar um ao outro, não apoiar terceiros poderes em ações ofensivas e não entrar em confronto com um deles. (N. T.)

parte da opinião pública estadunidense tinham em relação a Hitler. Quero dizer, não discuto que, em certo sentido, a palavra de ordem stalinista do socialfascismo foi uma das razões para o desenvolvimento do movimento da classe trabalhadora quando Hitler conseguiu tomar o poder.

Veja, eu tento olhar objetivamente para as questões. Por outro lado, uma vez que Hitler chegou lá, a única contrapartida a ele foi a União Soviética, agora incluída no Pacto Molotov, pois o pacto era um movimento muito habilidoso para criar a guerra ocidental e, portanto, as necessidades vitais para as potências ocidentais se voltarem contra Hitler. Pois, se Hitler não tivesse atacado a França, a Inglaterra nunca teria dado um passo contra Hitler.

D. B. – *Posso agora retornar à situação na Alemanha: o senhor disse que ela não pode ser vista como protesto parcial, com a existência de um fator revolucionário subjetivo, mas com a ausência de qualquer possibilidade objetiva de uma revolução das condições existentes, o que não permite nenhuma possibilidade para dizer: aqui ou ali, há pontos de partida, aqui ou ali já se mostra um começo para a transformação das condições. O senhor diria que, precisamente por isso, os estudantes ou as poucas forças socialistas interessadas em derrubar o capitalismo são dependentes da utopia, de objetivos que eles não podem derivar da situação capitalista concreta? Ou acha que isso é um erro?*

G. L. – Em certo sentido, acho que é um erro. Há um escrito genial de Engels, a saber, a *Crítica do Programa de Erfurt**, em que ele colocou para o Partido Social-Democrata, recém-saído da ilegalidade e crescente, a tarefa de remover os resquícios da antiga Alemanha. Engels disse que era uma ilusão acreditar que aquela bagunça poderia se tornar nova, piedosa, feliz e livre para se transformar em socialismo.

Disse que esse desenvolvimento da Alemanha, concretamente falando – é claro, os preparativos são muito mais antigos –, começou com a derrota da Revolução de 1848. Thomas Mann chamou isso muito bem de "interioridade protegida pelo poder", mostrando quão profundamente essa coisa penetrou na intelligentsia alemã. Isto é, que em contraste com a França e a Inglaterra – onde as revoluções, especialmente na França, produziram uma verdadeira democratização – em contraste com o Norte da Itália – onde o impacto do

---

*   Em Karl Marx, Friedrich Engels e Vladímir Lênin, *Crítica do Programa de Gotha/Crítica do Programa de Erfurt/Marxismo e revisionismo* (trad. Alberto Saraiva, Porto, Portucalense, 1971). (N. E.)

movimento de [Giuseppe] Garibaldi é sentido –, na Alemanha nunca houve uma democracia burguesa.

Isso deve ser dito aberta e brutalmente, a fim de evitar as tentativas de certos ideólogos de fazer com que a democracia burguesa possa desse modo ser ignorada. Eles se esquecem desse lado terrivelmente reacionário que existiu e existe no desenvolvimento alemão.

Tomemos um fato concreto: na França, o judeu capitão do estado-maior, [Alfred] Dreyfus, foi condenado. E da condenação injusta nasceu uma crise de Estado que instigou todo o país durante anos e encerrou uma época inteira. Em Berlim, por outro lado, no meio de uma revolução, [Karl] Liebknecht e [Rosa] Luxemburgo foram assassinados. Nunca se demonstrou a menor vontade de saber quem os assassinou, pois se queria que os assassinos de Luxemburgo mantivessem sua posição respeitada na situação pública alemã.

Essa não é uma diferença socialista, mas uma diferença no desenvolvimento da democracia burguesa, que deve ser efetivada. Para expressar de modo grotesco, imagine uma criança que aprende muito bem a história do espírito e já sabe a segunda parte de *Fausto** de cor, mas ainda não aprendeu que duas vezes dois são quatro. Não surgirá uma situação em que, para uma maior compreensão de Goethe, seja necessário aprender que duas vezes dois são quatro?

D. B. – *Se compreendi corretamente, o senhor quer dizer que os estudantes se entendem mal se, nessa situação, eles se consideram revolucionários sociais ou socialistas na Alemanha, mas devem se ver propriamente como homens que promovem, em primeiro lugar, essa democracia burguesa, que tem faltado.*

G. L. – Veja, nos livros didáticos, na página 2 temos "revolução burguesa", na página 7 temos "revolução proletária" e elas estão separadas.

Lênin sempre afirmou que não há uma muralha chinesa entre a revolução burguesa e a proletária. Não é por acaso, mesmo com todos os problemas econômicos, que uma revolução socialista tenha surgido do fracasso em atender às demandas revolucionárias burguesas.

Apenas gostaria de dizer aqui, sem uma solução para essa questão – e essa não é minha opinião pessoal, volto às críticas do Programa de Erfurt sobre essa questão –, não haverá nenhuma libertação para o povo alemão. Se esse

---

* Trad. Jenny Klabin Segall, São Paulo, Editora 34, 2011. (N. E.)

movimento permanece no quadro da sociedade burguesa, ou mais ou menos o explodirá, certamente não será um civil como eu, que está sentado em Budapeste e acompanha o desenvolvimento alemão pelos jornais, que dará a resposta.

A partir do estudo marxista da história, considero que esse problema existe, com essa dupla possibilidade de solução, na qual provavelmente ninguém hoje pode dizer com antecedência qual será essa solução.

Quero dizer apenas que os homens que pensam poder introduzir o socialismo na Alemanha sem destruir essa tradição do desenvolvimento alemão, que essas pessoas têm um ponto de vista ilusório.

D. B. – *Então o senhor considera a etapa atual da democracia burguesa na República Federal [da Alemanha] um elemento progressista, um pressuposto necessário para um posterior desenvolvimento socialista...*

G. L. – ... se fosse um desenvolvimento realmente democrático. Certamente, se eu tivesse de escolher entre Franz Josef Strauss e Willy Brandt, naturalmente preferiria Brandt. Mas não esqueça que no período da coalizão o fortalecimento da Lei de Emergência também foi votado pelos social-democratas, de modo que, sem conhecer os líderes da social-democracia – com exceção do senhor [Herbert] Wehner, com quem tive o privilégio de me encontrar em Moscou em determinado período como camarada Funk –, tenho forte suspeita de que, por medo de perder sua respeitabilidade burguesa, não sejam capazes de agir de modo democraticamente consequente na Alemanha burguesa.

D. B. – O *senhor mencionou anteriormente o caso Dreyfus na Terceira República. Então, creio, o senhor também poderia mencionar o* Spiegel *como um elemento positivo da democracia burguesa na Alemanha Ocidental, talvez em outras dimensões, mas poderia ser mencionado.*

G. L. – Não discuto isso, mas diria que o posicionamento de princípios de [Jean] Jaurès ou [Émile] Zola ou Anatole France no caso Dreyfus foi além do que o *Spiegel* vai hoje.

Se considerarmos objetivamente, é claro, tenho certa simpatia pelo *Spiegel*. Tudo o que tenho a dizer é que é impossível, como sempre enfatizei, que de um escritório de trabalho em Budapeste se possam dar conselhos a políticos alemães. Como você pode ver, eu me oponho a qualquer posicionamento político concreto.

Contudo, como investigador marxista dessas questões, e particularmente do desenvolvimento alemão, estudei isso em detalhe e posso ver que há aqui uma questão não resolvida para a Alemanha. Posso dizer com tranquilidade: não se pode ignorar essa questão não resolvida.

D. B. – *Acho que estamos exigindo muito de sua paciência. Queríamos perguntar se existe um tópico específico que tenhamos esquecido de discutir.*

G. L. – Acredito que já tenhamos excedido a duração de uma entrevista. Ainda há centenas de perguntas sobre o marxismo que precisam ser levantadas hoje.

Gostaria apenas de concluir dizendo o que considero positivo para o mundo inteiro, se tomarmos os últimos 25 anos – pois já se passaram 25 anos desde que Hitler sofreu sua derrota definitiva, quando tínhamos em uma parte do globo a solução stalinista, que parecia definitiva e fixa, e do outro lado a solução do modo de vida estadunidense como coisa fixa da humanidade. Hoje chegamos ao ponto em que existe uma crise objetiva em ambos os sistemas – há muito mais crises no mundo ocidental do que no mundo socialista. Pois, não se deve esquecer, temos a crise do Vietnã. Vemos esses momentos econômicos de que falei anteriormente. Vemos a impossibilidade de incorporar os negros na economia estadunidense atual, o que é uma questão importante. Não quero dizer que necessariamente os negros radicais estejam certos. Mas essa questão, hoje, é uma questão não resolvida, ninguém negará.

D. B. – *Ela continuará a eclodir nessa sociedade, como já fez em parte.*

G. L. – Mas aqui estão problemas muito sérios.

Se considerarmos a Inglaterra de hoje, poderemos observar que ela ainda é incapaz de liquidar os remanescentes do capitalismo inglês que estavam associados à dominação do mundo e alcançar o capitalismo – para falar agora de capitalismo, não de socialismo – que corresponda à situação isolada da Inglaterra.

Tem-se uma série de problemas na Alemanha – nós aqui os consideramos parcialmente. Temos questões semelhantes na França e na Itália, de modo que esse maravilhoso paraíso do *american way of life* que protegeu o desenvolvimento europeu está hoje em plena dissolução.

O fato de que existe uma crise econômica nos países socialistas, onde as reformas econômicas são necessárias e sobre a qual tenho profunda convicção de que não pode ser resolvida sem a restauração da democracia socialista, significa que não temos uma situação puramente evolutiva nos países socialistas. Em minha opinião, isso torna o marxismo atual.

Em 1945, acreditava-se no Ocidente que o marxismo, como ideologia do século XIX, havia chegado completamente ao fim e se tornara um documento histórico. Nos países socialistas, acreditava-se que as reformas stalinistas haviam encontrado uma forma definitiva para o marxismo. Ambas as posições são refutadas hoje pelos fatos. Estamos no início de um movimento em que é importante e necessário reconhecer qual é o método marxista autêntico e como esse método pode ser aplicado aos fatos de hoje.

É isso que eu, como ideólogo, procuro estimular de algum modo. Sempre enfatizo, não sou já há algum tempo, desde 1950, um político ativo. Sou um ideólogo que acredita que somente a ideologia marxista é capaz de mostrar uma saída para resolvermos as questões econômicas produzidas nos últimos cinquenta anos da economia. Estou agora tentando, como ideólogo, elaborar o que é essencial ao marxismo para ajudar as pessoas com esse reconhecimento, pois em vários campos, de várias formas, estão ocorrendo transformações políticas reais.

Mas devemos ter claro que isso parece contradizer o desenvolvimento do movimento dos trabalhadores. Esse movimento adquiriu grande influência com a pessoa de Marx, que era ao mesmo tempo um grande ideólogo e um grande político. Ele foi seguido por pessoas como Engels e Lênin, em que ambas as características também estavam unidas. Mas isso não significa que na história haja sempre a união necessária de ideólogos e políticos. E eu diria, por exemplo, que Stálin, que era um bom organizador e um taticista habilidoso, não entendia nada de ideologia e simplesmente violava a ideologia. Dizer que esses vários primeiros-secretários que vimos aqui – por exemplo, nosso Rákosi na Hungria – tinham alguma competência para questões ideológicas é simplesmente ridículo.

Portanto, estamos ideologicamente, em certo sentido, *vis-à-vis de rien* [em face de nada]. E o renascimento do marxismo deveria agora fornecer uma base ideológica para os políticos, embora eu não afirme que se a ideologia marxista tivesse hoje um representante da importância de Marx, e não de minha importância, ele seria capaz de lidar de maneira imediata com toda a política.

A ideologia certa para um movimento é o pressuposto de uma política correta. Mas eu diria – citando novamente Marx, que escreveu para Kugelmann na época da Comuna de Paris – que é sempre o acaso que decide quem no momento está à frente do movimento dos trabalhadores.

Spiegel – *Sr. Lukács, agradecemos esta entrevista.*

Comentários finais (off-the-record da entrevista de Dieter Brumm)

G. L. – Estou trabalhando agora – já é um manuscrito bastante grande –, mas ainda contém muitos erros e incorreções. Pretendo escrever a primeira ontologia do ser social depois de Marx. Outra coisa que tenho muito em mente seria um pequeno livro de diálogos*. E sobre esse tema um pequeno ensaio apareceu pela [editora] Luchterhand.

---

* No momento desta entrevista, Lukács já havia se definido em relação a seus projetos. Sua biografia vinha sendo realizada na forma de diálogos com alunos e outros intelectuais de seu círculo de convívio. No plano de seu trabalho intelectual, os rascunhos de sua obra publicada postumamente, *Para uma ontologia do ser social* (trad. Nélio Schneider et al., São Paulo, Boitempo, 2012-2013, 2 v.), já se encontravam com um grande volume de páginas. Ver, neste volume, nota de rodapé à p. 163. (N. T.)

15

Colóquio com György Lukács*

Entrevista concedida a Franco Ferrarotti

Lukács faleceu em 4 de junho de 1971. Publico abaixo as passagens principais de uma entrevista que tive com ele a meu pedido. A reunião ocorreu numa quinta-feira, 19 de novembro de 1970, em Budapeste, no apartamento de Lukács, e durou aproximadamente das dez às treze horas. A conversa ocorreu em francês, com apelos esporádicos ao alemão. Das anotações daquele dia: o prédio fica às margens do Danúbio e dá vista para o monumento à liberdade que se destaca na colina em frente, do outro lado do rio. Lukács mora no quinto andar, interior 5. Na entrada, o nome é simplesmente "Lukács György". Na lista telefônica segue a indicação: "akademicus". Ele mesmo abriu a porta, pequeno, magro, olhos belíssimos, uma boca ligeiramente flácida e sinuosa. Fuma um charuto enorme. De vez em quando tem crises de tosse forte, fragmentos de catarro parecem escapar de sua boca, a casa treme. Depois da breve tempestade, recompõe-se. Nada aconteceu. Ele recomeça a raciocinar. Bati à porta exatamente às dez. Entramos por um pequeno corredor escuro. Pendurei meu casaco; uma empregada de seus cinquenta anos de idade me ajudou com acenos. Entrei com Lukács no estúdio, levando comigo a câmera e o gravador.

---

* Entrevista concedida ao sociólogo italiano Franco Ferrarotti em 19 de novembro de 1970. Tradução da versão encontrada em Franco Ferrarotti, *Colloquio con Lukács, la ricerca sociologica e il marxismo* (Milão, Franco Angeli, 1975). (N. T.)

Franco Ferrarotti – *Interesso-me pela sociologia.*

György Lukács – Por muitos anos também me interessei pela sociologia. Estudei com Max Weber e tenho boas recordações daqueles anos. Mas, em geral, a sociologia me é tediosa.

F. F. – *Por anos me ocupei com a sociologia; não aspirava a nenhuma posição universitária que não fosse como sociólogo, pesquisador ou professor de sociologia. Quando comecei, imediatamente após a guerra, a sociologia na Itália estava morta, esgotada, suprimida...*

G. L. – Com frequência me interroguei sobre a função e a natureza da sociologia como ciência. Pode existir uma sociologia como ciência autônoma? Em que sentido haveria tal autonomia? É certo que hoje se fala correntemente de impostação interdisciplinar. Mas me pergunto se isso é suficiente. Tenho a impressão de que por trás da exigência da interdisciplinaridade se esconde uma grande confusão conceitual.

F. F. – *Desde os primeiros anos, quando comecei a batalha para o renascimento da sociologia na Itália, me parecia claro que uma sociologia verdadeiramente crítica, isto é, cientificamente fundamentada e politicamente orientada ao mesmo tempo, não poderia ser alcançada sem sair simultaneamente do neoidealismo, como o conhecíamos na Itália na versão de Benedetto Croce, e do empirismo fragmentário, que triunfava por longa tradição nos Estados Unidos.*

G. L. – Não se trata apenas disso. Tenho sempre me perguntado qual relação existe entre a sociologia, a filosofia, a economia e a história. Essa relação é importante; o sentido dessa relação deve ser definido, deve de alguma forma ser mantido vivo. Se perdemos o sentido dessa relação e se nos limitamos a falar de impostação interdisciplinar na pesquisa sociológica, creio que não se possa evitar cair em uma posição de fragmentação tecnicista. A esse propósito, penso que a influência dos Estados Unidos não é muito positiva.

F. F. – *Não acredito mais na sociologia puramente técnica, isto é, reduzida a pura técnica social, como praticada nos Estados Unidos. Mas também não creio em simples associações como na fórmula "sociologia marxista". Precisamos de fato fundar a sociologia crítica.*

G. L. – Concordo. Mas é preciso compreender por que a sociologia estadunidense não é suficiente, pois aceita se reduzir, e de fato se reduz, à pura técnica. É verdade que a sociologia estadunidense não compreende nada, ou quase nada, do movimento geral da sociedade... Isso ocorreu porque a sociologia estadunidense perdeu sua ligação com a economia. Como se pode compreender a sociedade sem considerar a estrutura econômica? A sociologia não pode ser uma ciência independente. Não é possível estudar a sociedade em pequenas parcelas. O método de Marx, que Stálin simplesmente deturpou, consiste na análise da sociedade em sua completude, de seu estilo, de seu movimento e de seu ritmo de desenvolvimento. Precisaríamos compreender como ocorreu a fragmentação das ciências sociais; precisaríamos provavelmente tentar a recomposição de sua unidade.

Existe uma tradição burguesa precisa, que também pode ser identificada historicamente, para além de qualquer dúvida razoável. Creio que essa tradição burguesa consiste em levar a especificação das ciências a ponto de transformá-la em separação. As ciências separadas não podem mais compreender a sociedade como um todo unitário, tornando-se instrumentos de mistificações.

F. F. – *Tenho dois problemas em relação a isso. Um de natureza teórica: a impostação analítica, a delimitação atenta e bem circunscrita dos objetos de estudo são requisitos metodológicos fundamentais, respondem às exigências heurísticas reais. Um segundo problema concerne, ao contrário, à recuperação ao menos dos resultados das muitas pesquisas sociológicas conduzidas nos últimos decênios. Devemos jogá-los fora ou, apesar de parciais e incompletos, alguns resultados são passíveis de ser salvos e, portanto, podem ser utilizados, mesmo que em uma prospectiva radicalmente diversa?*

G. L. – Permita-me responder em primeiro lugar ao segundo problema. Penso que alguns resultados da sociologia corrente, ou acadêmica, especialmente aquela praticada nos Estados Unidos, podem ser salvos, pois constituem aquisições, isto é, contribuem com informações importantes. Por exemplo, algumas pesquisas das quais se dá notícia no livro de [John Kenneth] Galbraith me parecem interessantes. Naturalmente se trata de pesquisas especializadas carentes de um quadro teórico compreensivo, isto é, de uma teoria geral da sociedade. São, portanto, pesquisas que não chegam ao coração do problema, que ficam na metade do caminho, tratam a sociedade como se fosse um amontoado de fatos não ligados entre si, sem correlação causal adequada. Contudo, ainda que incompletos, esses resultados da sociologia burguesa são susceptíveis de uso crítico. Penso que também é preciso utilizar criticamente as contribuições parciais de pessoas como Galbraith. Na medida em que descrevem situações de fato, desenvolvimentos internos do capitalismo, elas são importantes. O capitalismo se modificou, se modifica, pode-se dizer, todos os dias, ainda que sua natureza fundamental permaneça inalterada. Assim como Marx utilizou os economistas clássicos, especialmente Ricardo, assim também deveríamos aprender a utilizar, de um ponto de vista marxista, as contribuições da sociologia burguesa.

F. F. – *Entretanto, na sociologia, digamos, burguesa ou acadêmica, não falta um quadro teórico abrangente, ainda que implícito...*

G. L. – Não. A sociologia burguesa não dispõe na realidade de um quadro conceitual no sentido próprio. Ela não consegue superar a datidade do dado específico, não escapa do empirismo vulgar. Por essa razão fundamental, a sociologia burguesa não tem valor cognitivo em sentido próprio. Mas existem nela análises particulares que podem ser tomadas criticamente e utilizadas. Essas análises constituem um contributo de informações e conhecimentos parciais, mas essencialmente fundamentados.

F. F. – *Isso me parece contraditório.*

G. L. – Não é contraditório. Por exemplo, o caráter, a natureza e o modo de proceder do capitalismo apresentam hoje aspectos novos. A análise sociológica burguesa, mesmo parcial – de fato, necessariamente parcial –, por vezes documenta muito bem o capitalismo. Tomemos um tema particular. No último século, ao longo de todo o século XIX, o mercado, as forças capitalistas em geral envolviam setores importantes mas limitados da vida econômica e da vida social. Em particular, sentia-se a lógica capitalista operando nos setores-chave da indústria, em especial na indústria siderúrgica, isto é, na indústria pesada, na *schwere Industrie*. Hoje o capitalismo abarca, investe, compreende muito de perto, até condiciona, todos os aspectos da vida. A lógica do capitalismo tende a coincidir com a própria lógica do processo social como tal, expandindo-se e envolvendo toda a vida social. Do capitalismo parcial do último século passamos para o capitalismo generalizado. Nesse sentido, longe de estar exaurido, pode-se dizer que o marxismo nem mesmo começou. Em todo caso, e paradoxos à parte, é preciso complementar o marxismo; é preciso estudar aquilo que Marx não estudou a fundo.

F. F. – *Não compreendo. Antes se dizia que Marx é ainda essencial para o movimento revolucionário porque é o único guia, o único quadro teórico de que o* *movimento dispõe. Agora, ao contrário, afirma-se que esse quadro precisa ser complementado; portanto, esse quadro não está completo.*

G. L. – Quero dizer uma outra coisa. O quadro está completo. O marxismo como exigência e impostação do estudo global da sociedade, como interpretação da sociedade em sua globalidade, em sua totalidade, em vista da transformação estrutural e cultural, isto é, histórica, está de fato completo. Mas é completo enquanto método, isto é, enquanto modo de análise e critério para estabelecer a hierarquia teórica dos fatores constitutivos da sociedade. A completude do método não implica necessariamente que em Marx se possa encontrar tudo, isto é, todos os conteúdos específicos que somente uma longa, paciente pesquisa, conduzida com base no método marxista para investigar o sentido global, histórico do desenvolvimento social, poderia trazer à luz. Aqui é onde os próprios marxistas têm se desviado gravemente, têm tomado a estrada cômoda, limitando-se a repetir coisas que não compreenderam, ou têm feito valer questões de tática acima da teoria e contra ela. Para mim, está claro que Marx nunca estudou seriamente a economia asiática, africana ou da América Latina. E mesmo assim. Pense na polêmica com Trótski. Stálin inventou um feudalismo chinês. Uma autêntica bestialidade. O que realmente me deixa estupefato é que essa invenção tenha sido aceita por Mao [Tsé-tung].

F. F. – *Estou de acordo em relação ao caráter não sistemático e aos acenos ocasionais feitos por Marx e Engels aos modos de produção não europeus ocidentais. Mas quanto à controvérsia em torno do "modo de produção asiático" há toda uma história no interior do marxismo e, quando se consente em liquidar toda a impostação de estados necessários e rigidamente sucessivos, unilineares no desenvolvimento humano, parece-me importante.*

G. L. – Sim, é importante. Mas as coisas verdadeiramente urgentes e importantes são outras.

F. F. – *Em outras palavras, você acha que a sociologia deveria ir à escola com Marx, que deveria aprender bem a lição do marxismo.*

G. L. – O problema é que hoje não há mais marxistas. É preciso reconhecer que, hoje, não temos teoria marxista. Acredite, hoje, é preciso fazer o que Marx fez com o capitalismo de seu tempo. Devemos fazer o mesmo hoje, seja com o capitalismo, seja com o socialismo.

F. F. – *Com o socialismo?*

G. L. – Sim, também com o socialismo. O socialismo também precisa de uma contínua análise crítica, desmistificadora. Note bem, isso deve ser feito em escala mundial. Ninguém está fazendo isso, ninguém pensa sobre isso. O que está acontecendo hoje é simplesmente grotesco. Já que os marxistas não têm teoria, estão condenados a correr atrás das notícias. Por exemplo, quando ocorrem movimentos coletivos chamados "espontâneos", os movimentos dos estudantes, os protestos dos jovens e assim por diante, os marxistas correm para acompanhar os eventos, procuram compreendê-los *post factum*, racionalizando sua surpresa... É ridículo. É o preço que se paga pela falta de uma teoria.

F. F. – *Mas os movimentos juvenis, em particular o estudantil, seja nos países socialistas, seja nos países ocidentais, não podem ser considerados simplesmente uma moda transitória. São fenômenos certamente tratados de maneira superficial pela maioria dos sociólogos, psicólogos, psiquiatras e pedagogos que se ocupam, por assim dizer, mais em ver a confirmação de seus preconceitos do que em compreendê-los, mas têm raízes estruturais na luta contra a burocratização da vida social e pessoal, têm um significado profundo sobre o qual refletir.*

G. L. – Mas não quero em absoluto dizer que os movimentos estudantis e, em geral, os movimentos juvenis de protesto são privados de significado. Digo que, na falta de uma teoria geral da sociedade – e o marxismo é hoje a única teoria genuinamente geral da sociedade da qual dispomos –, esses movimentos não podem ser interpretados corretamente. Contudo, nesses movimentos se trazem à luz especialmente, se não exclusivamente, os aspectos pitorescos e estranhos, que são enganadores e não são de fato essenciais. Por outro lado, já que os marxistas não têm prolongado criativamente a teoria marxista da análise dos fenômenos sociais hodiernos, é claro que se veem constrangidos a correr na direção das notícias, daquilo que faz notícia, caso por caso, de maneira fragmentária, isto é, de maneira totalmente antimarxista.

F. F. – *A observação de que o marxismo não se prolongou criativamente a ponto de se envolver com os problemas de hoje me parece muito grave. Quer dizer que houve uma interrupção de desenvolvimento. Como? Quando?*

G. L. – Disse que o marxismo como teoria geral da sociedade sofreu de fato uma interrupção. Fechou-se. Pode-se dizer que o marxismo concebido como deve ser concebido, como uma teoria geral da sociedade e da história, não existe mais, já terminou há algum tempo. Por essa razão, há e haverá ainda por muito tempo o stalinismo. Muitas tolices foram ditas sobre o stalinismo. Mas as coisas são realmente muito simples. Sempre que você põe a prática à frente da teoria e talvez contra ela, há stalinismo. O stalinismo não é apenas uma interpretação errônea e uma aplicação defeituosa do marxismo. Na verdade, é a negação. Não há mais teóricos. Existem apenas táticos.

F. F. – *Como?! E [Mikhail Andreievitch] Suslov? E os teóricos oficiais do marxismo na União Soviética?*

G. L. – O marxismo oficial da União Soviética – e, de resto, também dos outros países socialistas –, é sempre uma coisa muito pobre. Sob a etiqueta do *diamat*, professores medíocres creem poder explicar todos os problemas do mundo mediante a aplicação mecânica de algumas fórmulas simplistas, reduzidas ao infinito como a frase de um catecismo qualquer, que eles contrabandeiam para o marxismo. O marxismo, por sorte, não entra de modo algum nessa seara. Esse exercício parafilosófico responde às exigências práticas dos organismos didáticos, da propaganda etc., mas com o marxismo não têm nada a repartir. São ainda stalinistas.

F. F. – *Assim, o stalinismo não se refere à aberração de um tirano nem à distorção e ao desvio institucional do regime soviético, quando são determinados pelas deficiências morais de um único indivíduo, por mais poderoso que seja?*

G. L. – Não se pode compreender o stalinismo lançando mão de categorias do moralismo. Como já disse, somos ainda stalinistas no sentido de que não sabemos fazer para o capitalismo de hoje aquilo que Marx fez para o capitalismo de seu tempo. Não temos, pois, uma teoria geral da sociedade e de seu movimento. Temos apenas táticas e usamos palavras privadas de sentido.

F. F. – *Posso entender sua preocupação tática com os marxistas que chegaram e conquistaram o poder. Sua crítica se aplica também aos marxistas daqueles países, por exemplo, daqueles do Ocidente capitalista onde os partidos comunistas estão na oposição?*

G. L. – Acredito que sim. Estou espantado com algumas dessas situações políticas. Diante delas fico perplexo. A discrepância, por exemplo, entre a grande força organizativa do Partido Comunista Italiano e seu pequeno peso teórico me deixa surpreso. Deve haver alguma razão, mas não a conheço. Ninguém duvida que [Palmiro] Togliatti seja um político de primeira ordem, um grande tático, mas talvez sua curiosidade teórica seja limitada... Me contaram que ele tinha os hábitos de um bom funcionário.

F. F. – *Os dirigentes marxistas italianos possuem uma matriz cultural precisa, sua formação é geralmente humanista no sentido tradicional; seu marxismo foi filtrado através das mediações originárias hegelianas de Antonio Labriola e depois também através daquela, neoidealista, de Benedetto Croce. Tratava-se de um marxismo que não fazia pesquisa de campo, que também tinha relações fracas no todo; era mais um marxismo de políticos e escritores puros do que de cientistas... Togliatti era, de resto, um grande admirador de Croce e de [Giovanni] Giolitti. Pode ser que em tudo isso houvesse uma boa quantidade de cálculo, isto é, aceitando a vertente Labriola, [Francesco] De Sanctis, [Bertrando] Spaventa, Croce, bem ou mal, ao agregá-la, esperava-se uma inserção indolor do marxismo na tradição cultural nacional. Parece-me que para tais operações não é necessário um paladar muito apurado. Em vez disso, são necessárias boas habilidades táticas.*

G. L. – Precisamente. Mas agora ficamos apenas com as táticas. As condições objetivas mudam e não sabemos o que fazer. Corremos em direção aos protestos dos jovens e aos movimentos estudantis sem compreendê-los e, naturalmente, sem os termos previsto. Chamamos de socialistas os países árabes, indicamos sem hesitação um organismo que se chama, por exemplo, União Socialista Árabe. Tudo isso faz rir. O que existe de socialista no mundo árabe ninguém sabe, e ninguém pode saber, pois de socialista não existe nada. Poderíamos no máximo falar de uma tentativa de identificação nacional e, também, de nacionalismo. Mas não socialismo. Já disse, de resto, que em Marx existe pouquíssimo acerca da economia das regiões do mundo não europeias, não mais do que algumas frases... África, Ásia, América Latina. Precisamos estudar esses países e a economia deles segundo uma prospectiva marxista e com o método de Marx. Do contrário, fazemos apenas abstrações, não existe análise séria.

F. F. – *Mas o momento abstrativo não é talvez fundamental para a construção de uma teoria geral?*

G. L. – Certamente que é. Eu seria o último a negar a importância do momento abstrativo em nome do mal compreendido materialismo ou de uma mal compreendida exigência empírica. Os positivistas não entendem precisamente isto: os fatos devem ser interpretados e, portanto, devem ser transcendidos; o processo de abstração é fundamental para a construção da teoria geral. E, sem teoria geral, os fatos são e permanecem privados de significado.

F. F. – *Sim, concordo. Mas o problema é no fundo outro. O problema é o que vem primeiro. Para mim, a razão fundamental que está na base da falta de pesquisa empírica de certo marxismo dos eruditos, o ideal-marxismo, é a convicção radicada, totalmente idealista, de que os fatos são importantes apenas como contorno, que não há passagem da empiria para o esquema lógico-teórico, que o mais importante é o aparato teórico-conceitual que o estudioso singular elabora em sua mesa, por sua conta, sobre a base de sua própria consciência problemática...*

G. L. – Não, absolutamente não. O problema, da forma como você o coloca, é mal colocado e se torna um problema insolúvel. Isto é, torna-se um falso problema, um problema ocioso. Não se trata de estabelecer o que vem primeiro e o que vem depois. Não existe um antes e um depois. Proceder desse modo comporta uma hipostasiação dos termos do problema e uma inevitável recaída na metafísica. Assim o problema se torna insolúvel. Eu não entendo toda essa movimentação em torno do além dos fatos. Os fatos, o ser... Somente se pode dizer que os fatos são um fato, exatamente. Que o ser é, e basta. Não existe nenhuma necessidade de estabelecer a hierarquia entre o ser e a consciência, ou a consciência problemática, como eu disse. Sei muito bem que você está pensando na frase de Marx "o ser cria o pensamento", e não o contrário. Sim, certamente, o marxismo reconhece e, desse modo, funda o próprio materialismo histórico sobre a prioridade do ser social sobre a consciência, mas é uma prioridade *sui generis* que não deve ser tomada literalmente... Erra-se ao entendê-la no sentido de uma hierarquia entre o ser e a consciência, pior ainda no sentido de um assujeitamento da consciência ao ser. No fundo, é apenas graças à consciência que temos o ser social, que somos capazes de intervir sobre o ser social e transformá-lo. Assim, a consciência é apenas o instrumento de que dispomos para dominar o ser social, para escapar do peso empírico do ser.

F. F. – *Agradeço esses esclarecimentos. Agora entendo melhor por que nem você nem sua atual escola, ou seja, seus colaboradores mais recentes e mais próximos, como Ágnes Heller, nunca realizaram pesquisas empíricas no sentido próprio. Mesmo quando você fala sobre os problemas da vida cotidiana e parece que está prestes a iniciar uma pesquisa social circunscrita, não constatada antecipadamente quanto aos resultados, na realidade você continua falando* sub specie philosophica, *sem pôr os pés no chão, serve-se dos fatos se e na medida em que se enquadram em suas impostações filosóficas gerais. Compreendo* *também que sua hostilidade contra a sociologia, que não me parece limitada à sociologia acrítica e descritiva de tipo estadunidense, também parece envolver a sociologia crítica, politicamente orientada, baseada em pesquisa empírica bem definida e metodologicamente controlada, mesmo que apoiada e guiada por um quadro teórico geral. O primado reconhecido de seu trabalho científico concreto sobre a consciência o leva necessariamente a desvalorizar a pesquisa empírica sobre condições objetivas; leva-o portanto, e entretanto necessariamente, a psicologizar o ser social, cuja existência depende, em sua opinião, de ser reconhecido como tal pela consciência e, portanto, pela irrealidade espiritualista, se não pelas rédeas místicas do subjetivismo extremo.*

G. L. – Não estou em nada de acordo com o que você disse.

F. F. – *Isso não me surpreende. O fato é que o sentido da pesquisa empírica lhe escapa completamente. Para você, a pesquisa serve apenas para substanciar o que é conhecido no nível conceitual subjetivo. Você basicamente nega que novidades importantes possam sair da pesquisa, a ponto de questionar o arcabouço teórico-conceitual. Assim, a função criativa da pesquisa lhe escapa.*

G. L. – De forma alguma. Não tenho nenhuma dificuldade em reconhecer a importância fundamental da análise circunstanciada contra a abstratividade gratuita e arbitrária. Não é assim que o caráter científico do marxismo deve ser visto? Além disso, o próprio Marx considerou escritos de sua juventude como escritos puramente ideológicos, puramente filosóficos no sentido tradicional. Sua obra verdadeiramente importante era por ele mesmo considerada *O capital**, isto é, a análise da sociedade capitalista de seu tempo na Europa. Mas uma análise científica não é uma análise positivista, que é escrava dos fatos, em vez de interpretá-los coerentemente. E, naturalmente, não é nem mesmo uma análise idealista.

F. F. – *Não nego a importância da teoria; saliento o problema de como proceder à construção dela. Para mim, o dado da objetividade constitui o ponto de partida essencial. E é nisso que vejo o caráter científico, não utópico, do marxismo.*

G. L. – Certamente. O marxismo se diferencia das outras explicações burguesas da sociedade porque é uma explicação científica que se vale de conceitos dialéticos e não metafísicos. A crítica de Marx à economia política clássica, especialmente Smith e Ricardo, é um exemplo da crítica científica. A economia

---

* Trad. Rubens Enderle, São Paulo, Boitempo, 2011-2017. (N. E.)

clássica era uma economia estática, incapaz essencialmente de perceber o movimento da sociedade. Em Smith e Ricardo, a análise econômica é apenas um conjunto de conceitos fixos que se vinculavam à realidade dada, tratada como dados naturais, imodificáveis (o mercado, o trabalho, a mercadoria etc.). Marx toma essa realidade em sua específica determinação histórica e a redefine em termos e com conceitos dialéticos, capazes de apreender o movimento histórico sem eternizar, reificar, uma fase particular. Assim restituiu ao homem sua história, e em Marx a história da natureza torna-se cultura, isto é, consciência, obra e responsabilidade do homem, da consciência social que se apodera, compreende e transforma o ser social. O elemento científico do marxismo está dado pelo uso de conceitos dialéticos e não dogmáticos, ou metafísicos, e pela sua caraterística capacidade de assumir, com base na própria teoria geral, o ponto de vista da totalidade contra as impostações setoriais e parciais da ciência burguesa, que é, bem entendido, uma pseudociência. A única verdadeira ciência é a ciência fundada sobre a história. Por isso reafirmo que não deve haver hierarquia entre ser e consciência e que, em cada caso, a prática não tem sentido sem a teoria.

F. F. – *Estou de acordo no que concerne ao uso da parte de Marx dos conceitos dialéticos, mas não me parece duvidoso que, especificamente em* O capital, *para não falar da* Introdução à crítica da economia política*, *o ponto de partida de Marx não é nunca o ser social indeterminado; é, ao contrário, a situação específica, historicamente determinada, dos interesses econômicos e dos motivos que a estes se vinculam. O plano econômico, ou estrutural, é decisivo, creio, para a explicação marxista da sociedade.*

G. L. – Mas o plano econômico, como você disse, não pode ser isolado do resto. Por si, os motivos econômicos não explicam nada. É preciso sempre estar atento ao risco de interpretar mecanicamente o marxismo. A interpretação positivista do marxismo é premissa, política e filosófica, do oportunismo e também do stalinismo.

F. F. – *Colocar, por outro lado, tudo no mesmo plano em nome da totalidade não expõe talvez ao risco de construir uma totalidade vazia, isto é, de cair na armadilha da mistificação idealista?*

---

*   Karl Marx, *Contribuição à crítica da economia política* (1859) (trad. e intr. de Florestan Fernandes, 2. ed., São Paulo, Expressão Popular, 2008). (N. E.)

G. L. – Sim, esse é um risco real. Mas é vão esperar sair dele contrapondo a estrutura à superestrutura. *Unterbau* e *Ueberbau*. Isto é, ainda um modo de pensar pré-crítico, não dialético. No fundo, poderíamos também dizer que é simplesmente um modo de pensar ainda pré-científico, ao menos no sentido que mistifica como momentos separados aquilo que são essencialmente aspectos de um processo unitário.

F. F. – *Gostaria de compreender melhor seu conceito de ciência.*

G. L. – A ciência é o proceder histórico da consciência que transforma o ser.

F. F. – *Não estou de acordo.*

G. L. – Explico melhor: ninguém ameaça a objetividade dos objetos. Basta apenas que eu diga que essa objetividade é de todo independente do sujeito. Ela existe e se desenvolve segundo sua lógica, que independe de vontade, aspiração, desejos, bondades ou maldades dos homens. A explicação de Marx do capitalismo é científica precisamente porque esclarece a lógica na base da qual o sistema se move e se desenvolve independentemente da boa e da má vontade dos capitalistas singulares. A ciência implica o fim do antropomorfismo, é reflexo da realidade objetiva. Mas esse reflexo não é um fato apenas imediato; a relação do homem é essencial. Nesse sentido, a ciência não é nada de absoluto, de impessoal; é um produto histórico, isto é, dos indivíduos historicamente operantes. Antes de Marx, já Hegel havia reconhecido que os homens literalmente se autocriam por meio de sua atividade de produção. As categorias científicas não são imutáveis, como pensavam e pensam os positivistas e os neopositivistas; estão também elas ligadas ao desenvolvimento histórico.

F. F. – *Afirmar o caráter desantropomorfizante da ciência e ao mesmo tempo teorizar a autocriação dos indivíduos historicamente operantes me parece contraditório.*

G. L. – É contraditório apenas do ponto de vista não dialético, positivista, ou do realismo ingênuo. A historicidade da ciência, descoberta pelo marxismo, torna-se uma empresa humana no sentido pleno e um instrumento potencial de libertação. Certamente, assim a ciência perde sua aura de certeza absoluta e perene.

F. F. – *De acordo com a ciência como empreitada historicamente determinada e, portanto, não neutra, mas política. Mas como apenas no Ocidente? É o problema de Max Weber. E pois: os problemas científicos e a utilização das resultantes das pesquisas põem um problema político, historicamente datado e* *determinado. Mas o esquema, ou a base, do raciocínio científico – problema, hipótese, verificação – dentro de um determinado horizonte histórico tem uma validade que prescinde das contingências históricas.*

G. L. – Isso significa simplesmente que o marxismo não deve ser dogmatizado, que há dentro do marxismo um impulso crítico que incide sobre o próprio marxismo como doutrina específica. Eu já disse que o marxismo deve ser continuado, que é preciso levar à conclusão o trabalho de Marx. [Herbert] Marcuse tentou isso, mas segundo um esquema essencialmente utópico. Ele não é capaz de uma análise científica, perdeu de vista a classe trabalhadora, não compreendeu a importância fundamental, para uma análise científica marxista, das relações de produção. Sua idealização do subproletariado é completamente romântica e privada de fundamentos sérios. Por outro lado, o momento da análise científica é fundamental. Não pode haver nenhuma política verdadeiramente revolucionária sem uma análise científica preliminar que se relacione com o quadro geral da história e da sociedade. Para o movimento revolucionário, essa é hoje a necessidade mais forte e mais urgente. Não temos uma política porque não temos teoria. Temos dia após dia de ir improvisando soluções ruins para problemas reais, prorrogando assim a jornada. Muita tática, mas nenhuma estratégia; pequena política; oportunismo. Vai-se adiante sem saber para onde. Por isso eu disse que ainda somos todos stalinistas. Sem uma teoria geral autêntica da sociedade e de seu momento não se sai do stalinismo. Stálin era um grande tático. Compreendia o que era melhor fazer em uma situação determinada. Alcançou bons êxitos. Por exemplo, Stálin certamente tinha razão contra [Karl] Liebknecht e Rosa Luxemburgo. Mais tarde, o pacto com Hitler e o aperto de mãos com Ribbentrop foram completamente justificados. Do ponto de vista da tática, era um caso de mera necessidade, como hoje sabemos, e um grande mérito histórico de Stálin é ter compreendido essa imediatidade. Mas Stálin, desgraçadamente, não era marxista. Se me consente um paradoxo, direi que Stálin era antes um trotskista. Vou lhe contar uma história. Entre Lênin e Stálin surgiram divergências, eles tinham opiniões contrastantes acerca do papel e das funções dos sindicatos. Segundo Trótski, os sindicatos deveriam ter como tarefa prioritária a construção do Estado e, assim, deveriam agir em cada situação e a propósito de todo problema como um órgão do Estado. Para Lênin, ao contrário, os sindicatos deveriam se colocar como organismos de massa e considerar como sua função institucional a defesa dos interesses imediatos dos trabalhadores empenhados na produção. A evolução do Estado soviético mostra, portanto, que Stálin era trotskista, ao menos nesse aspecto, naturalmente sem saber. Mas o fato é que Stálin ainda não foi superado. A essência do stalinismo consiste em pôr a tática à frente da estratégia, a prática acima da teoria. Isso se vê por todos os lados no movimento comunista internacional. Togliatti, por exemplo, como eu já disse, era um grande tático, talvez o maior, mas zero como teórico. Apenas em relação a [Antonio] Gramsci seria necessário fazer um discurso à parte, muito complexo; mas é certo que o Partido Comunista Italiano não tem o peso teórico que deveria ter, dada sua força organizativa, que é impotente. Uma grandeza acéfala. Mesmo para nós, na Hungria, mesmo na Polônia... Aprendemos a produzir algumas coisas, no plano prático, muito bem na agricultura, mas a industrialização em geral não vai bem, está atrasada, falta coordenação, nas empresas as matérias-primas não chegam a tempo, os planos permanecem no papel. Nós precisamos aprender a conectar as grandes decisões do poder político popular às necessidades das pessoas, dos indivíduos. Ninguém duvida de que planos abstratos criam anarquia. A burocratização gerada por Stálin é um mal terrível. A sociedade está sufocada. Tudo se torna irreal, nominalista. As pessoas não veem nenhum projeto, nenhum objetivo estratégico e, portanto, não se movem; o problema dos incentivos individuais se tornou insolúvel. É totalmente inútil renovar a ideia de ganho individual de tipo capitalista, ou invocar as leis de mercado. Pensamos ainda no capitalismo como ele era no século passado, no século XVIII, mas o mercado do século XIX está morto! Por outro lado, sob o clima intelectual e político dominado pelo stalinismo, perde-se o gosto pelas considerações das grandes alternativas. Que sociedade queremos construir? Uma sociedade socialista burocrática? Ou uma sociedade individualista de produção-consumo industrial de massa? Ou ainda uma sociedade pluralista, descentralizada, com baixa produtividade econômica? Essas questões parecem ociosas e inúteis. De fato, são inúteis, porque são as questões estratégicas que o stalinismo não pôde colocar. Stálin não apenas não era marxista, mas inverteu o marxismo, deturpou-o, pondo a tática à frente da estratégia. Somos ainda stalinistas porque não temos uma teoria do capitalismo de hoje e, por essa razão, não temos nem mesmo uma política real, isto é, uma política baseada em um plano estratégico.

F. F. – *Mas de que modo o Marx cientista e o Marx político são coerentemente vinculados?*

G. L. – Segundo penso, em Marx a concretização da pesquisa depende e vem depois da teoria geral. Assim o cientista e o político se ajudam mutuamente.

Hoje não temos uma política porque não temos uma teoria pela qual se diga o que é preciso fazer nas diversas circunstâncias. Ao contrário, somos sempre surpreendidos pelos acontecimentos.

F. F. – O *que pode ser feito, hoje, para sair do stalinismo e retornar ao marxismo na União Soviética?*

G. L. – Pouco, muito pouco, quase nada. Porque puseram a prática antes da teoria, nossos amigos soviéticos estão forçados a usar o marxismo como instrumento de racionalização das exigências políticas imediatas. Por exemplo, a disputa entre os soviéticos e os chineses não tem nada de marxista. É puramente um conflito de tática política, que não pode ser resolvido porque não existe uma teoria marxista geral.

F. F. – *De onde você infere a não existência de uma teoria geral marxista aplicada às condições atuais?*

G. L. – Do fato de termos perdido o passo e as coisas parecerem nos escapar. Há fenômenos novos sobre os quais não temos nada a dizer. Esperamos pela grande crise do capitalismo, mas o capitalismo não tem uma crise de grande relevo desde aquela de 1929, porque, atualmente, o capitalismo tomou posse de toda a vida social. Não me agrada dizê-lo, mas é a verdade. O consumo em massa dos trabalhadores se tornou muito importante como meio de eliminar as crises do capitalismo. Do mercado estrutural, objetivo, dotado de uma função social importante, em muitos aspectos revolucionária, como Marx e Engels conheceram, em comparação à idiotia da vida rural e à tradição em geral, passamos ao mercado manipulado deste século. Nossa análise estancou, o capitalismo continuou a evoluir. Nós paramos com Lênin. Depois dele não houve marxismo. Também nos países socialistas a falta de uma teoria e em especial a falta de uma análise marxista do capitalismo atual impede a construção real do socialismo. A planificação é muito abstrata. São palavras. O desenvolvimento do capitalismo conheceu, no entanto, mudanças radicais, qualitativas. Já disse e quero ser mais específico. Por exemplo, no curso do século passado, a duração da jornada de trabalho foi uma questão importante: passou de quatorze horas para treze, doze, dez e assim por diante. Hoje, a própria questão se põe de maneira diferente. Não é tanto a duração da semana de trabalho que é importante; o importante é saber e programar o que os trabalhadores farão durante seu famoso "tempo livre", o que eles consomem, aonde vão... No século passado, em seus projetos e especulações, o capitalista não levava nunca em consideração a capacidade de consumo dos trabalhadores, porque esta era com efeito tranquilamente negligenciável. O capitalismo estava interessado, sobretudo, nos investimentos de base, na grande indústria. Importantes setores da vida coletiva lhe eram indiferentes. Hoje, o capitalismo se interessa profundamente por toda a vida social, desde botas femininas até automóveis, de utensílios de cozinha aos meios de entretenimento... É uma mudança qualitativa sobre a qual sabemos pouco. A esse respeito, os resultados parciais de certas pesquisas burguesas devem ser usados criticamente. Mas muitas vezes essas pesquisas são abstratas e sem valor porque carecem da dimensão histórica e porque negligenciam os dados do desenvolvimento econômico. Por exemplo, pode-se muito bem estudar a escola de um país. Mas, sem a história e a economia desse país, o estudo do sistema escolar é abstrato, não tem valor.

F. F. – *Um estudo desse tipo, porém, dotado das dimensões econômica e histórica, deveria ser realizado em todos os países, deveria ser um estudo em escala mundial.*

G. L. – Sim, certamente. Existe uma contra-alienação e um contracapitalismo mundial.

F. F. – *A quem cabe essa função? Aos intelectuais?*

G. L. – Essa função cabe a toda a classe operária. Aos intelectuais não cabe nenhuma função ou nenhuma posição ou ainda nenhuma consideração privilegiada. Certamente, a classe operária mudou, muda em sua composição interna, assim como muda continuamente o capitalismo, mesmo permanecendo em substância idêntico a si mesmo. Precisamos ficar de olho no desenvolvimento das técnicas produtivas e, portanto, no desenvolvimento da divisão do trabalho e nas repercussões da tecnologia produtiva sobre os papéis profissionais e sobre o modo de configuração da luta de classes.

F. F. – *Creio que se pode dizer que na indústria moderna os trabalhos com alto conteúdo intelectual estão aumentando em relação àqueles que requerem um puro e simples dispêndio de energia muscular. Ao mesmo tempo, aumenta o número dos intelectuais e conjuntamente se tornam mais estreitos os laços que os associam de vários modos às empresas capitalistas. Estou interessado no papel dos intelectuais na conformação da teoria geral que você busca. Pode-se ainda considerar os intelectuais como um grupo social separado, ou os intelectuais são trabalhadores assalariados como os outros?*

G. L. – Não, não me parece que intelectuais sejam pura e simplesmente trabalhadores assalariados como todos os demais. A chamada proletarização dos intelectuais não os torna similares aos autênticos proletários. O fato é que os intelectuais têm responsabilidades particulares. Por exemplo, podem ter poder real e desempenhar um papel importante nas decisões políticas, mas continuam a lamentar-se. Como um adolescente com a primeira namorada, ele tem orgulho dela, quer que seja vista em público, mas, ao mesmo tempo, tem vergonha. A relação com o poder é ambígua. A propaganda oficial continua a falar da "ditadura do proletariado". Mas os intelectuais que se fingem de operários tornam-se ridículos. Como se pode esquecer que mesmo Marx e Engels eram intelectuais burgueses? Da mesma forma, o próprio Lênin provinha de uma família intelectual burguesa. A consciência socialista, como ensinou Lênin, não surge espontaneamente no interior da classe trabalhadora, mas é trazida a ela pelos intelectuais revolucionários. O modo como isso acontece varia, naturalmente, de tempos em tempos, mas não há nisso nenhum espontaneísmo mecânico, nenhum fatalismo.

F. F. – *Mas, se é verdade, como acredito, que a maior descoberta de Marx consiste na descoberta da politicidade da cultura e da ciência, não lhe parece que haja um risco paternalista em continuar a considerar a cultura e a ciência o apanágio de uma classe restrita de intelectuais, tendencialmente exclusiva e corporativa, que deveria pôr a cultura a serviço das massas, isto é, iluminar, guiar, como se fossem os únicos depositários autorizados do autêntico verbo revolucionário?*

G. L. – Creio que devemos a todo custo evitar o paternalismo dos intelectuais, que é sempre autoritarismo escondido e, portanto, mais insidioso. Mas o temor do paternalismo não nos deve fazer fechar os olhos para a importância, em determinadas circunstâncias decisivas, do papel desempenhado pelas grandes personalidades na história. O que teria acontecido em 1917 na União Soviética sem Lênin? Podemos estar certos de que teria ocorrido, malgrado sua ausência, a Revolução de Outubro? O socialismo é aquilo que os homens fazem dele. Depende deles impedir que a construção do socialismo seja obstaculizada e enfim sufocada pela burocratização.

O colóquio chega ao fim. É quase uma hora. Enquanto conversávamos, a governanta entrou com duas xícaras de café sobre uma bandeja de cerâmica verde e alguns torrões de açúcar irregularmente dispostos sobre um pratinho.

16

A última entrevista de Lukács*

Entrevista concedida a Yvon Bourdet

Yvon Bourdet – *Agradeço muito ter aceitado falar comigo em francês.*

György Lukács – Entretanto, o senhor deve saber que falo francês muito mal, com sotaque húngaro e gramática alemã. (Lukács ri.).

Y. B. – *Isso não é verdade. Ouvi sua entrevista para a televisão francesa e o senhor se expressou muito bem.*

I. O juízo de Lukács sobre o austromarxismo

Y. B. – *Inicialmente gostaria de fazer algumas perguntas sobre o austromarxismo: quando o senhor chegou a Viena, depois da Segunda Guerra Mundial e da queda da República Húngara dos Conselhos, encontrou-se com os socialistas austríacos?*

---

* Yvon Bourdet registrou esta entrevista em 16 de abril de 1971, três dias após Lukács completar 86 anos. A entrevista foi realizada numa vila não muito longe de Budapeste, no meio de uma floresta. Tratava-se de uma casa reservada aos membros do partido e aos hóspedes do governo húngaro. Lukács ali se hospedara por recomendação médica. Na época, já se encontrava seriamente doente, vindo a falecer algumas semanas depois, mais precisamente em 4 de junho de 1971. Como informa o próprio Yvon Bourdet, essa foi a última entrevista concedida por Lukács a um visitante estrangeiro. Foi publicada, pela primeira vez na íntegra, no livro de Bourdet *Figures de Lukács* (Paris, Anthropos, 1972), e a presente tradução foi feita com base nessa edição. Antes, fora publicada parcialmente nas revistas *L'Homme et la Societé*, n. 20, jun. 1971, e *Autogestion et Socialisme*, n. 16-17, 1971. (N. T.)

G. L. – Sim. Eu mantinha muito boas relações com Otto Bauer. Mas é preciso não esquecer a situação da época: éramos imigrados com quem – quero dizer, contra quem – o regime poderia, a qualquer instante, tomar medidas de modo algum legais[1]. Cada um de nós devia dar sua palavra de honra à polícia de que não se envolveria em nada nos assuntos austríacos[2]. Todavia, como era costume em todas as imigrações, fui encarregado pelo Partido Comunista Húngaro de fazer certos contatos e, em particular, recebi a incumbência de intervir junto a Otto Bauer, por exemplo, toda vez que um de nós era ameaçado de extradição e também para falar de toda sorte de assunto. Ora, nessas conversas, nós nos entendíamos muito bem, porque ele era um social-democrata não ortodoxo e eu era um comunista não ortodoxo. Assim, havia entre nós uma possibilidade de nos compreendermos, de nos compreendermos também um pouco humanamente e, desse modo, as conversas que tínhamos eram sempre muito vastas e longas, ultrapassando sempre a questão específica sobre a qual tínhamos a necessidade de tratar. Não se deve concluir, contudo, que eu tinha intimidade[3] com Otto Bauer, isso não seria verdade, pois, de todo modo, a situação entre as duas partes era tal que nenhum de nós podia ultrapassar certos limites; devíamos guardar certa reserva para que o interlocutor não utilizasse politicamente a confidência de um membro de outro partido. É por isso que não se pode dizer que em tais contatos eu tenha revelado minhas opiniões íntimas a Otto Bauer nem meus verdadeiros pensamentos políticos. Eu não podia relatar nada sobre esse tema, mas tive a oportunidade de estimá-lo como um homem muito honesto e muito inteligente[4]. E tivemos boas conversas sobre as mais diversas questões

---

[1] Conta-se, por exemplo, que, após sua chegada à Áustria, Béla Kún e certo número de seus camaradas foram internados no hospital psiquiátrico de Steinhof em Viena, ainda que no setor de pacientes inofensivos. Lukács também foi preso, mas ele não fazia parte do grupo de Béla Kún.

[2] Existem alguns registros sobre essa promessa de honra de Lukács nos arquivos nacionais austríacos (Haus-Hof- Staatsarchiv, Wien, Neues Politisches Archiv. Liasse Ungarn, Faszikel 881, Polizeidirection in Wien, Pr. Z. – 1066/11).

[3] Não se trata de uma impressão particular de Lukács: Otto Bauer era de uma frieza bastante natural e mostrava-se pouco inclinado a revelar dúvidas e preocupações, mesmo a seus colegas do Partido Socialista. Ver Yvon Bourdet, *Otto Bauer et la révolution* (Paris, EDI, 1968), p. 23.

[4] Em seus escritos do período vienense, Lukács fez muitas vezes referência à inteligência de Otto Bauer. Em 1921, no curso de seus estudos sobre "Rosa Luxemburgo como marxista" (em *História e consciência de classe: estudos sobre a dialética marxista*, trad. Rodnei Nascimento, São Paulo, WMF Martins Fontes, 2003, p. 105-32), ele considera Otto Bauer o crítico "mais sério" de *A acumulação do capital* (trad. Marijane Vieira Lisboa e Otto Erich Walter Maas, 3. ed., São Paulo, Nova Cultural, 1988); no ano seguinte, sempre a propósito de

A última entrevista de Lukács | 221

importantes do movimento, mas jamais sobre as questões políticas atuais se elas não tivessem precisamente relação com a questão que devíamos tratar.

Y. B. – *O senhor permaneceu um longo período em Viena?*

G. L. – Bastante tempo. Cheguei a Viena no outono de 1919 e parti no fim de 1930.

Y. B. – *Durante esse longo período, frequentou o Café Central de Viena, aonde Trótski ia regularmente antes da guerra de 1914, e que era um lugar muito ativo de encontros entre intelectuais e revolucionários?*

G. L. – Não. É preciso não esquecer que o Partido Comunista Húngaro era um partido ilegal na Áustria e que, para preservar essa possibilidade de existência ilegal, tínhamos a obrigação de não cultivar muitas relações com as pessoas. Certamente, conheci muitos escritores de expressão alemã – tinha, por exemplo, boas relações de amizade com Richard Beer-Hofmann[5] e com escritores desse gênero –, mas não se poderia dizer que participei da vida literária da Áustria. Isso não seria verdade, eu estava muito ocupado com o movimento comunista húngaro[6].

Y. B. – *Conheceu também Max Adler?*

G. L. – Sim, sim, mas não tinha boas relações com Max Adler, pois eu era absolutamente contrário a seu "kantismo", e ele, de seu lado, via-me como um marxista dogmático. Assim, não havia nada entre nós, nada que pudesse dar nascimento a uma relação estreita como a que eu possuía, por exemplo, com Otto Bauer. Eu tinha melhores relações com Otto Bauer do que com Max Adler. Certamente, eu o conhecia. Tive, em particular, a ocasião de o encontrar a propósito de cursos que dávamos aos mesmos estudantes[7]. Como você pode

---

Rosa Luxemburgo ("Notas críticas sobre a *Crítica da revolução russa* de Rosa Luxemburgo", em *História e consciência de classe*, cit., p. 489-522), Otto Bauer é apresentado como "um dos opositores mais inteligentes dos bolcheviques" (ibidem, p. 120 e 518). Em 1924, para Lukács, Otto Bauer é um oportunista "mais lúcido" do que outros (*Lênin: um estudo sobre a unidade de seu pensamento*, trad. Rubens Enderle, São Paulo, Boitempo, 2012, p. 83).

[5] Richard Beer-Hofmann nasceu em Viena em 1866 e morreu em Nova York em 1945. Autor dramático, amigo de Arthur Schnitzler e Hugo von Hofmannsthal, sofreu a influência de Freud. Foi um dos signatários da petição endereçada a Ignaz Seipel para a liberação de Lukács.

[6] Para convencer-se do bom fundamento dessa afirmação, basta reportar-se à lista de escritos de Lukács nessa época, como se demostrou mais acima.

[7] Quando Lucien Goldmann chegou a Viena, em 1931, o grupo de alunos e discípulos de Max Adler discutia ainda tão intensamente *História e consciência de classe* que, em meio a eles, Goldmann se tornou discípulo de Lukács.

facilmente supor, exprimíamos, em nossos cursos, opiniões fortemente contra-ditórias e algumas vezes eu conversava com Max Adler sobre esses problemas e nossas divergências. Mas disso não se pode de modo algum concluir que eu mantinha boas relações de amizade, nem mesmo que eu possuía relações estreitas com Max Adler.

Y. B. – *As discordâncias com Max Adler não foram jamais objeto de discussões públicas, por exemplo, em presença de estudantes?*

G. L. – Não, nem uma vez. É preciso lembrar que éramos imigrados na Áustria, não tínhamos o direito de tratar de questões políticas. Nesse sentido, as discussões públicas com os social-democratas estavam para nós totalmente excluídas.

Y. B. – O *senhor havia lido as obras de Max Adler?*

G. L. – Sim, sim. Eu as conhecia e, como lhe disse, era absolutamente contra, pois não podia aceitar seu "kantismo"[8].

Y. B. – *Chegou também a conhecer Friedrich Adler?*

G. L. – Não, nunca.

Y. B. – *Karl Renner, por acaso?*

G. L. – Karl Renner eu vi uma ou duas vezes, mas meu verdadeiro contato com o partido social-democrata era através de Otto Bauer.

Y. B. – *E, dentre os pensadores mais obscuros, conversou com Julius Dickmann, que era próximo do Partido Comunista Austríaco?*

G. L. – Não, eu não o conheci. É preciso saber que nós estávamos, naquele tempo, muito ocupados com a reorganização do Partido Comunista Húngaro, e isso não apenas nos dava muito trabalho, como nos levava a fazer coisas que punham em perigo nossa situação precária de imigrados que se beneficiavam do direito de asilo. Tínhamos de prestar muita atenção e tomar todas as precauções para que o governo austríaco não pensasse que fazíamos complôs contra ele. Por isso, não tínhamos interesse em estabelecer de uma maneira muito evidente relações estreitas com o Partido Comunista Austríaco, não nos encontrávamos com muita frequência, nem mesmo oficialmente. Falávamos

---

[8]   Em "Qu'est-ce que le marxisme orthodoxe", Lukács acusa Max Adler de querer eliminar "da maneira talvez a mais grosseira" a dialética da ciência do proletariado (ver *Histoire et conscience de classe*, cit., p. 29).

com um ou outro de maneira muito informal. Era preciso nos prevenir para que o que disséssemos não pudesse ser usado contra nós. Certamente, como você sabe, o Partido Comunista Austríaco era muito fraco, mas nem por isso deixava de divergir do Partido Social-Democrata Austríaco; por isso não seriam vistas com bons olhos as relações privilegiadas entre os comunistas húngaros e os comunistas austríacos[9]. Era preciso, portanto, tomar cuidado para não nos envolvermos em controvérsias ou lutas políticas que dividiam o Partido Comunista e o Partido Social-Democrata Austríaco.

Y. B. – *Qual é hoje seu julgamento de conjunto (geral) sobre o austromarxismo? Trata-se, para o senhor, de algo interessante e novo em relação ao marxismo clássico?*

G. L. – Diria que eles tiveram uma espécie de... como dizer? Uma espécie de liberalismo tático e, de outro lado, alcançaram resultados que o Partido Social-Democrata Alemão não conseguiu. É verdade que essa diferença pode se explicar parcialmente pelo fato de que o Partido Comunista Alemão era forte: havia na Alemanha uma concorrência muito mais aguda entre os dois partidos marxistas. Na Áustria, o Partido Comunista encontrava-se em um número negligenciável; isso deixava o Partido Social-Democrata com grande liberdade de manobra.

Y. B. – *O que o senhor pensa mais precisamente do aporte teórico do austromarxismo, julgando-o a partir das obras escritas por eles?*

G. L. – Poderia dizer, a esse propósito, que Karl Renner era o mais inteligente dos oportunistas que havia na Internacional; acho que Karl Renner era muito mais inteligente do que todos os conservadores da Alemanha. Mais precisamente, estimava Renner como um teórico, como um pensador com o qual, pode-se dizer, não estou de acordo em nenhuma questão, mas em quem vejo que havia um verdadeiro sistema e toda uma conexão de coisas que se poderiam tomar como sérias. Otto Bauer era muito mais interessante, no sentido de que era muito menos consequente que Renner. Bauer era muito mais complicado[10], prevenia-se muitas vezes antes de julgar certas questões, via os aspectos

---

[9] Tanto que os socialistas austríacos faziam frente às tentativas de *putsch* inspirados e sustentados pelo governo de Béla Kún. Ver Lucien Laurat, "Le parti communiste autrichien", em Jacques Freymond (org.), *Contributions à l'histoire du Komintern* (Genebra, Droz, 1965), p. 67-95.

[10] Esse aspecto da personalidade de Otto Bauer chamou a atenção de todos os que o conheceram. Paul F. Lazarsfeld comenta, por exemplo "o charme desse homem brilhante e complicado"

contraditórios das coisas. Sobretudo, seu ponto de vista era muito menos conservador do que aquele de Renner. O que Renner pretendia era fundar a república austríaca por meio de uma coalizão, não de maneira circunstancial, mas sólida e durável, entre os partidos burgueses e o Partido Social-Democrata, enquanto Bauer, sobre essa questão, tinha uma posição mais aberta, mais livre... Um desses dias, um camarada me disse que havia numerosos textos inéditos de Bauer, textos que ele havia escrito quando estava em Viena. Eles devem ser naturalmente muito interessantes e seria preciso editá-los...

Y. B. – *Estou muito surpreso, pois sempre tive a certeza de que não havia nenhum material inédito de Otto Bauer relativo a esse período[11]. Otto Bauer conta que em fevereiro de 1934 a polícia se apossou de todos os seus papéis[12]. Todavia, não sei qual foi o destino desses manuscritos[13]. Por outro lado, o Partido Socialista ainda guarda segredo sobre numerosos arquivos, sob o pretexto de que não puderam ainda ser inventariados ou classificados, e que nenhum catálogo pôde ser estabelecido. Existe, talvez, uma confusão entre os arquivos do partido (que devem, de fato, conter numerosas intervenções e cartas) e os manuscritos propriamente ditos de Otto Bauer...*

G. L. – Enfim, o que posso dizer desses inéditos, não sei nada de maneira direta, mas posso bem imaginar que, sobre muitas questões, Otto Bauer teve divergências com seu partido. Ele não tinha uma visão fixa diante dos

---

("Préface", em Yvon Bourdet, *Otto Bauer et la révolution*, cit., p. 8). Ernst Fischer, por sua parte, observa que por vezes Otto Bauer duvidava que o proletariado tivesse a capacidade de tomar o poder, dada a extraordinária complexidade da gestão de um Estado industrial moderno, mas isso não o impedia de, quando recebia um proletário, ficar como que "em adoração diante dele". Sabe-se igualmente que a clareza de suas concepções teóricas não evitou que ele ficasse bem hesitante no momento de agir.

[11]   A informação transmitida por Lukács realmente não tinha fundamento. Eis sua origem: algum tempo antes de minha visita a Budapeste, Llona Duczynska Polanyi manifestou interesse diante de Lukács pelos manuscritos deixados por Otto Bauer em Paris, após sua morte, em 1938. Lukács teria acreditado que ela se referia a textos ainda inéditos; na realidade, esses textos foram editados quase imediatamente por Friedrich Adler. Trata-se dos artigos "Der Fachismus" [O fascismo], *Der sozialistische Kampf*, n. 4, jul. 1938, e da obra póstuma bastante conhecida *Die illegale Partei* [O partido ilegal] (Paris, La Lutte Socialiste, 1939). Segundo Wanda Lanzer, neta de Otto Bauer: *"Sonst ist absolut nichts vorhanden"* [De fato, não há absolutamente nada] (carta a Yvon Bourdet, junho de 1967).

[12]   Otto Bauer, *Zwischen zwei Weltkriegen?* [Entre duas guerras?] (Bratislava, Eugen Prager, 1936), p. 7.

[13]   Em outra carta (17 de abril de 1968), Wanda Lanzer observa que, se os manuscritos de Otto Bauer não tivessem sido destruídos, eles já teriam sido encontrados e editados.

acontecimentos e situações[14]; seu ponto de vista era muito menos conservador do que aquele de Renner.

Y. B. – *Agradeço suas explicitações a propósito dos austromarxistas. Antes de abordar outras questões, talvez queira fazer uma breve pausa para o café.*

G. L. – Oh, o café não é importante.

II. Crítica da burocracia dos países comunistas

Y. B. – *Segundo dizem, atualmente há diferenças importantes no tratamento dado aos intelectuais: para alguns – aqueles que fazem a obra científica – permite-se, assim parece, uma grande liberdade de expressão; ao contrário, quando escritores ou artistas fazem críticas, eles passam por loucos, são internados em clínicas psiquiátricas. O que o senhor pensa sobre isso?*

G. L. – O senhor sabe, trata-se aqui de uma coisa que não concerne à pura teoria. Para responder ao senhor, preciso considerar a Rússia de um ponto de vista empírico. A Rússia é a segunda grande potência do mundo e, para conservar essa posição, deve ter um exército que esteja tecnicamente no nível do Exército dos Estados Unidos, especialmente no que se refere ao armamento atômico. Disso resulta, naturalmente, que os cientistas – cujas pesquisas fundamentais são a condição *sine qua non* para o aperfeiçoamento técnico das armas – são pessoas intocáveis: eles podem fazer, eles podem dizer o que querem. Ora, evidentemente, do outro lado, os intelectuais que não defendem os interesses ligados diretamente à existência da União Soviética estão em uma situação muito ruim. Não sei se o senhor leu, eu escrevi um pequeno livro sobre [Alexander] Soljenítsin no qual demonstro precisamente que uma crítica literária do período de Stálin é atualmente impossível na Rússia. Certamente, existe um Soljenítsin, mas ele está em uma situação difícil, quase impossível. A diferença entre os escritores e os cientistas tem suas raízes na situação atual da construção do socialismo; de fato, se não tivesse se lançado a fundo e de mancira irrevogável na livre pesquisa científica e técnica, a Rússia

---

[14] Sobre esse aspecto, é interessante comparar as posições mutáveis e cheias de nuances de Otto Bauer diante dos acontecimentos históricos com aquelas de outros socialistas, em particular de Kautsky. Ver Ivon Bourdet, "Otto Bauer et la Russie soviétique: Quatre lettres inédites de Otto Bauer à Karl Kautsky", *International Review of Social History*, v. 15, parte 3, 1970.

não existiria há muito tempo. Essa é uma coisa muito clara, que explica por que toda essa ciência que condiciona as técnicas de guerra se beneficia de uma liberdade absoluta na Rússia, enquanto todas as outras atividades intelectuais em todos os outros domínios não podem existir, a não ser na medida em que os interesses momentâneos da sociedade socialista lhes permitem.

Y. B. – *Então, como o senhor considera que seja possível uma evolução desse regime? Ele pode se tornar lentamente menos despótico ou mesmo passar por uma mudança brusca?*

G. L. – Penso que existem problemas econômicos em cada país socialista, e, para mim, esses problemas não podem ser resolvidos sem uma democratização da vida, da vida operária. Mas as condições de uma democratização não estão ainda reunidas. Podemos ver uma prova muito nítida disso nos recentes acontecimentos na Polônia: pudemos observar, nessa ocasião, como a massa operária é indiferente às organizações operárias; ou, segundo minha opinião, essa indiferença secreta, por assim dizer, seu próprio antídoto como um contrapeso necessário, que é dele inseparável. Por contrapeso necessário, entendo as greves espontâneas, as greves explosivas (selvagens). A esse propósito, devo acrescentar que é um erro acreditar que existe grande diferença entre a Polônia e os outros países socialistas: certamente lá houve uma explosão e nos outros países não ocorreu ainda nenhuma explosão, mas existe por todos os lados a mesma indiferença e, a cada momento, essa indiferença que os operários sentem por suas organizações não serve para a defesa de seus verdadeiros direitos, torna-se uma indiferença pelas coisas do dia a dia, e essa indiferença pode, a cada dia, transformar-se bruscamente[15] em uma greve espontânea, como aquela que se produziu na Polônia. Esse perigo, sinto que ele existe em cada país socialista. Em cada país socialista pode vir a acontecer amanhã ou depois de amanhã o que ocorreu na Polônia.

Y. B. – *Mas, nesse caso, resta a potência do exército e do Estado soviético, que pode esmagar o movimento.*

G. L. – Sim, mas não se passou muito tempo desde que Talleyrand disse, acredito, que podemos fazer tudo com as baionetas, mas não podemos nos sentar nas baionetas, e um sistema que se funda no fato de estar assentado sobre baionetas não é um sistema sólido. Desse modo, podemos considerar

---

[15]   Lukács diz exatamente "se lançar em".

que esses países do Leste Europeu estão em regime de transição, no qual os problemas econômicos tornam necessária uma reforma econômica. Mas uma verdadeira reforma econômica não pode se realizar a não ser por uma democratização da vida cotidiana dos operários, e, a esse propósito, há questões que não estão resolvidas.

Y. B. – *O senhor acredita que a burocracia nesses regimes do Leste pode fazer uma reforma econômica que eleve o nível de vida e, desse modo, evitar a revolta?*

G. L. – Não creio, não creio. Para evitar a explosão é preciso que cada uma das duas partes saiba o que a outra quer, aquilo que é possível de se acordar e aquilo que é impossível. Não quero dizer com isso que tudo aquilo que os operários demandam deve ser concedido, mas é preciso uma conversação permanente entre o partido e os operários para que se saiba quais questões preocupam os operários, o que, em dado momento, move a alma dos operários – não é sempre a mesma coisa, nem da mesma maneira, nem com a mesma intensidade. Por isso, um contato permanente é necessário, e esse contato é o que se chama democracia, a democratização de nossa sociedade. Sem essa democratização, não acredito que possamos fazer reformas econômicas.

Y. B. – *E a burocracia ela mesma não pode fazer essa consulta permanente sem negar a si mesma, sem se contradizer?*

G. L. – Não creio, pois eu jamais... Naturalmente não se pode exprimir isso no plano do absoluto, mas eu ainda nunca vi uma reforma que tenha sido feita por burocratas. Pois os burocratas acreditam sempre que a consequência de seu sistema burocrático é a verdade para a massa, para a massa operária, e seguramente isso não é verdade. É preciso estudar – e estudar levando em conta o que acontece a cada dia – a vida dos operários para que se saiba o que eles querem verdadeiramente e como entendem realizar a própria justiça.

Y. B. – *Então o senhor não julga possível um perecimento gradual do Estado e pensa, como Marx, que é preciso quebrar o aparelho, a máquina do Estado?*

G. L. – Veja bem, trata-se de uma coisa que está muito, muito longe. É apenas sob uma democracia que o perecimento do Estado pode se produzir. Com a burocracia de hoje, o Estado se torna sempre mais forte, mais potente, e não se vê nenhum sinal de perecimento, nem mesmo de mudanças. Não acredito que possa existir uma mudança burocrática, e mesmo se acreditasse – até onde posso julgar essas coisas – não considero que exista uma verdadeira vontade nesse sentido. Quando se lê aquilo que [Leonid] Brejnev disse no último congresso, vê-se que tudo permanece imóvel, como está agora. A esse propósito, não creio – e isso é uma boa coisa – que se queira uma reação stalinista e um retorno a Stálin, isso ninguém quer, mas esse equilíbrio burocrático que temos hoje pretende-se mantê-lo. E quanto tempo isso pode durar, naturalmente, ninguém é capaz de saber.

Y. B. – *Todavia, o sistema é percebido pela massa dos trabalhadores como devendo ser modificado, ou os operários estão habituados a esse regime burocrático?*

G. L. – Eles estão habituados, mas... como dizer? É um mau hábito com o qual eles não estão de acordo. Se falamos com os operários, vemos sempre que eles desejam outra coisa para além disso que a burocracia lhes quer dar.

Y. B. – *Mas eles possuem consciência de um outro modelo de socialismo? Algumas vezes ouço dizer que os protestos dos intelectuais contra o regime da União Soviética são um protesto burguês, uma aspiração em direção à democracia ocidental, e não uma vontade de ultrapassar o atual regime soviético.*

G. L. – Nesse caso, creio que não se compreende bem, que não se compreende de modo algum Marx, pois Marx demonstrou muito bem, em seus escritos de juventude, que na democracia burguesa existe uma dualidade entre o cidadão e o burguês, e o materialismo burguês, como diz Marx, reina sempre sobre o idealismo democrático do cidadão; e o combate dos cidadãos burgueses na Revolução Francesa se tornou pura caricatura em todos os países capitalistas. Desse modo, não creio que o retorno a essa democracia seja a solução. Para uma verdadeira transformação, é preciso uma democracia verdadeiramente proletária; com isso, compreendo apenas a democracia dos sovietes de 1917. E penso que, sem esse retorno aos sovietes de 1917, não podemos fazer verdadeiras reformas.

Y. B. – *Mas o senhor não acha que Lênin tem uma parte de responsabilidade na evolução dos sovietes para a burocracia? Em* O Estado e a revolução*, *ele fez a formulação segundo a qual, depois da tomada do poder pelo proletariado, o Estado deveria começar imediatamente a se dissolver. Ora, isso nunca ocorreu, nem mesmo quando ele ainda estava vivo...*

G. L. – Não se deve tomar cada palavra dita por Lênin em 1917 ao pé da letra. Lênin soube muito bem definir o que era preciso entender por "revolução

---

* Trad. Ana Vaz de Almeida e Avante!, São Paulo, Boitempo, 2018. (N. E.)

cultural" e as condições dessa revolução, isto é, como era preciso fazer uma revolução na educação das massas a fim de torná-las aptas a uma sociedade soviética. Lênin, creio, seria absolutamente... teria ficado absolutamente contra os *kolkhozes* tais como são hoje, pois não passam de organizações puramente burocráticas.

Y. B. – *O que o senhor entende precisamente por "organização burocrática"? É quando existe uma separação entre uma minoria dirigente e o resto do povo?*

G. L. – Existe burocracia quando uma minoria de pessoas cooptadas governa sem perguntar a opinião das grandes massas. Sendo assim, é preciso distinguir duas formas de socialismo: a primeira forma consiste em permanecer em contato permanente com as massas, saber aquilo que as massas querem, o que não implica, como eu já disse, que se deva concordar sempre com o que as massas demandam, mas existe um contato permanente entre o Estado, o partido e as massas operárias. De outro lado, trata-se de um tipo de socialismo em que uma minoria faz as leis e reina com essas leis. Todavia, hoje é preciso fazer com que esse sistema funcione em certa medida, mas apenas em certa medida.

Y. B. – *Entretanto, os adversários da primeira forma de socialismo fazem a seguinte objeção: eles consideram que, segundo Marx, as ideias da classe dominante são, ao mesmo tempo, as ideias de todos, inclusive da classe operária. Desse modo, por que querer estar em contato permanente com as massas para encontrar a verdade, se a própria classe operária possui suas ideias subversivas para a classe dominante?*

G. L. – Veja, aqui, não se deve... não se deve jamais, com uma palavra de Marx, resolver uma questão. Marx tinha uma concepção geral sobre esse assunto, mas é em um escrito como O *18 de brumário**ou em*A guerra civil na França***, na Comuna, que ele explicou exatamente como imaginar uma democracia verdadeira. Agora, é preciso realizar essa democracia verdadeira ou o socialismo não se realizará jamais.

Y. B. – *Para explicar a degenerescência da Revolução Russa, invoca-se com frequência o fracasso da revolução proletária na Europa Ocidental após a Primeira Guerra Mundial. O senhor pensa que, se a revolução operária tivesse se*

---

*   Trad. Nélio Schneider, São Paulo, Boitempo, 2011. (N. E.)
** Trad. Rubens Enderle, São Paulo, Boitempo, 2011. (N. E.)

implantado na Alemanha, na Inglaterra, na França etc., a evolução da revolução teria sido diferente e talvez a burocracia tivesse sido evitada?

G. L. – Acredito que teria feito uma grande diferença, pois sem essa preocupação defensiva, sem essa orientação que consistiu em querer salvar os sovietes da contrarrevolução europeia, se essa situação não tivesse existido, teria havido outra evolução, teria havido provavelmente uma evolução muito mais democrática. Mas é preciso acrescentar que isso são especulações bastante vãs. Não se pode dizer de coisas passadas como elas teriam acontecido se não tivessem sido de tal modo.

Y. B. – *Estou bastante interessado em sua crítica da burocracia, mas Trótski também fez uma crítica da burocracia em 1904 e, em seguida, após sua eliminação por Stálin. Qual a diferença entre sua crítica e a de Trótski?*

G. L. – Como o senhor seguramente sabe, Trótski sempre foi um burocrata. É preciso não esquecer... Existe uma coisa muito bonita nas memórias de Górki: ele falou uma vez com Lênin sobre Trótski, e Lênin elogiou bastante os grandes méritos que Trótski teve na guerra civil etc., depois acrescentou: "Certamente está conosco, mas não é de todo um dos nossos. Ele tem" – e é uma coisa muito interessante que Lênin acrescenta aqui – "qualquer coisa de Lassale". E creio que esse elemento lassaliano impede o trotskismo de se tornar uma doutrina que possa animar o movimento operário.

Y. B. – *Ademais, no Testamento de Lênin encontra-se a mesma apreciação: ali se lê que Trótski peca por excesso e por uma paixão exagerada pelo lado puramente administrativo das coisas...*

G. L. – É a mesma coisa. É a mesma coisa dizer que Trótski se interessa muito pelo lado administrativo das coisas e dizer que o movimento alemão, sob Lassale, era um movimento conduzido burocraticamente. Foi apenas depois da morte de Lassale que tudo tomou uma direção mais democrática, ainda que sob o risco de se transformar, no período imperialista, de novo em burocracia.

Y. B. – *Resta, entretanto, o fato de que, quando Trótski foi cassado na União Soviética, quando ele escreve, por exemplo,* A revolução traída* *contra Stálin, ele de algum modo faz uma crítica da burocracia. Qual crítica o senhor faz a essa crítica?*

---

* Trad. M. Carvalho e J. Fernandes, São Paulo, Centauro, 2008. (N. E.)

G. L. – Acho que, nesse caso... como dizer... Um burocrata faz a crítica de outro burocrata. Sem dúvida, seguramente, Stálin era um burocrata e mesmo, em certo sentido, mais burocrata ainda do que Trótski, mas, para dizer a verdade, nem Stálin nem Trótski eram verdadeiros democratas.

Y. B. – *Desse modo, na crítica de Trótski não lhe parece haver nada de interessante, mesmo de um ponto de vista especulativo? É, portanto, uma simples crítica a Stálin e não uma crítica à burocracia?*

G. L. – Sim, é como eu disse ao senhor, um burocrata que faz crítica a outro. A única diferença é que Trótski sempre teve grandes princípios internacionalistas e apreciava a burocratização da União Soviética sob a perspectiva do internacionalismo. Stálin era um homem mais prosaico e mais prático, considerava a tática o essencial e, se realizou a burocracia, era por razões táticas. Quanto a dizer que Trótski seria mais democrático do que Stálin, acho que isso não é verdade. Simplesmente não é verdade.

Y. B. – *Se é desse modo na democracia popular da Europa, pergunto se Mao Tsé-tung não tentou evitar esses defeitos, em especial, muito recentemente, pelo recurso à "revolução cultural"? Em geral, como julga a Revolução Chinesa?*

G. L. – Bem, quero fazer uma confissão: não estou em condições de responder ao senhor, pois não sei com certeza qual é a tendência de Mao Tsé-tung. De um lado, não podemos nos fundamentar sobre o que os maoístas estão fazendo na Europa, que não é, por assim dizer, mais do que um epifenômeno. Quanto a saber como Mao reorganizou a China, devo dizer que não sei. É preciso acrescentar, a esse propósito, que também o comunismo ocidental cometeu um grande erro teórico. Quando a China entrou no movimento, Stálin declarou que se tratava, segundo ele, de uma maneira de ultrapassar a Idade Média chinesa. Mas a Idade Média chinesa, a Idade Média na China jamais existiu. Daí resulta que nos encontramos na situação de examinar o caso da China a partir de um sistema econômico que jamais existiu. Não sabemos, quero dizer, mais exatamente eu não sei qual era a natureza real do regime chinês nessa época; se não era, propriamente falando, um regime burocrático, ou mesmo uma situação comparável àquela da Europa na Idade Média. Era aquilo que Marx chamou de "o modo de produção asiático"; mas, quanto a saber quais são as relações entre esse modo de produção asiático e o capitalismo, ninguém tem, assim me parece, verdadeiramente se aprofundado nisso. Todavia, sabemos o bastante para estar seguros de que não nos é possível aceitar sobre esse assunto "as extravagâncias"[16] de Stálin. Quanto a mim, sinto-me de todo incapaz de compreender o verdadeiro princípio da Revolução Chinesa. Não sabemos, pois não temos em relação à China o que Marx fez em relação ao Ocidente, isto é, a análise das relações entre a economia europeia e o capitalismo. Desse fato, conhecemos a história dos Estados da Idade Média, sabemos como se passou do feudalismo para o capitalismo, mas o que existiu na China não era feudalismo. A análise, no que concerne à China, permanece ainda por ser feita e, quanto a mim, não sou economista, não sou especialista em China. Seria preciso que especialistas em China, que conhecem os princípios econômicos da velha China, pudessem analisar a transição realizada na China – que seguramente comporta traços novos que, de minha parte, eu não saberia dizer, não conheço.

Y. B. – *Ainda que o senhor não possa julgar a Revolução Chinesa por falta de um conhecimento aprofundado de sua história econômica, poderia fazer uma apreciação sobre os escritos teóricos de Mao Tsé-tung?*

G. L. – Veja, é sempre muito perigoso basear-se em deduções lógicas sobre fenômenos econômicos heterogêneos. A lógica não tem meios de resolver problemas desse tipo em tais condições. A pesquisa lógica apenas se exerce de maneira válida na análise direta de problemas concretos[17]. Tomemos o exemplo, na Europa, do feudalismo; não se pode raciocinar a partir da essência do feudalismo; a Revolução Inglesa do século XVII foi totalmente diferente da Revolução Francesa do século XVIII. Porque as economias eram coisas diferentes, os interesses e as classes eram diferentes e a França fez uma revolução de um tipo completamente diferente da Revolução Inglesa. Desse modo, acerca de uma economia chinesa que eu não conheço, da qual não conheço nem as leis nem as consequências sociais, não me é possível fazer qualquer julgamento que seja.

III. A espontaneidade das massas e o partido

Y. B. – *Este ano, como o senhor sabe, celebramos o centenário da Comuna de Paris. O senhor acha que a Comuna de Paris foi uma espécie de prefiguração*

---

[16]   Lukács disse diretamente em francês: *les frasques* (sic).

[17]   Lukács diz de fato (e melhor): "É preciso resolver os problemas em sua concreção".

de um "governo operário", de uma administração de um tipo novo e que, pelo menos, não seria burocrática?

G. L. – Creio que se trata de uma questão bastante simples. Existe, sobre a Comuna de Paris, o excelente livro de Marx*, e penso que o que ele descreveu corresponde verdadeiramente ao que se passou...

Y. B. – *Sim, mas, em sua opinião, uma das causas do fim da Comuna de Paris poderia ter sido – como alguns pretendem – uma sorte "de excesso de democracia"?*

G. L. – Veja, a Comuna de Paris pertence a um período do movimento operário totalmente diferente do nosso, deste que estamos vivendo. Não creio que se possam fazer comparações válidas com o que acontece hoje, em que a situação é completamente outra.

Y. B. – *Quando o senhor esteve em Viena, a partir de 1919, pôde observar os conselhos operários. O que pensa deles?*

G. L. – A esse propósito é preciso não esquecer que, enquanto refugiados húngaros, após a queda de Béla Khun estávamos em situação ilegal. Cada um de nós deveria dar sua palavra de honra à polícia e prometer que não se envolveria com as questões internas da Áustria. Desse modo, para evitar a expulsão, permanecemos a distância de tudo e sabíamos muito pouco do que se passava realmente. Pode-se dizer, entretanto, que os conselhos operários na Áustria, em 1918, desde sua aparição, não cessaram de declinar[18]. Uma parte desses conselhos operários se orientou para a esquerda e perdeu toda a influência por causa desse ultraesquerdismo. Os outros, por um excesso oposto, fizeram, por assim dizer, parte do governo e, de fato, não correspondiam mais àquilo que os conselhos operários poderiam ser. Creio, porém, que esse fenômeno não estava limitado à Áustria: em todos os países, nos anos 1918-1919, o movimento operário, os conselhos entraram em decadência.

Y. B. – *Para o senhor, quais foram as causas?*

G. L. – Em primeiro lugar, os conselhos de trabalhadores deveriam ser eleitos de maneira democrática. Ora, não era o caso na Áustria, onde o Partido Social-Democrata reinava sobre o movimento operário; os comunistas, por

---

* Karl Marx, *A Comuna de Paris* (São João del-Rei, Estudos Vermelhos, 2009). (N. E.)

[18] Lukács disse, mais exatamente, em francês: "estavam, após 18, em permanente decadência".

exemplo, não tinham a menor chance de opor uma resistência eficaz quando os social-democratas decidiam alguma coisa.

Y. B. – *Isso acontecia, em parte, por causa do prestígio de Friedrich Adler, que havia matado o primeiro-ministro do imperador da Áustria, em 1916, durante a guerra. De qualquer modo, no entanto, eu me surpreendo um pouco que o senhor coloque em primeiro lugar a eleição democrática dos conselhos, pois, em seu livro sobre Lênin, o senhor considera os sovietes uma nova forma de organização, certamente, mas também uma violência do Estado proletário. A violência do Estado não pode conduzir ao stalinismo?*

G. L. – Não creio, justamente não creio pois o movimento dos sovietes de 1917 na Rússia era um movimento inteiramente democrático. Os sovietes se preocupavam – e Lênin considerava correto, tudo dentro da ordem das coisas –, eles se preocupavam com os problemas privados dos operários, com a questão da moradia, por exemplo, e com toda sorte de outras coisas, mas eles queriam resolver todas essas questões de maneira democrática, enquanto os social-democratas procuravam impor ao movimento a organi-zação hierárquica. Naturalmente, trata-se de dois princípios que não podem coexistir, que não podem ser coordenados. Nesse sentido, pode-se dizer que o movimento operário tal como se desenvolveu na Alemanha, depois da guerra, não tinha nada a ver com o movimento dos sovietes em 1917. Quanto à questão de Stálin, ela é, naturalmente, muito mais complicada, mas estabelecer um verdadeiro elo, uma continuidade entre Lênin e Stálin é, segundo penso, impossível. Naquilo que chamamos seu "testamento", Lênin explicou claramente não haver ninguém que ele pudesse considerar seu sucessor: [Gueórgui Yevseievitch] Zinoviev, [Lev Borisovitch] Kámeniev, [Leon] Trótski, [Nikolai Ivanovitch] Bukharin etc. De outra parte, existiam na época lutas entre facções, e era quase sempre uma opinião diferente daquela de Lênin que obtinha a maioria. Não devemos esquecer, por exemplo – e essa é uma questão muito importante –, que acerca do tema dos sindicatos havia, em 1921, duas opiniões: a de Trótski, que acreditava que essas organizações, os sindicatos, estavam lá para aumentar a produção e nada mais, enquanto, para Lênin, os sindicatos consistiam em uma defesa da classe operária contra o Estado operário, que começava já a se tornar bastante burocrático. E agora, naturalmente, se consideramos o relato do que se passou, vemos muito bem que Trótski foi, nessa questão, o grande vencedor, e de modo algum Lênin.

A vida cotidiana dos operários foi regulada de acordo com os princípios de Trótski, e não segundo os princípios de Lênin.

Y. B. – *Todavia, parece-me que no Congresso, em 1921, Lênin e Trótski estavam de acordo no intuito de se oporem às facções, para fazer com que não existisse oposição organizada no partido. Eles lutaram juntos contra aquilo a que se chamou de oposição operária...*

G. L. – Lênin se incumbiu de todas as formas para que não houvesse oposição, mas não procurou jamais oprimir a oposição. Eram, e são, duas coisas absolutamente diferentes. É preciso acrescentar, como repito com frequência, que foi justamente nesse congresso de 1921 que as coisas não se passaram de fato segundo os princípios de Lênin. Podemos até mesmo dizer que a burocratização, a manipulação do congresso, enfim o stalinismo, começaram justamente no congresso de 1921. É preciso não esquecer, a Internacional, a Terceira Internacional, era manipulada por Zinoviev desde os tempos de Lênin.

Y. B. – *Em sua entrevista à televisão francesa, no fim do ano passado, o senhor disse que o intelectual não deve ser o intérprete de uma classe nem da burocracia, mas de todo o povo, entendido como* brain trust *[consultor]. Portanto, nesse caso, o senhor concordaria com a tese de Lênin [em* O que fazer?*] segundo a qual as ideias são levadas ao proletariado pelos intelectuais burgueses, tese que ele tomou de empréstimo de Kautsky?*

G. L. – Não, veja, nesse ponto é preciso recordar as coisas como elas são. Se falei de "todo o povo", se isso não é de fato o interesse dos operários, no sentido estrito do termo, é preciso recordar que o grande mito, o grande pensamento de 1919 era justamente um pensamento mais amplo, englobava bem mais do que o proletariado. Não esqueça que Lênin, por exemplo, sempre disse que os problemas culturais são extremamente importantes. Isso significa, entre outras coisas, eliminar o analfabetismo dos camponeses para que pudessem ser capazes de criar eles mesmos suas organizações. Essa política de Lênin, bem entendido, fracassou no período de Stálin, e chegamos a outra situação na qual, poderíamos dizer, esse pensamento de Lênin desapareceu completamente.

Y. B. – *Mesmo se passássemos da classe operária no sentido estrito a essa noção mais ampla de "todo o povo", manteríamos, segundo o senhor, o fato de*

---

* Trad. Edições Avante! e Paula Vaz de Almeida, Sao Paulo, Boitempo, 2020. (N. E.)

os intelectuais não poderem portar a verdade do proletariado (ou do povo), é preciso que eles a encontrem no proletariado...

G. L. – Veja, crer que se possa influenciar o proletariado é um pensamento que eu chamaria de burocrático. É preciso viver com o proletariado, é preciso conhecer seus problemas de cada dia e cada um de seus problemas cotidianos, pois dessas questões cotidianas nascem os problemas do movimento. Se não houvesse uma democracia parecida, semelhante àquela que existia na Rússia nos primeiros anos da revolução, não teria existido a democracia, a democracia não poderia ter existido. Não é possível, de fato, que os intelectuais façam tudo sozinhos, unilateralmente, um movimento democrático, pois disso eles não são capazes.

Y. B. – *Mas na tese de Kautsky que Lênin citou em* O que fazer? *havia de fato essa ideia segundo a qual os operários, por si mesmos, permaneceriam no nível do trade-unionismo, eles não poderiam se elevar a um nível superior e que, em particular, de acordo com o pensamento de Marx, deveria ser levada a eles a partir do exterior pelos intelectuais.*

G. L. – Essa obra de Lênin é, no plano teórico, absolutamente importante, pois mostra que, para o movimento socialista, a espontaneidade da consciência do proletariado *não é suficiente*; é preciso ter uma consciência da totalidade da sociedade (o senhor se lembra que isso está em O *que fazer?*); é preciso que o partido seja o órgão dessa consciência universal da revolução, e não o órgão daquilo que um operário pensa, a cada instante, espontaneamente, a partir das contradições do capitalismo. É preciso, ao contrário, uma grande universalidade, e o que Lênin procurava, com o Partido Comunista, era justamente reunir os elementos do movimento que tinham o sentimento de universalidade do movimento. Mas nenhum dos sucessores de Lênin foi nessa direção. De fato, em Stálin temos duas coisas: de uma parte, uma espécie de reino absoluto do partido e, de outra, uma espécie de espontaneísmo, porém não existe de modo algum esse pensamento de um valor não espontâneo mas universal do proletariado. Esse pensamento não se acha na obra de Stálin ou, mais exatamente, pode ser encontrado em palavras, mas, na realidade, tal pensamento não se encontra.

Y. B. – *Assim não haveria exterioridade de pensamento dos intelectuais (um aporte de pensamento vindo de alhures), mas uma espécie de percepção por parte deles da universalidade que residiria no proletariado?*

G. L. – Veja, aqui o problema que se coloca historicamente não é aquele da universalidade *no* proletariado, mas aquele da universalidade *do* proletariado. Stálin viu – e não é preciso considerar esse pensamento como puramente negativo –, Stálin viu muito claramente que o grande movimento revolucionário havia acabado na Europa. Desse modo, para ele, uma tarefa primordial se impunha: salvar a Revolução Russa das intervenções exteriores. A partir desse momento, tudo o que chamamos de militarismo de Stálin, tudo isso deve ser compreendido desse ponto de vista. Stálin compreendeu muito bem: a esperança que se tinha em 1917 de que haveria uma grande obra da revolução na Europa proletária, essa esperança não poderia ser mantida, essa revolução na Europa era impossível e seria necessário criar instituições para que a Rússia pudesse sobreviver, enquanto soviética, em um mundo contrarrevolucionário.

Y. B. – *Portanto, esse foi "o cerco capitalista" e a teoria do "socialismo em um só país".*

G. L. – Sim, e foi justamente essa teoria do socialismo em um só país que teve por consequência necessária o armamento da Rússia. Era preciso tornar a União Soviética suficientemente potente para resistir à forma da contrarrevolução geral. Naturalmente, não posso dizer hoje que a política de Stálin era positiva, mas pode-se observar que, em certo sentido, foi bem-sucedida.

Y. B. – *Se a Revolução Russa evoluiu para um regime autoritário, menos pela vontade de Stálin do que por razões históricas, não seria interessante estudar hoje os casos de outros países que, postos em outras circunstâncias, podem se desenvolver de maneira diferente? Penso em particular na revolução na Iugoslávia. O que o senhor pensa, mais precisamente, da autogestão iugoslava?*

G. L. – Sobre esse ponto eu não poderia dar uma resposta definitiva. Existem muitas questões que subestimamos há mais de 20 ou 25 anos; refiro-me à questão nacional. Acreditávamos, em 1945, que a questão nacional estava ultrapassada e, por conseguinte, não existia mais. Ora, observam-se hoje, a cada instante, reivindicações autonomistas em regiões onde isso parece às vezes um pouco ridículo, como na Suíça, como na Grã-Bretanha etc. Do mesmo modo, na Iugoslávia, há sérvios e croatas; são duas nacionalidades que possuem quase a mesma língua e, por assim dizer, quase a mesma cultura. Como, nessas condições, permanece entre eles tamanha diferença, devo lhe dizer que não sei.

Y. B. – *Compreendo muito bem que o desejo de autonomia das províncias pode ter desempenhado um papel decisivo na escolha do sistema descentralizado de autogestão iugoslava. Todavia, o senhor não vê nisso ao mesmo tempo, no projeto de autogestão, uma espécie de oposição à burocracia?*

G. L. – Veja, uma coisa puramente negativa não pode chegar a uma solução. É essa atitude negativa mesma que precisa ser explicada. Desse modo, é necessário saber quais são as relações positivas entre a nação sérvia e a nação croata, e nós não as conhecemos.

Y. B. – *Entretanto, a autonomia relativa que, na Iugoslávia, foi concedida nas fábricas não lhe parece ter uma dinâmica própria. Isso não lhe parece importante?*

G. L. – Isso me parece importante, mas, como o senhor sabe, é preciso dizer novamente que somos sempre... como dizer... um tanto susceptíveis a crer que, tão logo constatamos uma diferença, somos desde logo capazes de explicá-la, quer dizer, suprimir essa diferença. Ora, não é assim. Existem, naturalmente, grandes progressos na Iugoslávia, não nego, mas que se tenha podido, que se tenha resolvido a questão das nacionalidades, creio que ainda não.

Y. B. – *O senhor não considera que o Estado de Tito é menos burocrático que aquele de outros países socialistas?*

G. L. – Jamais acreditei que a burocracia pudesse ser a causa última. A burocracia é sempre a consequência de uma questão que não foi bem resolvida. Desse modo, querer tirar consequências, em dado país, de uma burocracia que permanece ela mesma problemática, penso ser um jeito bem problemático de resolver problemas. É preciso considerar as coisas de forma mais concreta. Essa é precisamente a maldição de nossos tempos: não estudamos cada país em sua especificidade.

Y. B. – *Mas, justamente, não existe nas fábricas iugoslavas características específicas? Existe um conselho de operários local que, em certa medida, reparte o mais-valor, decide certo número de coisas; não existe, como antes, um plano central que pretende regulamentar tudo. Então, não existe aí, em sua opinião, um início de democratização?*

G. L. – Seguramente. Existe, na Iugoslávia, tendências democráticas, não nego, seria ridículo negá-las. Mas saber até que grau se efetua essa democratização, e em que medida ela pode resolver os problemas, é outra questão. O senhor sabe, creio que estamos todos, ainda, sob a influência do período de Stálin quando acreditamos que de princípios abstratos é possível tirar consequências concretas. E não penso assim. Considero que é sempre a situação concreta que fornece as soluções concretas. Mas, se agora o senhor me pedir para dizer coisas concretas sobre a Iugoslávia, seria diferente, é difícil, eu lhe diria que não sei.

IV. A ética e a ontologia

Y. B. – *Coloquemos, então, o problema em outro nível. Se elogiamos Lênin, por exemplo, por ter pretendido instaurar um sistema democrático, e se criticamos Stálin por ter feito o contrário, é porque consideramos que a democracia vale mais do que a ditadura. Esse juízo de valor é relativo, portanto, a uma ética. Ora, alguns sustentam que Marx condenava todo tipo de moral e se interessava unicamente pela ciência. Qual sua opinião a esse propósito?*

G. L. – Penso que uma categoria como a do valor é parte integrante da existência do homem e não existiu antes dele. Se considero todas as coisas existentes fora do homem, não encontrarei jamais o valor. Se tomamos a mais simples e mais primitiva obra do homem, ela é realizada ou não é realizada; se não é realizada, ela não possui valor. E agora, se observarmos a grande história da ética, veremos que esse pensamento do valor se mescla a cada coisa que o homem faz. O homem não pode escapar à escolha de valor, não pode se comportar como uma coisa; uma pedra, se ela cai, caiu e fim. O homem está em uma situação alternativa, e deve decidir fazer isso ou aquilo, fazer de tal maneira ou de outra, e, portanto, nascem daí todos os problemas do valor. A vida do homem é inimaginável sem o valor, e se digo essa palavra inimaginável, ou bem essa palavra exprime aquilo que quero dizer, ou bem ela não o exprime; no primeiro caso existe valor, no segundo não existe. Assim – e esse é um limite de nossa existência humana –, não podemos fazer nada sem pôr uma questão de valor.

Y. B. – *Entretanto, frequentemente aparelhos como a Igreja e talvez o partido utilizaram valores para fazer um sistema que oprime os homens...*

G. L. – Sim, e portanto durante todo o tempo que a Igreja teve um poder verdadeiro sobre o homem – não me refiro simplesmente a um poder físico, mas a um poder psíquico e moral também –, portanto, naturalmente, a religião exerceu uma influência sobre a questão dos valores. Se considerarmos o homem da *pólis* (cidade grega) e o homem depois da *pólis*, tal como ele existe na cristandade, teremos conceitos completamente distintos de individualidade e distintos conceitos de valor. E é assim, naturalmente, para toda a história do homem. Não se pode considerar a história do homem sem analisar esses problemas, sem saber como o problema do valor se realiza na vida dos homens.

Y. B. – *Mas o senhor não considera que, por essa via, seja possível tratar o problema da democracia e mesmo da autogestão? Mais precisamente, não se tem de tender a suprimir a dominação de todas as minorias para que seja possível fazer emergir e realizar o valor latente de cada homem?*

G. L. – Veja, maioria e minoria são palavras abstratas e, na história, existem casos em que a minoria teve razão prevenindo alguma coisa, e houve outros casos em que não teve razão. Com os princípios de maioria e minoria jamais se chega a um resultado. O que é preciso, o que seria preciso é analisar o processo que se desdobra na própria vida econômica e social e, em seguida, as reações do homem a esses processos, reações que possuem valor só quando dizem sim aos valores. E, agora, naturalmente, é preciso ter em conta a sociedade e o julgamento da consciência do homem para saber se se pode constatar aqui um progresso ou uma ausência de progresso. Nesse ponto, sou um marxista ortodoxo: existe uma história que é a ciência fundamental do homem e para o homem. Sem história, e sem compreender o homem como ser histórico, não se compreende jamais qualquer coisa do homem.

Y. B. – *Compreendo bem sua crítica das noções de maioria e minoria, mas o que significa então sua referência à democracia, à democracia de todo o povo, entendida como* brain trust, *o intelectual devendo sempre se regular pelo povo?*

G. L. – Também nesse caso, para considerar a coisa como é preciso, convém recorrer à história. Em dada situação, existem princípios, por exemplo, princípios morais, ou outros, que são vitoriosos, pois, naquele momento, eles exprimem a verdadeira situação do homem em relação à natureza e em relação à sociedade, e existem outros períodos em que isso não ocorre. É preciso sempre considerar as coisas de um ponto de vista histórico e em dada situação. É apenas quando exprimem a verdadeira situação do homem na natureza e na sociedade que os princípios podem ter uma eficácia. Ora, essa situação muda de um jeito particularmente evidente quando as grandes crises conferem aos indivíduos uma especificidade que não existia antes. Por isso, para Marx, o homem é um ser... como se diz... *zufällig* (contingente, acidental). Veja, por exemplo, a mudança operada pelo capitalismo sobre a existência social do homem: um barão ou um conde permanecia sempre um barão ou um conde. Agora, se consideramos a sociedade atual, o homem é um homem simplesmente: se ele possui dinheiro, é capitalista; se não possui dinheiro, torna-se proletário. Existe uma enorme diferença entre o capitalismo e as sociedades que o precederam. Se não compreendermos essas diferenças estruturais da sociedade, não poderemos jamais compreender a história.

Y. B. – *Quando, em 1960, Kostas Axelos e a editora Minuit publicaram em francês seu livro* História e consciência de classe, *o senhor escreveu uma carta para contestar a oportunidade de tal publicação. Por quê? Sobretudo, o que pensa hoje desse livro?*

G. L. – Há muitas coisas nesse livro que não são mais válidas hoje. Para dar um exemplo, pode-se dizer que *História e consciência de classe* acredita que a dialética existe apenas na sociedade e que não existe dialética na natureza. De acordo com minha opinião atual, isso não é verdade. A verdade é que existem duas espécies de natureza: a natureza inorgânica e a natureza orgânica, e que a partir dessas duas nasce a sociedade. E, entre essas duas, ou melhor, entre essas três formas de estrutura do ser, existem relações muito complicadas e muito concretas que *História e consciência de classe* não havia ainda estudado bem.

Y. B. – *Nesse sentido, o livro seria mais incompleto do que falso...*

G. L. – Creio que, nesse livro, eu via claramente que a dialética na sociedade era outra coisa comparada à dialética na natureza; a esse propósito, jamais compartilhei a visão de Engels. Sempre pensei que esse, digamos, princípio da negação não é um verdadeiro princípio das coisas, mas acho, ao mesmo tempo, que ainda não temos feito verdadeiras pesquisas para estudar as relações entre a dialética da sociedade e as dialéticas das formas de ser que vêm antes da sociedade. Nesse ponto, precisaríamos de muito mais análises concretas, e análises bem mais concretas do que aquelas conduzidas até os dias de hoje[19].

Y. B. – *Dentro dessa perspectiva, o que o senhor pensa sobre as posições de Sartre, que não acreditava na dialética da natureza e fala de uma "razão dialética"?*

---

[19] Lukács dava ordinariamente às pesquisas às quais faz alusão aqui o nome de *ontologia* ou, mais precisamente, *ontologia do ser social*.

G. L. – Sartre, sobre esse ponto, cometeu o mesmo erro que cometi em *História e consciência de classe*. Mas para falar de uma dialética na natureza, ou do contrário, é preciso compreender o que é a dialética. Crer, na verdade, que existe um sistema de contradições dialéticas que formaria uma espécie de contrapeso à lógica não dialética é uma opinião naturalmente ridícula. Marx disse muito bem que a verdadeira ciência, no fundo, é a ciência da história e precisaríamos agora (o que ainda não realizamos) fazer uma análise entre as três diferentes formas de ser e de história. Sobre isso, existem grandes coisas que devemos ainda empreender.

Cronologia da vida e da obra de György Lukács

1885

Segundo filho de József Lukács e Adél Wertheimer, György Lukács nasce em 13 de abril de 1885. Seu irmão mais velho, János (1884-1944), é morto pelos nazistas; Pál, seu irmão mais novo, morre aos três anos de idade (1889-1892); sua irmã, Maria, nasce em 1887.

Seu avô Jákob Löwinger (pequeno artesão) não tem condições de pagar a educação dos filhos. Assim, o pai de Lukács sai da escola aos 14 anos, em 1869, e trabalha como aprendiz em um banco em Szeged, no sul da Hungria. Talento financeiro brilhante e funcionário exemplar (que aprende, por conta própria, várias línguas estrangeiras à noite, durante os anos de aprendiz), aos 18 anos ganha o cargo de correspondente-chefe do Banco Anglo-Húngaro em Budapeste; aos 21, torna-se chefe de um departamento importante no Banco de Crédito Geral da Hungria e, aos 25, torna-se diretor do Banco Anglo-Austríaco de Budapeste. Em 1906, volta para o Banco de Crédito Geral da Hungria como diretor executivo, cargo em que permanece até ser demitido pelo regime de Horthy em virtude da participação de seu filho na Comuna de 1919. Pouco antes de se casar, em 1º de julho de 1883, ele muda seu sobrenome para Lukács e, em 1º de maio de 1889, ascende à nobreza como József "Szegedi Lukács". (Alguns dos primeiros escritos de Lukács são assinados, em alemão, "Georg von Lukács".) A mãe de Lukács, embora nascida em Budapeste, foi

244 | Essenciais são os livros não escritos

criada em Viena e teve de aprender húngaro antes de se casar. Desse modo, o idioma familiar sempre foi o alemão, o que facilitou bastante o contato inicial de Lukács com a filosofia e a literatura alemãs.

1902-1903

Os primeiros artigos de Lukács são publicados no *Magyar Szalon* [Salão Húngaro]. São escritos sobre teatro, no estilo impressionista de Alfred Kerr.

Entre 1902 e 1903, Lukács escreve cinco peças, seguindo o modelo de Ibsen e Gerhart Hauptmann, mas depois as queima e nunca mais retoma a prática da literatura criativa. Seu entusiasmo pelos escritores modernos é estimulado por uma apaixonada rejeição do livro de Max Nordau *Entartung* [Degenerescência], que rotula de "degenerados" Baudelaire, Ibsen, Tolstói e outros.

1904

Funda com dois amigos, László Bánóczi e Sándor Hevesi, o grupo de teatro Thália. (Hevesi torna-se depois diretor do Teatro Nacional Húngaro e também publica alguns textos importantes sobre dramaturgia.) Sob influência de Bánóczi e do pai, aprofunda seus estudos de filosofia, explorando sistematicamente as obras de Kant e, mais tarde, Dilthey e Simmel.

1906

Entre 1902 e 1906, para satisfazer o desejo do pai, estuda Jurisprudência na Universidade de Budapeste e torna-se doutor em Direito em 1906, pela Universidade de Kolozsvár (hoje Cluj).

Publica seu primeiro ensaio original, "A forma do drama", no periódico *Szerda* [Quarta-feira], que durou pouco tempo. Além disso, começa a publicar no *Huszadik Század* [Século XX], órgão da Társadalomtudományi Társaság [Sociedade das Ciências Sociais]. Em termos políticos, apoia sempre a direção-geral dessa sociedade contra o conservadorismo do *establishment*, mas, em termos filosóficos, opõe-se fortemente a seu positivismo, de orientação anglo-francesa.

Uma experiência vital para a vida de Lukács nesse ano é a publicação do livro de Ady, *Uj Versek* [Novos poemas].

Cronologia da vida e da obra de György Lukács | 245

1906-1907

Instala-se em Berlim, onde escreve, em húngaro, o primeiro rascunho de sua monumental *História do desenvolvimento do drama moderno*, resultado de seis anos de intenso envolvimento teórico e prático com o teatro e o drama. Envia o manuscrito de Berlim para a Kisfaludy Társaság (importante sociedade literária, batizada com o nome de dois irmãos, clássicos menores da literatura húngara).

1908

Ganha o Krisztina Lukács Prize, da Sociedade Kisfaludy, com seu livro sobre o drama moderno. (Uma versão reelaborada desse livro é publicada em 1911, em Budapeste, em dois volumes.)

Publica seu primeiro ensaio sobre Ady no *Huszadik Század*.

Um importante periódico literário, o *Nyugat* [Ocidente], é fundado em 1908 (extinto em 1941), e Lukács se torna um colaborador constante (entre 1908 e 1917), mas permanece completamente estranho à direção-geral. O anticapitalismo romântico, porém apaixonadamente radical, de Lukács é incompatível com a linha sociopolítica do *Nyugat*, que defende uma ordem burguesa "esclarecida"; e sua perspectiva filosófica também foge do diletantismo impressionista e do ecletismo liberal-positivista do grupo dominante, cujos integrantes rejeitam o artigo de Lukács sobre Ady, escrevem com total incompreensão e hostilidade sobre seu famoso livro *A alma e as formas* (escrito e publicado pela primeira vez em húngaro) e atacam seus poucos companheiros de literatura. Tudo isso contribui fortemente para a decisão de Lukács de buscar alianças e reconhecimento intelectuais na Alemanha.

1909

Seu amigo Dezsö Czigány – que pintou o retrato de Endre Ady – apresenta-o ao grande poeta húngaro.

Lukács é promovido a doutor em Filosofia na Universidade de Budapeste. (Em 1920, o regime de Horthy anula seu doutorado, assim como o de Jenö Landler – o muito admirado líder da facção a que pertenceu Lukács no Partido Comunista Húngaro.)

Conhece Béla Balázs (poeta, dramaturgo, crítico e, posteriormente, um eminente teórico do cinema), que durante uma década será um de seus amigos mais íntimos.

Publica o primeiro de uma longa série de ensaios sobre Thomas Mann.

1909-1910

Na Universidade de Berlim, frequenta as aulas de Georg Simmel e torna-se um de seus alunos prediletos, além de participante regular dos seminários "privadíssimos" que são realizados na casa do filósofo.

Escreve nesses anos a maioria dos ensaios que posteriormente compõem os volumes *A alma e as formas* (publicado em húngaro em 1910 e em alemão em 1911) e *Cultura estética* (publicado somente em húngaro em 1913).

Conhece Ernst Bloch, que se torna seu amigo íntimo e influencia positivamente seu desenvolvimento filosófico na juventude.

1911

Com outro amigo íntimo, o filósofo e historiador da arte Lajos Fülep, funda um novo periódico: *Szellem* [Espírito]. Apenas dois números são publicados, ambos com contribuições de Lukács. Leo Popper – seu grande amigo, segundo o próprio Lukács, de toda a vida – morre aos 25 anos. (A longa ligação de Lukács e Leo Popper é atestada não só pelo obituário – publicado no *Pester Lloyd* em 18 de dezembro de 1911 e republicado em 1971 no *Acta Historiae Artium*, com uma introdução escrita por Charles de Tolnay –, mas também pelas páginas dedicadas a ele na monumental *Estética*, de 1963.) Filho do grande violoncelista David Popper, Leo foi amigo de Lukács desde a infância e influenciou fortemente a elaboração de alguns dos conceitos mais fundamentais de *A alma e as formas*. (O ensaio introdutório desse volume – sobre "A essência e a forma do ensaio" – é na verdade uma carta a Leo Popper escrita em outubro de 1910, em Florença.)

1911-1912

Depois de passar alguns meses em Berlim e Budapeste, Lukács volta a Florença para trabalhar no esboço da *Estética*, livro que deveria compor a primeira parte introdutória de seu sistema geral de filosofia: uma introdução seguida de *Filosofia da história* e de uma obra sobre a ética.

Ernst Bloch, que esteve com Lukács em Budapeste em 1910, visita-o em Florença na primavera de 1912 e convence-o a se mudar para Heidelberg, para que possa trabalhar em um ambiente filosoficamente mais favorável.

Cronologia da vida e da obra de György Lukács | 247

1912-1914

Em Heidelberg, Lukács conhece Max Weber e Emil Lask e torna-se amigo íntimo dos dois. (Também conhece Toennies, Gundolf e outros e mantém boas relações com eles até seus caminhos se separarem no fim da guerra.)

Altamente encorajado por Bloch, Lask e Weber, trabalha em sua *Estética*. Com interrupções mais curtas ou mais longas, volta diversas vezes ao manuscrito, que não para de crescer, e, incapaz de concluí-lo de maneira satisfatória, abandona definitivamente o projeto em 1918.

Frequenta as aulas de Windelband e Rickert e, apesar de ser influenciado de certa maneira por eles, já assume uma posição crítica. Enfatizando a multidimensionalidade de sistemas categoriais adequados, escreve sobre o assunto: "Já na época em que estive em Heidelberg, escandalizava os filósofos de lá dizendo que o axioma implícito do sistema de Rickert é a bidimensionalidade do papel sobre o qual ele escreve" (carta escrita em Budapeste, em 9 de janeiro de 1963).

Lukács é cada vez mais influenciado pelo idealismo objetivo de Hegel. Ao mesmo tempo, é crítico dos elementos conservadores e do desprezo do indivíduo na sistematização hegeliana da filosofia da história. Planeja uma obra que deveria ser a síntese crítica de Hegel e Kierkegaard, mas não avança muito em sua realização.

Insiste na primazia da ética sobre a filosofia da história. Nesse espírito, começa a escrever uma dissertação para concorrer ao cargo de professor na Universidade de Heidelberg (uma *Habilitationsschrift*), mas de novo não chega a concluí-la. O tema dessa *Habilitationsschrift* é a investigação – à luz da obra de Dostoiévski – da relação entre ética e filosofia da história. (Um registro de suas ideias sobre essa problemática sobrevive, da maneira mais improvável, em alguns de seus ensaios sobre Béla Balázs.)

1914-1915

Em Heidelberg, ele escreve seu famoso *A teoria do romance*, publicado no *Zeitschrift für Aesthetik und Allgemeine Kunstwissenschaft* em 1916 e, em formato de livro, em 1920. O grande historiador da arte Max Dvořak o aclama como a obra mais extraordinária de toda a *Geisteswissenschaft* (ciência do espírito).

Ele assiste à eclosão da guerra com um pessimismo absoluto e afirma com ironia, a respeito das palavras de Marianne Weber sobre as histórias de heroísmo individual: "Quanto melhor, pior!". Do mesmo modo, embora dê as boas-vindas à perspectiva da destruição do sistema dos Habsburgos, dos Hohenzollern e dos tsares, pergunta com certo desespero: "Mas quem nos salvará da civilização ocidental?".

Na filosofia, é extremamente cético a respeito da metodologia de Husserl e deixa isso claro a Max Scheler quando este o visita em Heidelberg e declara seu entusiasmo pela fenomenologia.

Conhece sua primeira esposa, Yelyena Andreevna Grabenko (uma "social--revolucionária" russa), a quem dedica *A teoria do romance*. Seus pais são contra a ideia do casamento, e o respeitável Max Weber sugere que ele diga que ela é uma parenta sua para driblar tais objeções. Eles vão ao encontro dela em Viena e, relutantemente, abençoam o casamento, que, no entanto, se revela um completo fracasso. Ela permanece em Heidelberg quando ele volta para Budapeste, e o casamento é formalmente desfeito em 1919.

1915-1917

Graças à influência do pai, não é convocado para o serviço militar, apenas para o *"segédszolgálat"* (serviço suplementar), e trabalha em um departamento de censura. Ao mesmo tempo, por diversas vezes passa meses no exterior, principalmente em Heidelberg. Em harmonia com sua orientação e estado de espírito geral, escreve críticas favoráveis sobre W. Solovieff (Vladimir Solovyov, o niilista que se tornou um místico) durante dois anos seguidos no *Archive für Sozialwissenschaft und Sozialpolitik* (1915 e 1916).

Com um grupo de amigos, funda o que ficou conhecido como o Círculo Dominical e preside regularmente as reuniões, que são realizadas na casa de Béla Balázs. Os membros são: Frigyes Antal (historiador da arte e vice--presidente do Comissariado da Arte durante a Comuna de 1919), Béla Balázs, Béla Fogarasi (filósofo), Lajos Fülep, Tibor Gergely (pintor, segundo marido de Anna Lesznai), Edith Hajós (primeira esposa de Béla Balázs, tradutora de *Ensaios sobre o realismo europeu*, de Lukács, para o inglês), Arnold Hauser (sociólogo e historiador da arte), György Káldor (jornalista), Anna Lesznai (poeta e romancista, uma das amigas mais próximas de Lukács e, na época, esposa de Oszkár Jászi, historiador e editor do *Huszadik Század*), Ernö Lorschy (jornalista), Karl Mannheim (sociólogo), László Radványi (economista, marido de Anna Seghers), Edith Rényi (psicóloga, conhecida como Edith Gyömröi), Emma Ritoók (amiga íntima de Ernst Bloch na época, apoiou depois a contrarrevolução de Horthy e denunciou os antigos amigos em um livro intitulado *Aventureiros do espírito*, publicado em 1922), Anna Schlamadiner (segunda esposa de Béla Balázs), Ervin Sinkó (romancista), Wilhelm Szilasi (filósofo), Charles de Tolnay (historiador da arte), Eugene Varga (economista) e John Wilde (historiador da arte).

Fortemente encorajados pelo teórico sindicalista Ervin Szabó, Lukács e alguns amigos do Círculo Dominical realizam no início de 1917 uma série de conferências públicas no marco do que chamam de A Szellemtudományok Szabad Iskolája (Escola Livre das Ciências do Espírito). Os grandes compositores húngaros Béla Bartók e Zoltán Kodály também participam da iniciativa. (Durante a Comuna, Bartók e Kodály – além de Ernö Dohnányi, que depois passa para a direita – lideram o Comissariado da Música.)

Ainda em 1917, Lukács publica um capítulo de sua *Estética* – "Relações entre sujeito e objeto na estética" – no *Logos*, em alemão, e no *Althenaeum*, em húngaro.

1917-1918

Saúda a Revolução de Outubro com entusiasmo, embora demore algum tempo até que suas perspectivas sociopolíticas mutáveis realmente modifiquem sua visão filosófica.

No fim de 1917 e início de 1918, trabalha em ensaios dedicados a Béla Balázs, que depois são publicados em um volume em húngaro. Como em Ady e Bartók, vê na obra de Balázs "o triunfo das decisões dramáticas sobre a acomodação oportunista, o triunfo da vida no espírito do 'ou-ou' sobre a filosofia do 'podemos ter as duas coisas'". Grande parte da polêmica se dirige contra o círculo do *Nyugat* e é explicitamente contra a linha interpretativa do importante poeta e crítico Mihály Babits. (Lukács conheceu Babits por iniciativa de Ervin Szabó em 1916, quando este tentou organizar os escritores para protestar contra a guerra. O encontro pessoal, no entanto, não os ajudou a superar o abismo que os separava em termos filosóficos e em suas atitudes sociopolíticas.)

1918

Max Weber passa algumas semanas em Budapeste com Lukács; em suas conversas, além de filosofia e estética, os problemas do marxismo e do socialismo em geral ocupam um lugar central. Essa é a última vez que a relação entre os dois é, como um todo, uma amizade harmoniosa – apesar de algumas tensões. Seus caminhos se separaram radicalmente depois dos eventos de 1919.

Lukács intensifica seu estudo sobre Marx e, por influência de Ervin Szabó, estuda Rosa Luxemburgo, Pannekoek, Henriette Roland-Holst e Sorel. (Seu primeiro contato com as obras de Marx remonta aos últimos anos do ginásio. Naquela época, em 1902, até se junta a uma Organização Socialista dos Estudantes, fundada por Ervin Szabó. Esse interesse precoce por Marx é seguido de um longo período de estudos mais exigentes, entre 1906 e 1911, em conexão com seu interesse pela sociologia da literatura e, em particular, pela sociologia do drama: um estudo que, por um lado, consistia em ler Marx no original e, por outro, era mediado pelos escritos de Toennies, Simmel, Max Weber e outros. Seu interesse por Marx é renovado mais uma vez na época de seus intensos estudos de Hegel [1912-1916]; em 1913, chega a sugerir que só se pode esperar uma compreensão e uma difusão apropriada das ideias de Hegel por intermédio da obra de Marx. Os anos de guerra e a Revolução de Outubro servem como um estímulo a mais para esse interesse, que culmina com a conversão ao marxismo – política e filosoficamente – em 1918.)

Em 2 de dezembro de 1918, ele ingressa no Partido Comunista – fundado em Budapeste apenas doze dias antes. Nessa época, o partido contava com menos de cem membros.

1919

Algumas semanas depois que Lukács entra para o partido, József Révai – que na época apoiava a linha sectária vanguardista de Aladár Komját – o ataca e espera que o "intelectual burguês" seja expulso do partido, o que não acontece. Quando é atacado por suas "visões conservadoras", Lukács mostra ao incrédulo Révai uma passagem da *Crítica da economia política* * em que Marx afirma que Homero é um "exemplo insuperável"; as discussões sobre tal atitude "conservadora" melhoram um pouco a relação, que durou – com muitos altos e baixos – quase quarenta anos.

O pai de Lukács ficou profundamente deprimido com o colapso do Império Austro-Húngaro, a revolução de Károlyi, o assassinato do primeiro-ministro,

---

* Trad. Florestan Fernandes, 2. ed., São Paulo, Expressão Popular, 2008. (N. E.)

conde István Tisza, seu velho amigo, e a radicalização política do filho. No entanto, nunca deixou de apoiá-lo pessoalmente, com todos os meios de que dispunha.

Durante a prisão do Comitê Central do partido, Lukács – como membro do Comitê Central interino – assume funções importantes. Posteriormente – em março, quando é declarada a República Soviética da Hungria –, torna-se vice-ministro da Educação e, após a demissão do social-democrata Zsigmond Kunfi em junho, ele assume em seu lugar a chefia do ministério.

Lukács inicia uma reorganização radical da vida cultural na Hungria e, entre outras coisas, funda um Instituto de Pesquisa para o Avanço do Materialismo Histórico. (Sua conferência sobre "A mudança de função do materialismo histórico" – depois publicada em *História e consciência de classe* – é proferida na cerimônia de inauguração do instituto.)

Durante a campanha militar contra as forças de invasão, Lukács é comissário político da 5ª Divisão.

A primeira esposa de Lukács passa em Budapeste os meses da Comuna (na maior parte do tempo com os membros do grupo de Komját, entre eles Révai), mas o casamento acaba definitivamente nessa época. Depois da derrota, ela teve de se esconder dos homens de Horthy até conseguir fugir do país, com a ajuda do pai de Lukács.

Muitos dos velhos amigos de Lukács – entre eles Frigyes Antal, Béla Balázs, Béla Fogarasi, Arnold Hauser (depois de um curto período na cadeia), Anna Lesznai, Karl Mannheim, Ervin Sinkó, Eugene Varga e John Wilde – deixam o país, e outros – como Wilhelm Szilasi e Charles de Tolnay – os seguem pouco tempo depois.

Lukács continua o trabalho ilegal depois da derrota da Comuna em agosto e setembro, em associação com Ottó Korvin, executado em 1920 (e depois citado por Lukács como exemplo de revolucionário heroico-asceta), escondendo-se na casa da fotógrafa Olga Máté. (Charles de Tolnay serve algumas vezes de mensageiro para ele.)

No fim de setembro, por intermédio de um velho amigo – o escultor Márk Vedres –, o pai de Lukács paga uma quantia substancial (boa parte dela emprestada) a um oficial inglês para tirá-lo do país disfarçado como seu motorista pessoal. (Lukács nunca soube dirigir.)

Em outubro, ele é preso em Viena e o governo de Horthy pede sua extradição. (Ele é condenado à morte *in absentia*.)

Um grupo de intelectuais intercede a seu favor junto do governo austríaco e publica um apelo no *Berliner Tageblatt* em 12 de novembro. Os signatários são Franz Ferdinand Baumgarten, Richard Beer-Hoffmann, Richard Dehmel, Paul Ernst, Bruno Frank, Maximilian Harden, Alfred Kerr, Heinrich Mann, Thomas Mann, Emil Praetorius e Karl Scheffler.

O pedido de extradição é negado e Lukács é libertado no fim de dezembro.

1920

Casa-se com seu grande amor da juventude, Gertrud Bortstieber. (Gertrud era três anos mais velha e costumava visitar a família Lukács desde 1902; era amiga íntima de Rózsi Hofstädter, esposa de Zsigmond Kotányi, o amigo mais próximo de Lukács pai. O jovem Lukács se apaixona perdidamente por ela, mas na época ela não se dá conta e se casa com o matemático Imre Jánossy, que morre de tuberculose.) Eles começam a namorar em 1918-1919 e se casam em 1920, depois que ela vai a seu encontro em Viena. O casal tem uma filha, Anna, e tem de criar três crianças em condições muitas vezes adversas. (Os dois filhos de Imre Jánossy – Lajos, físico mundialmente famoso, e Ferenc, engenheiro que se tornou economista, por sinal bastante original – eram pequenos quando o pai morreu.) Economista de formação e com grande sensibilidade para a música e a literatura, Gertrud une as qualidades de uma grande sabedoria prática e senso de realismo com uma concepção incontestavelmente serena da vida e um caráter cordial e radiante. Eles têm um casamento maravilhoso e as grandes obras de Lukács – inclusive *História e consciência de classe*, adequadamente dedicada a Gertrud Bortstieber – são inconcebíveis sem ela.

Lukács envolve-se ativamente no trabalho partidário e torna-se vice-líder da facção de Landler.

Sua linha política é fortemente de esquerda e Lênin o critica por seu artigo sobre o parlamentarismo ("Zur Frage des Parlamentarismus", publicado no *Kommunismus* em 1920).

Os agentes de Horthy sequestram diversos exilados húngaros em Viena e Lukács é avisado para tomar cuidado. Ele compra um revólver e o mantém até 1933, quando o joga no rio Spree (depois que os nazistas fizeram uma busca em sua casa, por sorte em sua ausência). Ao contrário do que diziam as acusações de que "Lukács aterrorizou os intelectuais durante a Comuna, apontando uma arma para eles enquanto os interrogava", essa foi a única arma que teve em toda a vida.

Em dezembro de 1920, ele apresenta um artigo sobre "Reação mundial e revolução mundial" na Conferência Sudeste da Internacional Juvenil Comunista, em Viena (publicado em 1921).

1920-1921

É coeditor de um importante jornal teórico, o *Kommunismus*, órgão da Internacional Comunista. Vários dos ensaios reunidos em *História e consciência de classe* são escritos nesse período e publicados primeiro no *Kommunismus*.

Representando a facção de Landler, participa das discussões do III Congresso da Internacional Comunista em Moscou e encontra-se pessoalmente com Lênin. Lukács descreve o encontro como uma das experiências mais formadoras de sua vida.

Politicamente, sua linha mostra certa dualidade: uma abordagem "messiânica" esquerdista e um tanto sectária dos problemas da revolução mundial (ele é um defensor – um teórico, na verdade – da "Ação de Março", em 1921) e, ao mesmo tempo, uma avaliação altamente realista e não sectária das perspectivas do desenvolvimento socialista na Hungria. (Nesse último aspecto, a influência de Landler é crucial.)

Dedica-se sistematicamente ao estudo e à reconsideração das obras de Marx e Lênin, cujos resultados se tornam evidentes em *História e consciência de classe* e em seu livro sobre Lênin.

1922

Thomas Mann visita a família de Lukács em Budapeste, em meados de 1922. Depois dessa visita, vai a Viena, onde se encontra pela primeira vez com Lukács. (As impressões de Thomas Mann sobre a longa conversa que tiveram são conhecidas pelo próprio relato deste.)

Lukács publica um artigo chamado "Noch einmal Illusionspolitik" [Mais uma vez a política das ilusões] no qual condena, nos termos o mais pesados possível, o avanço da burocratização e do autoritarismo no partido. O artigo é publicado, significativamente, no livro de László Rudas, *Aventureirismo e liquidacionismo: a política de Béla Kún e a crise do Partido Comunista Húngaro*. Na época, Rudas defendia a facção de Landler. Pouco antes do Natal, Lukács dá os retoques finais em uma das maiores obras filosóficas do século XX: seu ensaio sobre a "A reificação e a consciência do proletariado", parte central de *História e consciência de classe*.

1923

Publica em Berlim, pela editora Malik, *História e consciência de classe*, que é até hoje seu livro mais influente.

Ernst Bloch publica um elogio caloroso em um ensaio intitulado "Aktualität und Utopie: zu Lukács 'Geschichte und Klassenbewusstein'" [Atualidade e utopia. Sobre "História e consciência de classe", de Lukács].

No fim de 1923, Karl Korsch – amigo de Lukács na época – publica seu *Marxismo e filosofia**, que mostra uma abordagem semelhante à dos ensaios de Lukács publicados nos periódicos *Kommunismus* e *Die Internationale* (editado por Korsch) no que se refere a algumas questões políticas e filosóficas fundamentais. (Muitos dos ensaios publicados no *Kommunismus* e no *Die Internationale* – mas não todos – foram incorporados de alguma maneira em *História e consciência de classe*.) Com base nessa afinidade, os dois são estigmatizados e criticados no ano seguinte como "revisionistas".

Intensifica-se a luta faccionária dentro do partido húngaro.

1924

Lênin morre em janeiro e a tentativa de controle stalinista tanto do Partido Soviético quanto da Internacional Comunista é intensificada.

História e consciência de classe é criticado de duas direções opostas: Karl Kautsky o ataca em um artigo publicado no *Die Gesellschaft* (em junho de 1924) e o filósofo do partido russo A. Deborin o condena no *Arbeiterliteratur*, em um ensaio intitulado "Lukács und seine Kritik des Marxismus [Lukács e a sua crítica do marxismo]".

Expressando a drástica mudança na relação de forças dentro do partido e da Internacional Comunista, László Rudas – que costumava apoiar Lukács – muda radicalmente sua posição e ataca violentamente *História e consciência de classe* em um longo ensaio publicado em várias partes no *Arbeiterliteratur* (n. 9, 10 e 12, 1924). O lema programático do ataque de Rudas é, significativamente, uma citação de *Materialismo e empirocriticismo*, de Lênin**, na qual lemos: "*Beweise und Syllogismen allein genügen nicht zur Widerlegung des Idealismus. Nicht um theoretische Argumente handelt es sich hier*" [Provas e silogismos não

---

*   Trad. José Paulo Netto, Rio de Janeiro, Editora UFRJ, 2008. (N. E.)

** Lisboa, Estampa, 1971. (N. E.)

Cronologia da vida e da obra de György Lukács | 255

são suficientes para erradicar o idealismo. Não estamos preocupados aqui com argumentos teóricos].

O clímax é atingido no V Congresso Mundial da Internacional Comunista, em junho e julho de 1924, quando Lukács é atacado por Bukharin e Zinoviev. Lukács publica seu livro sobre Lênin.

1925-1926

Em 1925, Lukács publica no *Archiv für die Geschichte des Sozialismus und der Arbeiterbewegung* (*Grünberg Archiv*) uma crítica severa ao determinismo tecnológico mecanicista do livro de Bukharin sobre o materialismo histórico.

Sua atenção se dirige para a elaboração dos problemas da dialética marxista em relação aos fundamentos econômicos da sociedade capitalista, antecipando em dois ensaios importantes – sobre Lassalle (1925) e Moses Hess (1926) – a problemática de O *jovem Hegel* (1935-1938).

József Révai publica um ensaio entusiástico sobre *História e consciência de classe* no *Grünberg Archiv*, mas não enfrenta a questão da controvérsia político-filosófica que envolve o livro.

Lukács conhece o jovem Attila József em Viena e é o primeiro a reconhecer o significado da obra desse grande poeta para a literatura mundial. (Como o próprio József escreve de Viena para sua irmã: "Anna Lesznai, Béla Balázs e György Lukács me consideram um grande poeta; em particular este último, que diz que sou o primeiro poeta proletário com qualidades de importância literária mundial".)

Karl Korsch é expulso do partido em 1926 e, assim, Lukács fica ainda mais isolado com suas concepções dentro do movimento comunista internacional.

1927

Seu pai morre em Budapeste, aos 74 anos de idade. (Sua mãe morreu em 1917.)

1928

Jenö Landler morre em consequência de um infarto e cabe a Lukács preparar as teses que representavam as perspectivas sociopolíticas do partido. Elas ficam conhecidas como "Teses de Blum" e antecipam a estratégia da Frente Popular.

A atividade literária de Lukács é limitada à composição de uns poucos artigos, publicados principalmente no *Grünberg Archiv*.

1929

Lukács passa três meses na Hungria (coordenando o trabalho partidário clandestino).

As "Teses de Blum" são derrotadas, graças ao apoio que a facção de Kún tem dentro da Internacional Comunista. (A "Carta aberta do Executivo da Internacional Comunista", endereçada ao Partido Húngaro, afirma que "o fogo deve se concentrar nas teses antileninistas do camarada Blum, que substituíram a teoria leninista da revolução proletária por uma teoria liquidacionista semissocial-democrata".) Lukács é forçado a publicar uma autocrítica no *Uj Március*, e essa derrota marca o fim de seu envolvimento direto na política por cerca de três décadas.

O governo austríaco emite uma ordem de expulsão contra Lukács. Thomas Mann intercede a seu favor em uma carta comovente. A ordem de expulsão é revogada, mas Lukács deixa Viena – onde morou de 1919 a 1929 – para sempre.

1929-1931

Em Moscou, Lukács trabalha no Instituto Marx-Engels-Lênin, dirigido por D. Riazanov. Este mostra a Lukács o texto datilografado dos *Manuscritos econômico-filosóficos de 1844*, de Marx*, antes de serem publicados; esse fato tem um impacto significativo no desenvolvimento intelectual de Lukács. No mesmo período, ele conhece os *Cadernos filosóficos* de Lênin, publicados em 1929-1930, com o título de *Lênin Miscellanies IX & XII*. Esses escritos contribuem muito para a mudança de sua concepção sobre Hegel e sua visão das "relações entre sujeito e objeto", da epistemologia e da relação entre a obra de arte e a realidade social.

Esse é o único período da vida de Lukács – desde 1905 – em que ele consegue se dedicar inteiramente à pesquisa e ao estudo, sem ser perturbado pela obrigação de escrever para publicar e pelas demandas da atividade política. Assim, consegue estabelecer os fundamentos de grande parte de sua obra posterior.

1931-1933

Muda-se para a Alemanha e instala-se em Berlim até a tomada do poder pelos nazistas.

---

* Trad. Jesus Ranieri, São Paulo, Boitempo, 2004. (N. E.)

Torna-se vice-presidente do grupo berlinense da Associação dos Escritores Alemães e membro eminente da União dos Escritores Proletários Revolucionários.

Assume um papel bastante ativo nas discussões concernentes aos métodos da representação literária socialista, no espírito de sua concepção de "grande realismo".

Em 1933, publica "Meu caminho para Marx", no *Internationale Literatur*.

Quando descobre que os nazistas estão a sua procura, foge da Alemanha e volta para Moscou.

1933-1935

Quando Lukács retorna a Moscou, Béla Kún e seus partidários tentam evitar que ele e sua família se instalem na cidade. Lukács inicia uma greve nos degraus do prédio da Internacional Comunista (frequentado por muitos estrangeiros que o conhecem bem): sua rebeldia logo consegue o resultado desejado.

Torna-se colaborador científico no Instituto de Filosofia da Academia Soviética de Ciências.

Trabalha em *O jovem Hegel* (concluído entre o fim de 1937 e o início de 1938), um projeto concebido no período em que fez uma reavaliação de suas concepções filosóficas à luz dos *Manuscritos de Paris* e dos *Cadernos filosóficos*. (Ainda em Berlim, entre 1931 e 1932, ele tentou trabalhar nesse projeto, mas não foi muito longe.)

No campo da crítica literária, trabalha em estreita colaboração com Mikhail Lifshitz. (Eles se tornaram amigos em 1929, no Instituto Marx-Engels-Lênin, e Lukács dedica *O jovem Hegel* – tanto a edição de Zurique/Viena de 1948 quanto a edição alemã-oriental de 1954 – a Lifshitz, apesar das acusações de "cosmopolitismo" feitas contra seu velho amigo.) Eles têm como órgão o *Literaturny Critique* (extinto em 1940) e seu principal alvo é a linha da Proletkult, cujos principais porta-vozes são Fadeiev e Yermilov. Lukács é o líder intelectual do *Literaturny Critique*, cujo círculo interno conta também com I. Satz e Usiyevitch, além de Lifshitz.

Lukács também se envolve no confronto com o grupo de escritores húngaros da Proletkult (Sándor Barta, Antal Hidas – genro de Béla Kún –, Béla Illés, Lajos Kiss, Emil Madarász, János Matheika, Máté Zalka e outros), o mesmo grupo que condenou Attila József em um documento oficial, com resultados devastadores, tachando-o de "pequeno-burguês que tenta encontrar no campo do fascismo uma solução para sua crise interior".

258 | Essenciais são os livros não escritos

Na teoria estética, mais uma vez em estreita colaboração com Lifshitz, Lukács trabalha na herança literária de Marx, elaborando as linhas gerais de uma estética marxista sistemática.

Nesse período, conduz um debate sobre o expressionismo – iniciado em Berlim e concluído apenas no fim da década de 1930 – no qual enfrenta, entre outros, Bertolt Brecht e Ernst Bloch.

1935-1938

Termina O *jovem Hegel* e submete-o como tese de doutorado. Recebe o título de doutor em Ciências Filosóficas pela Academia Soviética de Ciências.

Nesse período (1936-1937), Lukács completa mais uma obra importante: O *romance histórico**.

A nova estratégia adotada pela Frente Popular melhora a situação de Lukács, facilitando – ainda que temporariamente – sua "luta partidária" contra a Proletkult e a versão jdanovista do "realismo socialista".

Em janeiro de 1938, um novo periódico húngaro aparece em Moscou: *Új Hang* [Nova Voz]. O quadro editorial é composto de Béla Balázs, Sándor Barta (editor-chefe da primeira edição), György Bölöni, Zoltán Fábry, Imre Forbáth, Andor Gábor (um dos amigos mais próximos e fiéis de Lukács e editor-chefe da segunda edição em diante), Sándor Georgely, György Lukács, József Madzsar e László Vass. Lukács tem um papel importante na determinação da orientação geral do periódico. Também é membro do quadro editorial do *Internationale Literatur* a partir de 1935.

1939-1940

Dado o agravamento da situação política geral, a antiga luta ideológica é retomada da maneira mais intensa possível. O grupo de Fadeiev e Yermilov ganha o apoio da alta hierarquia do partido e assume o controle da Associação de Escritores.

O *Literaturny Critique* é extinto e Lukács é privado do veículo para a difusão de suas ideias na Rússia.

Ele publica no *Internationale Literatur* um ensaio intitulado "Volkstribun oder Bürokrat" [Tribuno do povo ou burocrata]. Trata-se da crítica mais aguda e penetrante sobre a burocratização da Rússia durante o período de Stálin – e

---

* Trad. Rubens Enderle, São Paulo, Boitempo, 2011. (N. E.)

reconhecida como tal por Leo Kofler (Jules Dévérité) em um artigo publicado em 1952, isto é, antes do anúncio do programa de "desestalinização".

1941

Lukács é preso e fica seis meses na cadeia. Seus inquiridores tentam extrair dele – sem sucesso – a confissão de que era um "agente trotskista" desde o início da década de 1920. Ele só é solto pela intervenção pessoal de Dimitrov, que era secretário-geral da Internacional Comunista na época e recebeu muitos protestos a favor de Lukács vindos de intelectuais alemães, austríacos, franceses e italianos, bem como de alguns de seus antigos amigos húngaros, todos residentes da União Soviética.

Lukács publica ensaios sobre literatura húngara e alemã. Dentre eles, destaca-se "Estudos sobre Fausto", publicado no *Internationale Literatur*.

O *Új Hang* deixa de publicar.

1942-1944

A amizade entre Lukács e Révai é retomada depois que este deixa a Internacional Comunista, onde trabalhou – também como secretário pessoal de Béla Kún – entre 1934 e 1937. Os excelentes estudos de Révai sobre a história e a literatura húngara, publicados principalmente no *Új Hang*, são concebidos no decorrer de longas conversas com Lukács. A amizade se intensifica nos anos de guerra e continua harmoniosa até 1949, época do Debate Lukács.

Lukács faz palestras em alemão e húngaro para prisioneiros dos campos de guerra.

No início de 1944, publica *Irástudók felelössége* [A responsabilidade dos intelectuais], volume de ensaios sobre história e literatura húngara escritos entre 1939 e 1941 e publicados primeiro no *Új Hang*, com uma introdução datada de março de 1944. Esse é seu primeiro livro publicado em húngaro depois de um intervalo de vinte anos. (O último foi o pequeno volume sobre Lênin, publicado em húngaro em 1924, em Viena.)

1945

Tem a possibilidade de morar na Alemanha ou na Hungria. Escolhe essa última e jamais se arrepende da escolha, nem mesmo sob o fogo cruzado do Debate Lukács.

260 | Essenciais são os livros não escritos

Chega a Budapeste em 1º de agosto de 1945 e torna-se membro do Parlamento. Em seguida, assume a cadeira de Estética e Filosofia da Cultura na Universidade de Budapeste e participa da presidência da Academia Húngara de Ciência.

Além de uma segunda edição de *Irástudók felelössége* – que se torna o centro das discussões culturais e ideológicas na Hungria –, ele publica dois volumes de ensaios em húngaro: *Balzac, Stendhal, Zola* e *József Attila költészete* [A poesia de Attila József]. Seu primeiro livro em alemão é *Fortschritt und Reaktion in der deutschen Literatur* [Progresso e reação na literatura alemã], publicado em Berlim pela Aufbau, que será sua editora até ele ser deportado em 1956.

1946-1949

Dá início a uma atividade literária fervorosa nos jornais e periódicos húngaros e, antes de começar o Debate Lukács, publica em diversas línguas numerosos livros de ensaios de tamanhos variados (vinte volumes e livretos só na Hungria).

Funda a revista cultural *Forum* em 1946 e permanece como seu diretor espiritual (não formal) até sua extinção, em 1950 – em consequência do Debate Lukács.

Em 1946, participa das discussões dos Encontros Internacionais de Genebra com a conferência "A visão aristocrática e democrática do mundo" e envolve-se em um confronto acirrado com Karl Jaspers, seu amigo durante os anos de estudo em Heidelberg.

O projeto de escrever *Die Zerstörung der Vernunft* [A destruição da razão] é concebido nesse período (com vários estudos parciais publicados em diversos livros entre 1946 e 1949), mas é concretizado somente após o "Debate Lukács" – graças à retirada forçada da atividade política e literária – e publicado simultaneamente em húngaro e alemão em 1954.

Faz diversas viagens pela Europa oriental e ocidental, incluindo França, Áustria, Suíça e Itália.

Em dezembro de 1947, profere uma palestra em Milão, na Conferência Internacional dos Filósofos Marxistas, sobre "As tarefas da filosofia marxista na nova democracia".

No início de 1949, participa das discussões da Conferência sobre Hegel em Paris, dedicada aos novos problemas da pesquisa hegeliana.

Em suas viagens a Paris, encontra-se com diversos filósofos franceses, militantes do partido (Emile Bottigelli, Jean Desanti, Roger Garaudy, Henri Lefebvre) ou não (Lucien Goldmann, Jean Hyppolite, Maurice

Merleau-Ponty), bem como com intelectuais do campo da arte e da literatura. Torna-se membro fundador do Conselho Mundial da Paz em 1948 e participa de suas atividades – que envolvem inúmeras viagens ao exterior – entre 1948 e 1956. Renuncia em 1957.

Em 1948, ganha o Prêmio Kossuth.

1949-1952

1949 é rotulado por Rákosi de "o ano da virada": uma mudança radical na política, coincidindo na política cultural com o Debate Lukács e na política com o julgamento de Rajk.

Os ataques a Lukács são iniciados por um antigo defensor que se tornou um adversário: László Rudas. Ele publica um longo artigo repleto de insultos no órgão teórico do partido, o *Társadalmi Szemle* [Revisão social], seguido de ataques na imprensa diária e em praticamente todos os periódicos do país. Lukács é acusado de "revisionismo", "desviacionismo de direita", "cosmopolitismo", de ter "caluniado Lênin", de ser objetivamente um "serviçal do imperialismo" etc. Ataca-o Márton Horváth, membro do Politburo e responsável pela política cultural, e Révai junta-se ao ataque com um artigo de censura vigorosa.

Os eventos tomam um rumo mais sério quando Fadeiev publica um violento ataque no *Pravda*, prenunciando a possibilidade de diversas medidas de punição.

O objeto imediato do ataque são os dois volumes de ensaios escritos entre 1945 e 1948: *Irodalom és demokrácia* [Literatura e democracia] e *Új magyar kultúráért* [Por uma nova cultura húngara], publicados em 1947 e 1948, mas as questões abordadas nas décadas de 1930 ("Proletkult", "esquematismo", "realismo socialista" etc.) e 1920 ("Teses de Blum" e *História e consciência de classe*) ganham destaque.

Lukács publica um artigo autocrítico, mas este é considerado "meramente formal" por József Révai, o grão-teórico e líder inquestionável do partido em questões político-culturais. Apesar da aspereza do ataque de Révai, Lukács considera que sua posição é positiva, no sentido de praticamente pôr fim a ataques posteriores (a condenação que József Darvas lhe faz alguns meses depois, no Congresso dos Escritores de 1951, não tem a menor importância, apesar de este ocupar o posto de ministro da Cultura) e evitar a prisão que ele temia na época em que Fadeiev e o *Pravda* se envolveram no caso.

Em 1952, Brecht e Lukács superam a velha rixa expressionista e voltam a ser amigos. De 1952 até a morte de Brecht, em agosto de 1956, Lukács o visita sempre que vai a Berlim.

Em 1952-1953, o romancista Tibor Déri é atacado repetidas vezes e Lukács o defende nos debates.

Em novembro de 1952, Lukács termina *Die Zerstörung der Vernunft*, uma análise monumental de 150 anos do desenvolvimento filosófico alemão em relação à dialética e ao irracionalismo.

1953-1955

O período de redução das tensões políticas melhora muito a situação de Lukács e seus livros começam a aparecer de novo.

Para comemorar o aniversário de setenta anos de Lukács, a editora Aufbau publica um livro em 1955 – *Georg Lukács zum siebzigsten Geburtstag* [O aniversário de setenta anos de György Lukács] – com a participação de diversas personalidades de destaque, como Ernst Bloch e Thomas Mann. Ele também é eleito membro da Academia Alemã de Ciências em Berlim.

Na Hungria, recebe o Prêmio Kossuth pelo conjunto de sua obra em 1955.

No mesmo ano, na França, Merleau-Ponty publica *As aventuras da dialética*, obra que coloca *História e consciência de classe* no centro do debate filosófico e causa um grande impacto no desenvolvimento filosófico posterior, inclusive em *Crítica da razão dialética*, de Sartre*.

1956

Após o XX Congresso do Partido Comunista, muitos tabus são superados e os antigos debates políticos e culturais são reabertos. Lukács participa ativamente desses debates e preside o debate de filosofia realizado no Círculo de Petöfi em 15 de junho.

Viaja muito (Alemanha, Áustria, Itália, Suécia) e faz conferências sobre o tema de um livro publicado posteriormente com o título de *A significação presente do realismo crítico*.

Outra conferência famosa desse período é "A luta entre progresso e reação na cultura contemporânea". É proferida na Academia do Partido, em Budapeste, em 28 de junho.

---

* Trad. Guilherme João de Freitas Teixeira, Rio de Janeiro, DP&A, 2002. (N. E.)

No fim de junho, realiza-se um debate no Instituto para a História do Movimento Operário sobre as "Teses de Blum", com a participação de Lukács.

Em meados de 1956, ele funda um novo periódico, *Eszmélet* [Tomada de consciência], com Aurél Bernáth, Tibor Déry, Gyula Illyés, Zoltán Kodály e István Mészáros como editor. Depois do afastamento de Rákosi da política, o periódico obtém o sinal verde do ministro da Cultura.

Em 24 de outubro, Lukács se torna membro do Comitê Central ampliado e ministro da Cultura no governo de Imre Nagy.

Em 4 de novembro, refugia-se com outras figuras políticas na Embaixada da Iugoslávia. É deportado para a Romênia quando o grupo deixa a embaixada.

1957-1962

Em 10 de abril, Lukács retorna para sua casa em Budapeste.

Não aceita filiar-se ao partido recém-formado. (Ao contrário da crença amplamente difundida, ele nunca foi expulso ou teve sua readmissão negada.)

Os ataques contra Lukács recomeçam com mais veemência e são feitos, em primeiro lugar, por seu antigo pupilo József Szigeti, na época vice-ministro da Cultura.

O departamento de Lukács na universidade é fechado e ele é privado de qualquer contato com os estudantes.

Os ataques continuam durante anos – na Hungria, Alemanha, Rússia e outros países da Europa oriental – e, em 1960, a editora Aufbau publica em Berlim um calhamaço de 340 páginas intitulado *Georg Lukács und der Revisionismus* [György Lukács e o revisionismo].

Lukács publica na Itália seu *Prolegomeni a un'estetica marxista* (Editori Riuniti) e *Il significato attuale del realismo critico* [A significação presente do realismo crítico] (Einaudi), em 1957. Nesse mesmo ano, publica na Itália um posfácio a "Mein Weg zu Marx", no qual formula uma crítica aguda ao stalinismo e sua sobrevivência. Dá prosseguimento ao mesmo discurso em 1962, em uma "Carta a Alberto Carocci", editor da *Nuovi Argomenti*.

Em 1962, a editora Luchterhand começa a publicar suas obras completas com *Die Zerstörung der Vernunft*.

A principal obra de Lukács desse período (1957-1962) é a monumental *Estética*, concluída no fim de 1962 e publicada no ano seguinte em dois grandes volumes com o título *Die Eigenart des Ästhetischen* [A peculiaridade do estético].

1963

Depois de terminar a *Estética*, Lukács começa a escrever *Ontologia do ser social* com grande entusiasmo. A obra é interrompida de maneira cruel pela morte repentina de sua mulher em 28 de abril. (*Estética* traz uma dedicatória comovente a Gertrud Bortstieber.)

Durante meses, ele luta contra o desejo de cometer suicídio. Sua perda é registrada em um ensaio sobre Mozart e Lessing – os prediletos de Gertrud –, "Minna von Barnhelm": talvez o texto mais belo de toda a obra de Lukács.

1964-1968

Volta a trabalhar em *Ontologia do ser social*, mas nunca ficou satisfeito com o resultado.

Em setembro de 1966, dá início a uma importante série de conversas com Wolfgang Abendroth, Hans Heinz Holz e Leo Kofler, publicada posteriormente com o título de *Gespräche mit Georg Lukács** (editado por Theo Pinkus, Reinbek, Rowohlt, 1967).

Em 1967, escreve uma extensa introdução a um livro que contém seus primeiros escritos políticos e *História e consciência de classe*. Esse livro é republicado em 1968, em italiano e alemão.

Concede uma série de entrevistas e escreve vários artigos sobre os problemas da "desestalinização" e da burocratização. Eles culminam com um estudo da máxima importância, dedicado a um exame rigoroso da questão da democracia socialista no período de transição. Escrito em 1968, e concluído após a ocupação da Tchecoslováquia, contra a qual Lukács protestou fortemente, esse importante estudo não foi publicado até o momento em que escrevo. (Apenas uma pequena parte foi incluída em um livro sobre Lênin, publicado na Hungria na ocasião de seu centenário.)

Em 1968, os primeiros escritos políticos de Lukács aparecem em alemão em "edições piratas" e figuram fortemente nos debates da oposição extraparlamentar em toda a Europa, bem como nos Estados Unidos.

---

* Ed. bras.: *Conversando com Lukács* (trad. Giseh Viana Konder, Rio de Janeiro, Paz e Terra, 1968). (N. E.)

1969-1970

Recebe o título de doutor *honoris causa* na Universidade de Zagreb, em 1969.

No fim de 1969, começa a escrever seus *Prolegômenos para uma ontologia do ser social.*

No mesmo período, reingressa no partido.

Em 1970, torna-se doutor *honoris causa* da Universidade de Ghent e também recebe o Prêmio Goethe, da cidade de Frankfurt am Main.

Em dezembro, seus médicos descobrem que ele tem um câncer em fase terminal. Dizem-lhe que terá pouco tempo de vida. Lukács trabalha com um empenho ainda maior.

1971

Trabalha nos *Prolegômenos* até poucos dias antes de morrer. Ao mesmo tempo, escreve muitas páginas com notas autobiográficas.

Continua organizando uma ação internacional de intelectuais para salvar Angela Davis.

Sua última aparição pública é nas festividades a Bartók: profere uma palestra dedicada à memória de seu grande contemporâneo apenas algumas semanas antes de morrer.

Morre em Budapeste em 4 de junho de 1971. Alguns anos depois é enterrado no cemitério de Kerepesi, em um local reservado para as grandes figuras do movimento socialista.

Índice onomástico

ADLER, Friedrich (1879-1960), cientista e político austríaco. Era filho de Victor Adler, cofundador do Partido Operário Social-Democrata da Áustria. Em 1897 filiou-se à Associação dos Social-Democratas Austríacos na Suíça, país em que terminava seus estudos. Retornou em 1911 a Viena, onde se tornou um dos secretários do Partido Operário Social-Democrata, ao lado de Otto Bauer, e editor da revista *Der Kampf*. Como líder da ala esquerda socialista, opôs-se à política belicista do partido, demitindo-se em 1914. Em 1916 manifestou sua oposição à guerra assassinando o ministro-presidente Karl von Stürgkh. Condenado à morte, teve a pena comutada para dezoito anos de prisão. Foi anistiado em 1918 e, em 1921, participou da fundação da União de Viena, que mais tarde se juntou à Internacional Operária e Socialista. Adler foi seu secretário-geral de 1923 a 1939. p. 222, 224, 234.

ADLER, Max (1873-1937), jurista, político e filósofo austríaco. Foi um dos principais representantes do austromarxismo, ao lado de Otto Bauer e Rudolf Hilferding. Estudou os conselhos operários e ligou o marxismo à tradição filosófica da Alemanha. De 1919 a 1921 foi deputado pelo Partido Social-Democrata no Parlamento da Baixa Áustria. Trabalhou ativamente pelo ensino superior do povo e, de 1904 a 1923, juntamente com Rudolf Hilferding, foi editor dos *Marx-Studien*. p. 221-2.

ADY, Endre (1877-1919), poeta e jornalista húngaro. É considerado o precursor da literatura moderna na Hungria. Interessava-se por política, foi membro do grupo radical Huszadik Század [Século XX] e praticava um patriotismo crítico em suas obras. De 1908 até o fim de sua vida foi colaborador ativo da revista literária *Nyugat*, da qual também foi editor a partir de 1912. Além de poemas, escreveu centenas de artigos para jornais e revistas em que criticava a situação política do país. p. 75, 86, 244-5, 249.

ANTAL, Frigyes (1887-1954), historiador da arte húngaro. É conhecido sobretudo por sua contribuição à sociologia da arte, relacionando arte e sociedade como uma estrutura única regida por princípios causais. Participou do Círculo Dominical, grupo de intelectuais organizado por György Lukács. Trabalhou no Museu de Belas-Artes de Budapeste de 1914 a 1915 e, em 1919, tornou-se chefe-adjunto do Diretório de Arte e Museu da Hungria. Emigrou após o colapso da República dos Conselhos, primeiro para a Itália e em seguida para a Inglaterra, onde se estabeleceu. De 1926 a 1936 foi editor do periódico *Kritische Berichte zur kunstgeschichtlichen Literatur* [Relatórios críticos da literatura de história da arte]. Foi representante da historiografia da arte marxista. p. 121, 170, 248, 251.

ANTOINE, André (1858-1943), ator, diretor de teatro, produtor e crítico francês. É considerado o inventor da *mise-en-scène* moderna na França. Em 1887 fundou o Teatro Livre, movimento teatral que visava a romper com o estilo do teatro de *boulevard*, aplicando os princípios do naturalismo à arte dramática. Antoine apresentou ao público francês os jovens autores naturalistas franceses, mas também August Strindberg, Lev Tolstói e Henrik Ibsen. p. 94.

ARAGON, Louis (1897-1982), poeta, romancista, editor e jornalista francês. É considerado um dos mais importantes escritores surrealistas da França. Estava cursando o segundo ano de medicina em 1918 quando foi convocado pelo Exército, servindo como médico na guerra. Em 1931, após romper com o surrealismo, participou ativamente do Partido Comunista Francês, ao qual era filiado desde 1927. Adotou o realismo socialista e escreveu o ciclo "O mundo real", que compreende: *Os sinos de Basileia*[1] (1934), *Os bairros elegantes*[2] (1936), *Aureliano*[3] (1944) e *Les communistes* (1951). p. 37.

ARANY, János (1817-1882), jornalista, escritor, poeta e tradutor húngaro. É considerado o maior autor épico da Hungria. Escreveu a famosa trilogia de Toldi: *Toldi* (1847), *Toldi estéje* (1854) e *Toldi szerelme* (1848-1879), na qual narra as façanhas de Miklós Toldi, um nobre húngaro de extraordinária força física que no século XIV combateu no Exército de Luís, o Grande. p. 41.

AXELOS, Kostas (1924-2010), filósofo, jornalista e editor greco-francês. Iniciou-se na política durante a Segunda Guerra Mundial. Durante a ocupação nazista, juntou-se à resistência grega como organizador e jornalista do Partido Comunista da Grécia. Em 1945, foi expulso do partido por desviacionismo. Preso pelo governo de direita, conseguiu fugir e embarcar num navio para a França, onde estudou filosofia na Sorbonne. Foi professor, pesquisador e, em 1960, criador da coleção Arguments pelas Éditions de Minuit, que apresentou ao público francês alguns dos pensadores mais importantes da época. O livro de estreia da coleção foi *História e consciência de classe*[4], de György Lukács. p. 241.

BALÁZS, Béla, nascido Herbet Béla Bauer (1884-1949), poeta, dramaturgo, romancista, roteirista, cineasta e teórico do cinema húngaro. Foi membro do Comitê Cultural

---

[1]   Trad. José Carlos Gonzáles, 2. ed., Lisboa, Caminho, 1990.

[2]   Trad. Carlos Porto, Lisboa, Caminho, 1990.

[3]   Trad. Maria José Marinho, Lisboa, Arcádia, 1972.

[4]   Trad. Rodnei Nascimento, 2. ed., São Paulo, WMF Martins Fontes, 2016.

Revolucionário sob a República dos Conselhos da Hungria. Após 1919, exilou-se na Áustria, na Alemanha e na União Soviética. Escreveu livros fundamentais sobre a força criadora do cinema, a arte da montagem e a estética do filme. Em 1925, publicou em Berlim o livro *Der sichtbare Mensch* [O homem invisível], em que apresenta o cinema como uma redescoberta do corpo, da "linguagem dos gestos, língua materna da humanidade". Em 1945 retornou à Hungria, onde fundou o Instituto Húngaro de Cinema. p. 121, 245, 247-9, 251, 255, 258.

BÁLINT, György (1906-1943), poeta, escritor, tradutor, jornalista e crítico húngaro. Iniciou a carreira de jornalista em 1926. Foi contratado pelo jornal *Est* como repórter policial, mas graças a sua fluência em línguas era chamado para entrevistar celebridades estrangeiras. Passou por diversos gêneros de imprensa e tinha pleno domínio do jornalismo. Trabalhou para o jornal político *Pesti Napló* e foi correspondente do britânico *Daily Express*. Fez mais sucesso como escritor de prosa do que de poesia. Era um humanista convicto, e foi um dos mais preeminentes representantes dos valores cívicos e democráticos da Hungria. p. 75.

BARBUSSE, Henri (1873-1935), poeta, romancista e jornalista francês. Ganhou notoriedade em 1908 com o romance naturalista *Inferno*[5], mas o sucesso veio com O *fogo*[6], um relato minucioso de sua experiência como combatente na Primeira Guerra Mundial. O realismo dessa obra chocou o público civil e entusiasmou os soldados. Em suas obras posteriores, de cunho mais revolucionário, Barbusse tentou estabelecer os critérios de uma literatura proletária. p. 54.

BARTÓK, Béla (1881-1945), compositor, pianista, folclorista e professor húngaro. De 1907 a 1934 atuou como professor de piano na Academia de Música de Budapeste. Foi um dos fundadores da etnomusicologia. Com Zoltán Kodály, percorreu a Hungria e a Romênia recolhendo e anotando canções populares. Em 1940 decidiu emigrar para os Estados Unidos. Encontrou sua voz inspirando-se na música tradicional húngara. São dele *Suíte de quadros húngaros* (1931), *Concerto nº 2 para violino* (1937-1938) e *Concerto para orquestra* (1943). p. 44, 54, 62, 75, 83, 121-2, 170, 249, 265.

BAUER, Otto (1881-1938), político austríaco. Foi dirigente do Partido Social-Democrata da Áustria e um dos fundadores da revista *Der Kampf*, na qual também atuou como editor até 1914. Entre 1912 e 1914 foi editor do *Arbeiter-Zeitung*, órgão central do partido. Combateu na Primeira Guerra Mundial e foi feito prisioneiro de guerra em Troitskossavsk, na Rússia. Nessa época, já era tido como um importante teórico socialista, graças a suas contribuições políticas em livros e artigos de jornal. É considerado um dos principais pensadores do austromarxismo e a inspiração inicial para o movimento da nova esquerda e o eurocomunismo, em sua tentativa de encontrar uma "terceira via" para o socialismo democrático. p. 113, 220-5.

---

[5] Trad. Eduardo Brandão, Rio de Janeiro, Globo, 1988.

[6] Trad. Lívia Bueloni Gonçalves, São Paulo, Mundaréu, 2015.

270 | Essenciais são os livros não escritos

BECHER, Johannes Robert (1891-1958), escritor expressionista e político alemão. Estudou medicina e filosofia em Munique. Atuou em diversas organizações comunistas. Ingressou no Partido Social-Democrata Independente da Alemanha em 1917 e, no ano seguinte, entrou para a Liga Espartaquista. Em 1925 o governo alemão o acusou de "alta traição literária" pelo livro antiguerra *(CHCl=CH)3As (Levisite) oder Der einzig gerechte Krieg* [(CHCl=CH)3As (Levisite) ou A única guerra justa]. No mesmo ano, Becher foi cofundador da Liga dos Autores Revolucionários Proletários e Revolucionários e coeditor do órgão da associação, *Die Linkskurve*. Quando os nazistas assumiram o poder, mudou-se para Moscou e, ao término da Segunda Guerra Mundial, foi para a República Democrática da Alemanha, onde exerceu vários cargos políticos e culturais. Em 1952, recebeu o Prêmio Lênin da Paz. p. 55.

BENJÁMIN, László (1915-1986), poeta, editor e político húngaro. De família pobre, teve de desistir cedo dos estudos para trabalhar. Envolveu-se em 1931 com o movimento social-democrata. A partir de 1938 seus poemas começaram a aparecer nas revistas *Szép Szó*, *Kelet Népe* e *Népszava*. Entre 1952 e 1954 foi editor-chefe da revista Új Hang, e em 1963 começou a atuar na revista literária *Kortárs*. Foi deputado do Parlamento húngaro de 1975 a 1980. Em 1976 entrou para o conselho editorial do jornal político Új Tükör e, de 1980 até 1986, foi seu editor-chefe. p. 41.

BERÉNY, Róbert (1887-1953), pintor húngaro. Estudou em Paris, onde expôs no Salão de Outono (1906) e no Salão dos Independentes (1907-1908). Integrou o grupo vanguardista Nyolcak e fez parte dos fauvistas húngaros. Foi responsável pela introdução do cubismo e do expressionismo na arte húngara no início do século XX. Como cartazista, recebeu influência da Bauhaus. É considerado um dos exemplos da arte húngara. p. 121.

BISMARCK, Otto (1815-1898), estadista alemão, também conhecido como Chanceler de Ferro. Começou a carreira defendendo os interesses da pequena nobreza prussiana, da qual fazia parte. Em 1862, nomeado ministro-presidente, conseguiu dotar a Prússia de um exército-modelo e instaurou um regime autoritário. De 1864 a 1871 teve um papel fundamental na concretização da unificação alemã: na Guerra dos Ducados (1864), recuperou os ducados de Schleswig e Holstein, então sob controle dinamarquês; na Guerra Austro-Prussiana (1864-1866), eliminou a Áustria da recém-criada Confederação da Alemanha do Norte; na Guerra Franco-Prussiana (1870), anexou a Alsácia-Lorena. Internamente, atacou brutalmente a Igreja Católica, adotando políticas que ficaram conhecidas como *Kulturkampf* [Luta pela Cultura]; enfrentou a resistência dos alsácio-lorenos; e tentou neutralizar os social-democratas com repressão e adoção de uma legislação social avançada. p. 105-7.

BÖLL, Heinrich Theodor (1917-1985), tradutor e escritor alemão. Foi figura emblemática da literatura alemã pós-guerra. Em seus livros, aborda em geral a luta íntima e pessoal do indivíduo para se manter em cenários de guerra, terrorismo, divisões políticas e crises socioeconômicas, contra os mecanismos do Estado ou das instituições públicas. Teve uma carreira de grande sucesso, tendo recebido inúmeras honrarias. Em 1967 ganhou o Prêmio Georg Büchner, o mais importante de literatura em língua alemã, e em 1972 o Prêmio Nobel de Literatura. São dele *A honra perdida de Katharina Blum*[7], *Pontos de vista de um palhaço*[8] e *Fim de uma viagem*[9]. p. 115-6.

BOURDET, Yvon (1920-2005), filósofo, sociólogo e historiador francês. Durante a Segunda Guerra Mundial, fez parte de um grupo católico de resistência. Lecionou filosofia e estudou austromarxismo e autogestão. A partir de 1964 foi militante do grupo marxista Socialismo ou Barbárie e colaborador das revistas *Arguments*, Études de Marxologie e *Autogestion et Socialisme*. Escreveu *Communisme et marxisme, notes critiques de sociologie politique* (1963), *Figures de Lukács* (1972) e, com Alain Guillerm, *Augestão: uma mudança radical*[10] (1975). p. 219-42.

BRANDT, Willy, nascido Herbert Ernst Karl Frahm (1913-1992), político alemão. Ingressou nas Juventudes Socialistas em 1929, militando na ala esquerda da organização. Em 1931 passou para o Partido dos Trabalhadores Socialistas da Alemanha. Com a chegada dos nazistas ao poder, refugiou-se na Noruega, onde trabalhou como jornalista, e na Suécia. Regressou à Alemanha no fim da Segunda Guerra Mundial. Foi prefeito de Berlim Ocidental pelo Partido Social-Democrata da Alemanha de 1957 a 1966. Tornou-se presidente do partido em 1964 e manteve-se no cargo até 1987. De 1966 a 1969, durante a coalizão com a União Democrata-Cristã, foi ministro dos Negócios Estrangeiros e vice-chanceler. No período de 1969 a 1974, sob a coalizão social-liberal do Partido Social-Democrata e do Partido Democrático-Liberal, atuou como chanceler da República. De 1976 a 1992 foi presidente da Internacional Socialista. p. 113, 197.

BREJNEV, Leonid Ilitch (1906-1982), estadista soviético. Teve uma ascensão fulgurante no Partido Comunista da União Soviética, em parte graças ao apoio de Nikita Krushchev. Em 1941 era simples comissário político no Exército Vermelho e em 1964 sucedeu ao próprio Krushchev no comando do partido. Esteve à frente da União Soviética de 1964 a 1982 e presidiu o Soviete Supremo de 1977 até sua morte. Durante seu governo, houve uma reabilitação insidiosa de Stálin; em maio de 1965, num discurso comemorativo dos vinte anos de derrota da Alemanha, ele mencionou Stálin de maneira positiva. A política interna de Brejnev interrompeu as reformas liberalizadoras de Krushchev e adotou posições cada vez mais conservadoras e repressivas. Na política externa, pôs em prática a chamada doutrina da soberania limitada, ou doutrina Brejnev, que pregava a união dos países e dos partidos socialistas, com alinhamento a Moscou, e licença para intervir política e militarmente em qualquer país que ameaçasse a paz mundial ou o ideal comunista. Na prática, isso significou o domínio da União Soviética sobre seus aliados e a tentativa de impedir a expansão e a influência do liberalismo no mundo. p. 228.

BUKHARIN, Nikolai Ivanovitch (1888-1938), economista, político e intelectual revolucionário soviético. Ingressou no Partido Operário Social-Democrata Russo em 1906,

---

[7] Trad. Sibele Paulino, São Paulo, Carambaia, 2019.

[8] Trad. Paulo Soethe, São Paulo, Estação Liberdade, 2008.

[9] Trad. Reinaldo Guarany, São Paulo, Companhia das Letras, 1987.

[10] Trad. Hélio Pólvora, Rio de Janeiro, Zahar, 1976.

juntando-se à ala bolchevique. Em 1911, depois de um breve período na prisão, exilou-se em Hanover e Nova York, onde editou o jornal *Novy Mir*. Nesse período, escreveu livros que fizeram dele um importante teórico bolchevique, como *A economia mundial e o imperialismo*[11]. Regressou em 1917 a Moscou, onde participou ativamente da insurreição. Foi editor-chefe do *Pravda* (1918-1929), da revista *Bolchevique* (1924-1929) e do *Izvestia* (1934-1936). Foi membro do Politburo (1919-1929), do Comitê Central do Partido Bolchevique (1917-1937) e líder da Internacional Comunista (1926-1928). Defendeu a nova política econômica de Lênin e, após a morte deste, apoiou Stálin. p. 119, 130-1, 148, 179, 234, 255.

CROCE, Benedetto (1866-1952), filósofo, historiador, político, crítico literário e escritor italiano. Foi o principal ideólogo do liberalismo italiano do século XX e expoente do neoidealismo. Em 1903 fundou *La Critica: Rivista di letteratura, storia e filosofia*, uma das principais revistas culturais do início do século na Itália. Foi senador em 1910 e, de 1920 a 1921, ministro da Educação. Apoiou inicialmente Benito Mussolini, mas condenou seu governo fascista. Em 1925 escreveu um *Manifesto dos intelectuais antifascistas* em resposta ao *Manifesto dos intelectuais fascistas*, de Giovanni Gentile. Apresentou seu idealismo como "historicismo absoluto", pois a "filosofia não pode ser senão" filosofia do espírito e a "filosofia do espírito não pode ser senão" pensamento histórico. Na filosofia crociana, a ciência é máquina de medição da realidade, sujeita à filosofia, que, por sua vez, entende e explica o real. p. 202, 208.

CSÁSZÁR, Elemér (1874-1940), historiador da literatura e professor húngaro. Positivista, escreveu biografias de escritores e poetas húngaros marcadas sobretudo pelo academicismo conservador. Foi figura preeminente da corrente positivista e conservadora oficialmente reconhecida na Hungria durante o período entreguerras. Em 1920 foi admitido na Petőfi Társaság, associação da qual se tornou depois vice-presidente e presidente (1937-1940). Editou a revista *Egyetemes Philologiai Közlönyt* de 1905 a 1925. p. 58, 72.

CSERES, Tibor (1915-1987), economista e escritor húngaro. De 1937 a 1938 foi editor do jornal *Békésmegyei Közlöny*, em Békéscsaba. Lutou na Segunda Guerra Mundial, escapando do *front* em 1944. Em 1947 tornou-se conselheiro ministerial em Budapeste e colaborador do jornal literário *Irodalmi Újság*. Recebeu vários prêmios durante sua vida, entre eles o Attila József e o Kossuth. p. 43.

DE SANCTIS, Francesco Saverio (1817-1883), escritor, crítico literário, filósofo e político italiano. Foi um dos maiores críticos e historiadores da literatura italiana no século XIX. Depois de concluir o ensino médio, frequentou os cursos do purista Basilio Puoti. Entre 1841 e 1848, lecionando no Colégio Militar Nunziatella, descobriu o Iluminismo francês e italiano e afastou-se do puritanismo de Puoti. Em maio de 1848, participou dos movimentos insurrecionais como membro da Unidade Italiana, de Luigi Settembrini. Conheceu Giuseppe Mazzini em 1860 e mergulhou na realidade da política italiana.

---

[11] Trad. Raul de Carvalho, São Paulo, Abril Cultural, 1988.

Foi ministro da Educação em 1860, 1861, 1878 e 1879. No fim da vida, dedicou-se aos problemas críticos do realismo. p. 208.

DEÁK, Ferenc (1803-1876), estadista húngaro. Iniciou-se na política em 1833, quando substituiu seu irmão na assembleia de Pozsony (atual Bratislava), e tornou-se uma das figuras mais importantes da reforma política húngara dos anos 1840. Foi líder dos nacionalistas húngaros e liberal convicto. Quando estourou a Revolução de 1848, alinhou-se aos moderados e aceitou ser ministro da Justiça para manifestar apoio a Lajos Batthyány. Tentou inutilmente um compromisso entre a monarquia dos Habsburgos e os liberais de Lajos Kossuth. Demitiu-se do cargo, mas permaneceu como parlamentar, defendendo a legitimidade constitucional das Leis de Abril. p. 72.

DEHMEL, Richard (1863-1920), poeta e escritor alemão. Estudou ciências naturais, economia, literatura e filosofia na Universidade Humboldt de Berlim e, mais tarde, doutorou-se em economia na Universidade de Leipzig. Trabalhou numa companhia de seguros até a publicação de seus dois primeiros livros de poesia, *Erlösungen* (1891) e *Aber die Liebe* (1893). Em 1896, ganhou fama por seu poema "Venus Consolatrix", do livro *Weib und Welt*, que foi condenado por "atentado à moral e à religião". Alistou-se voluntariamente na Primeira Guerra Mundial e serviu até 1916. Dehmel é considerado um dos poetas mais importantes do pré-guerra. Seus poemas foram musicados por Richard Strauss, Max Reger, Alexander Zemlinsky, Arnold Schönberg, Anton Webern e Kurt Weill. p. 151-2.

DÉRY, Tibor (1894-1977), escritor, romancista e roteirista húngaro. Aderiu ao movimento comunista ainda na juventude. Foi membro ativo do Partido Comunista da Hungria a partir de 1918. No ano seguinte, participou da República dos Conselhos como integrante do Diretório dos Escritores. Exilou-se em Viena depois que Miklós Horthy assumiu o poder e, de lá, passou a colaborar com o jornal *Bécsi Magyar Újság*. Retornou clandestinamente à Hungria em 1926. Foi preso várias vezes na década de 1930, numa delas por ter traduzido para o húngaro *De volta da URSS*[12] (1936), de André Gide. Data desse período seu grande romance *A Befejezetlen Mondat* [A frase inacabada], um épico sobre a vida de um jovem aristocrata que, durante uma greve em Budapeste, entra em contato com a classe operária. p. 40, 121, 263.

DICKMANN, Julius (1894-1942), teórico marxista austríaco. Nasceu numa família da pequena burguesia judaica. Interessou-se ainda jovem pelo marxismo e pelos movimentos de trabalhadores, debutando na política na Revolução Austríaca de 1918. Foi membro ativo da Federação dos Socialistas Revolucionários [Internacional] e defendeu o sistema de conselhos. Colaborou com o órgão do Partido Comunista da Áustria, mas as portas se fecharam e ele começou a expor suas visões comunistas na *Freien Tribünen*, órgão do Poale Zion. Perdeu a audição no fim dos anos 1920 e por isso a leitura e a escrita adquiriram um significado especial em sua vida. Em 15 de maio de 1942 foi deportado para o campo de concentração de Izbica e assassinado. Sua obra principal, *Das Grundgesetz*

---

12   Trad. Alvaro Moreyra, Rio de Janeiro, Vecchi, 1937.

274 | Essenciais são os livros não escritos

der sozialen Entwicklung [A lei fundamental do desenvolvimento social] (1932), ainda hoje tem relevância. p. 222.

DOHNÁNYI, Ernö (1877-1960), compositor, pianista e maestro húngaro. Estreou como pianista em Berlim, em 1897. Foi aclamado como o sucessor de Franz Liszt. A exemplo de Béla Bartók e Zoltán Kodály, inspirou-se no folclore russo, mas é nítida em suas composições a influência de Johannes Brahms. Em 1919 foi nomeado diretor da Academia de Música de Budapeste e demitido no mesmo ano por razões políticas. Assumiu novamente o posto de 1934 a 1941. Deixou cerca de 120 obras. p. 121, 170, 249.

DUBČEK, Alexander (1921-1992), estadista tcheco. Ingressou no Partido Comunista da Tchecoslováquia em 1939. Durante a Segunda Guerra Mundial, participou da resistência à ocupação nazista, demonstrando grande capacidade de organização ao liderar a insurreição nacionalista contra as tropas alemãs em 1944-1945. Foi eleito para o Comitê Central em 1951 e deputado da Assembleia Nacional. Em 1960 tornou-se membro do Presidium do Partido Comunista da Tchecoslováquia e, em 1968, primeiro-secretário do Comitê Central. Iniciou as reformas de liberalização política do país, a chamada Primavera de Praga, em 5 de janeiro de 1968, mas o processo foi violentamente encerrado em 21 de agosto do mesmo ano, com a intervenção dos países-membros do Pacto de Varsóvia. p. 46.

DÜRRENMATT, Friedrich (1921-1990), poeta, romancista, dramaturgo e pintor suíço. Estudou literatura e história da arte na Universidade de Berna (1941-1945). Em 1946 escreveu sua primeira peça teatral, *Es steht geschrieben* [Os loucos de Deus], uma comédia apocalíptica que provocou escândalo e o fez conhecido além das fronteiras suíças. Nos anos seguintes, para sobreviver, dedicou-se à produção de romances policiais e novelas para o rádio. Em 1952 encontrou seu estilo com a comédia *Die Ehe des Herrn Mississippi* [O casamento do senhor Mississippi]: um mundo irreal de personagens assustadoramente verdadeiros, mas exagerados e caricaturais. Nos anos 1960 escreveu duas peças de grande sucesso: *Der Meteor* [O meteoro] e *Os físicos*[13]. p. 116.

DVOŘÁK, Max (1874-1921), historiador da arte austríaco de origem tcheca. Doutorou-se em 1897 no Instituto de Pesquisa Histórica de Viena com uma tese sobre o chanceler Kaspar Schlick (1396-1449). Em 1901 apresentou uma tese de habilitação sobre as iluminuras de Johannes Noviforensis (1310-1380). Em 1916 publicou *Katechismus der Denkmalpflege* [Catecismo da preservação], um livro de divulgação com o qual conseguiu despertar o interesse da população para a preservação dos monumentos históricos e artísticos. É um dos principais representantes da Escola Vienense de História da Arte. p. 171, 247.

ÉLUARD, Paul, nascido Eugène Émile Paul Grindel (1895-1952), poeta francês. Interrompeu os estudos aos dezesseis anos por causa de uma tuberculose. Em 1914 partiu para o *front* como enfermeiro militar. A experiência da guerra lhe inspirou os *Poèmes pour la paix* [Poemas para a paz]. Em 1918, aderiu ao dadaísmo e, em seguida, ao surrealismo,

---

[13] Trad. João Marchner, São Paulo, Brasiliense, 1966.

Índice onomástico | 275

tornando-se um de seus pilares. Filiou-se ao Partido Comunista em 1927 e assinou um panfleto coletivo para justificar sua decisão. Publicou nessa época suas principais obras: *La Capitale de la douleur* [A capital da dor] e *L'Amour la poésie* [O amor a poesia]. Em 1933, expulso do Partido Comunista, iniciou uma viagem pela Europa para denunciar o fascismo. Em 1942, aviões ingleses jogaram sobre a França milhares de cópias das 21 primeiras estrofes de seu poema "Liberté" [Liberdade]. No fim da guerra, Louis Aragon e Paul Éluard foram saudados como os grandes poetas da Resistência. p. 55.

FADEEV, Aleksandr (1901-1956), escritor russo. Foi um dos principais teóricos da literatura proletária. Ingressou no Partido Comunista em 1918 e lutou na Sibéria contra os exércitos branco e japonês. Dessa experiência nasceu seu primeiro grande romance, *Razgrom* [O dezenove], em que conta a história de dezenove guerrilheiros vermelhos presos entre soldados brancos e soldados japoneses. Foi secretário-geral e presidente do Conselho Executivo da União dos Escritores de 1946 a 1954. Depois da Segunda Guerra Mundial, publicou *Molodaya gvardiya* [A guarda jovem]), com o qual se tornou mundialmente conhecido. Stálin o considerava o grande escritor soviético, e Fadeev identificava no líder soviético "o maior humanista que o mundo já conheceu". p. 40.

FARKAS, Mihály (1904-1965), político húngaro. No início dos anos 1920 tornou-se funcionário do Partido Comunista em Košice e Praga e, por essa razão, ficou preso de 1925 a 1929. Depois de sua libertação, foi para a Espanha, onde lutou na Guerra Civil, e depois para a União Soviética. Retornando à Hungria em 1944, teve um papel de liderança no movimento comunista ao lado de Mátyás Rákosi e József Révai. Em 1945 foi nomeado secretário de Estado para Assuntos Internos e, em 1946, elegeu-se vice-secretário-geral do partido. Foi ministro da Defesa e ocupou o posto de general de Exército. Na Revolução de 1956, uma das exigências do povo era levar Rákosi e Farkas a julgamento. p. 76.

FERENCZI, Béni (1890-1967), escultor, cartunista, aquarelista e ilustrador húngaro. Irmão gêmeo de Noémi Ferenczi, ele frequentou a colônia de pintores de Nagybánya, aperfeiçoou-se em Florença (1908-1909), Munique (1910-1911) e Paris (1912-1913). Foi aluno de Émile-Antoine Bourdelle e Alexander Archipenko. Após o fracasso da República dos Conselhos, estabeleceu-se em Viena, retornando à Hungria em 1938. Lecionou na Escola Superior de Belas-Artes de Budapeste de 1945 a 1950. Tornou-se membro do Conselho de Arte em 1945. p. 121.

FERENCZI, Noémi (1890-1957), pintora e tapeceira húngara. Como o irmão Béni Ferenczi, também frequentou a colônia de pintores de Nagybánya e aperfeiçoou-se em Paris, na Manufatura dos Gobelins. Tornou-se membro da colônia de Nagybánya em 1922 e da Nova Sociedade de Artistas (em húngaro, KUN) em 1924. Filiou-se aos partidos comunistas da Romênia e da Alemanha em 1929. Mudou-se para Budapeste em 1932. Recebeu o grande prêmio da Exposição Mundial de Paris de 1937 e, na Hungria, os prêmios Kossuth (1948) e Érdemes Művésze (1952). p. 121.

FOGARASI, Béla (1891-1959), filósofo e político húngaro. Foi membro do Círculo Dominical, organizado por György Lukács, e frequentou a Escola Livre de Humanidades de Budapeste, fundada por Lukács, Karl Mannheim e Arnold Hauser. Filiou-se em 1918 ao Partido Comunista Húngaro e foi nomeado editor do jornal *Vörös Újság*. Em abril de 1919, em uma palestra sobre as bases filosóficas das ciências humanas, argumentou que o socialismo precisava unir-se à filosofia. Foi chefe da seção de ensino superior na República Soviética da Hungria. Viveu em Berlim de 1921 a 1930 e entrou no Partido Comunista da Alemanha. Mudou-se em 1930 para Moscou, onde lecionou e trabalhou para o Comintern. A partir de 1945, foi professor de filosofia na Universidade de Budapeste e em 1953 tornou-se reitor do Instituto Econômico de Budapeste. p. 121, 248, 251.

FOURIER, Charles (1772-1837), filósofo e teórico socialista francês. Queria ser engenheiro, mas a Escola de Engenharia Militar só aceitava filhos da nobreza. Em 1791 começa a trabalhar como viajante de negócios e agente dos correios. É um dos pais do cooperativismo. Acreditava que, para tornar o trabalho atraente, as pessoas deveriam associar-se em cooperativas de produção e consumo cujos rendimentos seriam divididos entre o trabalho, o talento e o capital. Karl Marx e Friedrich Engels o consideravam representante do "socialismo crítico-utópico", ao lado de Robert Owen. Suas principais obras são *Théorie des quatre mouvements* [Teoria dos quatro movimentos] (1808), *O novo mundo industrial e societário*[14] (1830) e *La fausse industrie* [A falsa indústria] (1835-1836). p. 137.

FREDERICO II (1712-1786), rei da Prússia. Era chamado Frederico, o Grande, em razão das qualidades que demonstrou como monarca, chefe de guerra e amante das artes, das ciências e da filosofia. Estabeleceu as bases territoriais de seu reino ao invadir e manter a Silésia após duas guerras (1740-1742 e 1744-1745) e unir a Prússia ao marquesado de Brandemburgo. Fomentou a agricultura, a indústria e o comércio. Fortaleceu o Exército e estabeleceu uma administração moderna. Foi patrono das artes e do Iluminismo na Prússia. Tinha reputação de "rei filósofo" e tornou-se o modelo do "déspota esclarecido". p. 105-7.

GÁBOR, Andor (1884-1953), poeta, romancista, escritor satírico e publicista húngaro. Na época da faculdade, escreveu para vários jornais e revistas. Em 1903 traduziu para o húngaro o poema *Mirèio*, de Frédéric Mistral, e a *Canção de Rolando*. Durante a Primeira Guerra Mundial, participou do movimento antimilitarista e, em 1919, do movimento proletário. Emigrou para Viena, onde colaborou com o jornal *Bécsi Magyar Újság*. A partir de 1927 foi correspondente em Berlim e coeditor do *Linkskurve*, órgão da Liga dos Escritores Proletários Revolucionários, cujo objetivo era o desenvolvimento de uma poesia proletária revolucionária. Mudou-se para Moscou, onde trabalhou no *Pravda*. Em 1945, retornou a Budapeste, onde foi redator-chefe da revista satírica *Ludas Matyi*. p. 121, 258.

GALBRAITH, John Kenneth (1908-2006), economista, filósofo e escritor estadunidense de origem canadense. Formou-se na Ontario Agricultural College em 1931 e obteve os títulos de mestre em ciências e doutor em filosofia pela Universidade da Califórnia.

---

[14] Trad. P. Boanova, Porto, Henrique A. Carneiro, 1973.

Em 1937 foi estudar na Universidade de Cambridge, na Inglaterra, e ali foi influenciado pelo pensamento de John Maynard Keynes. Trabalhou no Departamento de Agricultura dos Estados Unidos e foi editor da revista *Fortune*. Em 1949 tornou-se professor de economia na Harvard. Galbraith foi um dos principais proponentes do liberalismo estadunidense do século XX. Seus livros sobre economia foram *best-sellers* de 1950 aos anos 2000. Escreveu, entre outros, *A sociedade afluente*[15] (1958), *O novo estado industrial*[16] (1967) e *A era da incerteza*[17] (1977). p. 179, 203.

GEORGE, Stefan (1868-1933), poeta e tradutor alemão. Viveu em Paris e frequentou os serões de Stéphane Mallarmé. Fundou em 1892 a revista literária *Blätter für die Kunst*, cujo objetivo era renovar a lírica alemã. Foi o centro de um importante círculo acadêmico e literário, o Georgekreis. Traduziu para o alemão Dante Alighieri, William Shakespeare e Charles Baudelaire. p. 30.

GIOLITTI, Giovanni (1842-1928), político italiano. Estudou direito em Turim e, em 1862, ingressou no Ministério da Graça, Justiça e Cultos. Transferiu-se em 1869 para o Ministério das Finanças. Por várias vezes exerceu o cargo de presidente do Conselho de Ministros, equivalente ao de primeiro-ministro. Foi um dos políticos liberais mais comprometidos com a ampliação da base democrática do Estado italiano recém-unificado e com sua modernização econômica e industrial. p. 208.

GÓRKI, Maksim, nascido Alexei Pechkov (1868-1936), escritor e político russo, ativista do movimento revolucionário. Forçado a abandonar a escola aos doze anos, levou uma vida de errância até se tornar jornalista. Sua primeira obra, publicada em 1898, fez um enorme sucesso. Por sua temática, ganhou fama de advogado da transformação política, social e cultural da Rússia. Aproximou-se do movimento social-democrata marxista e tornou-se amigo de Lênin. Foi preso várias vezes por sua oposição ao regime tsarista. Duas semanas após a Revolução de Outubro, criticou os bolcheviques em seu jornal, o *Novaia Jizn*, e foi censurado. Partiu para a Alemanha em 1921 e só retornou em 1936. Um dos maiores escritores russos, admirado por Tolstói e Tchekhov, é autor da peça *Pequeno-burgueses*[18] (1901) e da trilogia autobiográfica *Infância*[19] (1914), *Ganhando meu pão*[20] (1916) e *Minhas universidades*[21] (1923), entre outros textos. p. 29, 40, 97, 136, 230.

GRASS, Günter (1927-2015), romancista, dramaturgo, poeta e artista plástico alemão. Tinha dezesseis anos em 1943 quando foi convocado pelo Exército alemão a servir na Waffen-SS. Foi feito prisioneiro por tropas estadunidenses e libertado em 1946.

---

[15] Trad. Carlos Afonso Malferrari, São Paulo, Pioneira, 1987.

[16] Trad. Leônidas Gontijo de Carvalho, 2. ed., São Paulo, Pioneira, 1983.

[17] Trad. F. R. Nickelsen Pellegrini, 9. ed., São Paulo, Pioneira, 1998.

[18] Trad. Lucas Simone, São Paulo, Hedra, 2010.

[19] Trad. Rubens Figueiredo, São Paulo, Cosac Naify, 2007.

[20] Trad. Boris Schnaiderman, São Paulo, Cosac Naify, 2007.

[21] Trad. Rubens Figueiredo, São Paulo, Cosac Naify, 2007.

278 | Essenciais são os livros não escritos

Ocupou-se como agricultor, mineiro e aprendiz de pedreiro. Estudou escultura e pintura na Academia de Artes de Düsseldorf e fez parte do famoso Gruppo 47, conhecido pela crítica social e pelo espírito inovador. De 1956 a 1958 escreveu várias peças de teatro, mas só em 1958, com a publicação de O tambor[22], obteve reconhecimento internacional. Na década de 1960 aproximou de Willy Brandt e do Partido Social-Democrata. É considerado um dos principais representantes do teatro do absurdo da Alemanha. Recebeu o Prêmio Nobel de Literatura de 1999. p. 115.

HASTINGS, Warren (1732-1818), estadista inglês. Entrou para a Companhia das Índias Orientais aos dezoito anos e subiu rapidamente na hierarquia. Em 1772 já era governador de Bengala. No ano seguinte, foi nomeado o primeiro governador-geral de fato da Índia, com um conselho de governo formado por quatro membros. Empreendeu uma grande reorganização judicial e administrativa, baseada nas tradições indianas, embora quase todas as decisões tenham sido rejeitadas pelo conselho. Renunciou ao cargo em 1785 e retornou à Inglaterra. Em 1787, acusaram-no de corrupção, mas foi absolvido em 1795. p. 65.

HEINE, Heinrich (1797-1856), poeta e escritor alemão. Financiado por um tio, estudou direito nas universidades de Bonn, Göttingen e Berlim. Seu primeiro livro de poemas saiu em 1821 e, em 1823, os Lyrisches Intermezzo, nos quais o romantismo já se mescla à ironia. Mudou-se para Paris em 1831 e sofreu influência de Saint-Simon e dos socialistas utópicos. Foi amigo de Karl Marx e Friedrich Engels, mas nunca se filiou a nenhum partido. É considerado o "último poeta do romantismo", e aquele que o enterrou. Heine elevou a linguagem cotidiana à categoria de linguagem poética, a narrativa de viagem à categoria de gênero artístico e imprimiu uma leveza até então desconhecida à literatura alemã. Foi também jornalista, ensaísta e crítico literário. Sua poesia inspirou diversos músicos, especialmente Robert Schumann, cuja obra Dichterliebe [Amor de poeta] se inspira em seu Buch der Lieder [Livro das canções]. p. 107, 117.

HERBART, Johann Friedrich (1776-1841), filósofo, psicólogo e pedagogo alemão. Estudou filosofia em Iena, onde teve aula com Johann Gottlieb Fichte. Como preceptor na Suíça, conheceu Johann Heinrich Pestalozzi e apaixonou-se pela pedagogia. Foi o primeiro a destacar a importância da psicologia para a educação infantil: para facilitar a aprendizagem, ofereceu uma base psicológica à pedagogia. É considerado o fundador da pedagogia como disciplina acadêmica. p. 130.

HINDENBURG, Paul Ludwig Hans Anton von Beneckendorff und von (1847-1934), marechal e político alemão. Estudou na Escola de Cadetes de Berlim e entrou no Exército prussiano em 1866. Serviu na Guerra das Sete Semanas (1866) e na Guerra Franco-Prussiana (1870-1871). Já estava na reserva em 1914 quando foi reconvocado. Venceu os russos na batalha de Tannenberg e a Romênia, mas em 1918 foi derrotado pelo general Foch e teve de assinar o armistício. Foi presidente da República de Weimar de 1925 até sua morte. Hindenburg é lembrado por ter nomeado o líder nazista Adolf Hitler como chanceler da Alemanha em 1933. p. 107.

---

[22] Trad. Lúcio Alves, Rio de Janeiro, Nova Fronteira, 1999.

Índice onomástico | 279

HOCHHUTH, Rolf (1931), escritor e dramaturgo alemão. Como muitos de sua geração, foi arregimentado pela Juventude Hitlerista, mas nunca fez comentários a respeito dessa época. Sua obra mais famosa é O *vigário*[23] (1963), em que denuncia a passividade e até mesmo a cumplicidade do papa Pio XII em relação ao nazismo. Essa peça de teatro foi adaptada para o cinema por Costa-Gavras, em 2002, com o título *Amém*. p. 116.

HORTHY, Miklós (1868-1957), estadista húngaro. Entrou para a Academia Naval Austro-Húngara aos quatorze anos. Ajudante de campo de Francisco José I de 1911 a 1914 e ministro da Guerra no governo contrarrevolucionário, foi eleito regente do Reino da Hungria em 1º de março de 1920, constituindo um regime autoritário e conservador. Em consequência de um golpe fascista promovido pelo movimento Cruz Flechada, foi derrubado em 1944. p. 40, 75, 243, 245, 249, 251-2.

HORVÁTH, János (1878-1961), historiador e crítico literário húngaro. Estudou comércio na Universidade Eötvös, em Budapeste, e, em 1901-1902, na École Normale Supérieure, em Paris. De 1923 a 1926 editou a seção de crítica do *Napkelet*, jornal da Sociedade Literária Húngara. Foi professor no Departamento de História Literária Húngara da Universidade de Budapeste de 1923 a 1948. Em 1923 recebeu o Grande Prêmio Acadêmico e, em 1948, o Prêmio Kossuth. Sua visão conservadora teve grande influência sobre gerações de professores e cientistas na Hungria. p. 58.

IBSEN, Henrik (1828-1906), poeta e dramaturgo norueguês. Teve infância difícil, esporadicamente marcada pela miséria. Foi aprendiz de farmácia e tentou estudar medicina, mas fracassou e resolveu dedicar-se à literatura. É considerado um dos fundadores do modernismo no teatro. Em 1850 tornou-se diretor no Teatro Nacional de Bergen e escreveu diversos dramas históricos. Encontrou, no entanto, sua verdadeira vocação na exaltação da vontade e da personalidade, na crítica ao conformismo e à covardia. Muitas de suas peças causaram escândalo na Europa. Suas preocupações eram preponderantemente políticas, sociais e éticas, com duras críticas à estrutura da sociedade. São dele: *Casa de bonecas* (1879), *Os espectros* (1881) e *Um inimigo do povo* (1882)[24]. p. 78, 81-2, 116, 244.

ILLYÉS, Gyula (1902-1983), poeta e romancista húngaro. Nasceu numa fazenda onde seu pai era mecânico. Em 1918 entrou para o movimento jovem e participou da Batalha de Szolnok contra os romenos. Ligado ao Partido Comunista, teve de exilar-se. Estudou na Sorbonne e conviveu com os surrealistas. No fim da década de 1920 já era um poeta conhecido. Foi uma das figuras principais dos *népi* (populistas), cujo objetivo era mostrar as más condições do país. Exerceu intensa atividade política, marcada pelo interesse sociológico e pelas convicções de esquerda. Após a Liberação, filiou-se ao Partido Nacional Camponês e participou da vida pública, relançando a revista *Válasz*. Afastou-se da cena política após a tomada de poder dos comunistas e manteve certa reserva em relação ao novo regime. p. 75, 263.

---

[23] Trad. José Alves dos Santos, São Paulo, Grijalbo, 1965.

[24] As três peças encontram-se em Henrik Ibsen, *Peças escolhidas*, v. 3 (trad. Francis Henrik Aubert et al., Lisboa, Cotovia, 2019).

280 | Essenciais são os livros não escritos

JAURÈS, Jean (1859-1914), filósofo e político francês. Estudou no Liceu Louis-le-Grand e na Escola Normal Superior, onde se graduou em filosofia em 1881. Foi deputado pelo departamento do Tarn de 1885 a 1889. Embora sem mandato, continuou na política como conselheiro municipal e secretário de Educação Pública de Toulouse. Reelegeu-se em 1902 e em 1904 fundou o jornal socialista *L'Humanité*, futuro órgão do Partido Comunista da França. Notabilizou-se particularmente pelo pacifismo e pela oposição à Primeira Guerra Mundial. É considerado o verdadeiro líder do socialismo francês, sobretudo após a fundação da Seção Francesa da Internacional Comunista, em 1905. Foi assassinado por um nacionalista francês. p. 154, 197.

JDANOV, Andrei Aleksandrovitch (1896-1948), político soviético. Filiou-se ao Partido Operário Social-Democrata da Rússia em 1915. Durante a Primeira Guerra Mundial, participou da agitação política dentro do Exército e lutou na Guerra Civil russa. Foi primeiro-secretário do Partido Comunista em Níjni Novgorod de 1924 a 1934, quando assumiu o lugar de Serguei Kirov no Comitê Central. Teve papel central no desenvolvimento e na defesa do realismo socialista, a ponto de ser acusado de "sufocar" as manifestações artísticas que não obedeciam aos rígidos parâmetros da nova estética. Até 1953, a chamada doutrina Jdanov, ou jdanovismo, cujo princípio era que todo símbolo correspondesse a um valor moral simples, definiu a produção cultural na União Soviética e tentou estabelecer uma nova filosofia da arte. p. 61, 132, 162, 258.

JÓKAI, Mór (1825-1904), dramaturgo, romancista e revolucionário húngaro. Publicou seu primeiro grande romance com apenas vinte anos. Pouco depois, tornou-se redator-chefe da revista literária *Életképek*. Participou ativamente da Revolução de 1848, adotando posições moderadas. Após a derrota para a coalizão austro-russa, viveu sob vigilância e, nesse período, escreveu trinta romances, contos, críticas e ensaios. Elegeu-se deputado diversas vezes a partir de 1865. É considerado o maior romancista húngaro. p. 73, 97.

JÓZSEF, Attila (1905-1937), poeta húngaro. Teve uma infância de miséria e abandono. Aos quatorze anos, com a ajuda do cunhado, pôde estudar numa boa escola. Ingressou na Faculdade de Letras da Universidade de Szeged, mas causou escândalo com um poema e foi expulso. Nos anos seguintes, começou a apresentar sinais de esquizofrenia e passou por tratamento psiquiátrico. Morreu aos 32 anos, num acidente de trem. Nos anos 1950 foi aclamado como o grande "poeta proletário" da Hungria. p. 75, 255, 257, 260.

KÁDÁR, János (1912-1989), político húngaro. De origem modesta, foi mecânico de precisão e militante sindical desde os dezessete anos. Juntou-se ao movimento comunista em 1931. Tornou-se membro do Comitê Central em 1943 e uma das esperanças do partido: foi membro do Politburo, secretário-geral-adjunto, ministro do Interior e chefe da polícia secreta. Assumiu o governo da Hungria de 1956 a 1958 e de 1961 a 1965. Afastou-se da política ativa para dedicar-se ao Comitê Central. p. 154, 170.

KÁMENIEV, Lev Borisovich (1883-1936), revolucionário e político soviético. Cursou direito na Universidade de Berlim, interrompendo os estudos em 1902 para se dedicar à atividade revolucionária. Tornou-se colaborador próximo de Lênin desde essa época. Em 1905, no V Congresso do Partido Proletário Social-Democrata Russo, foi eleito para o Comitê Central do partido. Após a Revolução de Outubro, tornou-se um dos principais dirigentes bolcheviques. Estava entre os sete membros do primeiro Politburo, criado em 1917 para administrar a revolução. Com a morte de Lênin, formou o *triumvirat* Zinoviev-Kámeniev-Stálin, responsável pela gestão da República Soviética. Em 1925, Kámeniev forma uma aliança com Zinoviev e Nadejda Kroupskaïa – a viúva de Lênin –, opondo-se a Stálin. Essa aliança ficou conhecida pelo nome de "nova oposição". No XIV Congresso do Partido, Kámeniev demanda a deposição de Stálin de seu posto de secretário-geral. Juntamente com a delegação, é derrotado em suas propostas. Torna-se, a partir de então, um membro do partido privado de direito a voto, ao passo que Stálin tem sua posição reforçada. Mais tarde, durante os processos de Stálin, Kámeniev foi considerado culpado de conspiração e traição. Foi fuzilado em 25 de agosto de 1936. p. 154, 234.

KASSÁK, Lajos (1887-1967), poeta, romancista e pintor húngaro. Contrariando os pais, desistiu dos estudos e tornou-se serralheiro. Juntou-se ao movimento socialista em 1904, quando se mudou para Budapeste. Foi demitido várias vezes por organizar greves. Viajou a pé para Paris em 1909, onde entrou em contato com os movimentos de vanguarda. Durante a República dos Conselhos, integrou o Diretório Literário, mas afastou-se por divergências com Béla Kún. Foi um importante representante das tendências vanguardistas da literatura húngara. Criou e editou diversas revistas literárias: *Tett* (1915), *Ma* (1916-1919), *Dokumentum* (1926-1927), *Munká* (1928-1939) e *Alkotás* (1947). A partir dos anos 1940, sua obra se tornou melancólica. Sob o regime stalinista, foi silenciado e ignorado. p. 121, 123.

KEATS, John (1795-1821), poeta inglês. Trabalhou como aprendiz de cirurgião e estudou farmácia, porém o interesse pelas letras o levou a dedicar-se integralmente à literatura. Embora seus poemas tenham sido sempre muito criticados, Keats escreveu abundantemente. Suas obras mais admiradas são as seis odes escritas em 1819, consideradas peças clássicas da literatura inglesa. Juntamente com Lord Byron e Percy Bysshe Shelley, figurou entre os representantes mais importantes da segunda geração do romantismo. Dizia que a beleza é o único caminho para a felicidade. Sua obra começou a ser publicada apenas quatro anos antes de sua morte. p. 41.

KERNSTOCK, Károly (1873-1940), pintor húngaro. Estudou em Budapeste, na Escola de Arte Aplicada, em Munique e Paris, onde frequentou a Academia Julian de 1893 a 1895. Foi cofundador do grupo progressista Nyolcak, que seguia os movimentos intelectuais radicais do início do século XX e trabalhava em colaboração com escritores e compositores, como Endre Ady e Béla Bartók. Participou ativamente da República dos Conselhos e foi diretor da Escola de Arte Livre da República Soviética. Em 1925 emigrou para a Alemanha, onde sofreu influência do expressionismo. p. 121-2.

KIESINGER, Kurt Georg (1904-1988), político alemão. Foi membro ativo do partido nazista a partir de 1933 e diretor-adjunto de propaganda radiofônica. Após a derrota do Reich, ficou dezoito meses num campo de prisioneiros. Filiou-se em 1949 à União Democrata-Cristã. Foi ministro-presidente de Baden-Württemberg de 1958 a 1966 e presidente do Conselho Federal de 1962 a 1963. Atuou como chanceler da Alemanha de 1º de dezembro de 1966 a 21 de outubro de 1969, quando os democrata-cristãos formaram governo com o Partido Social-Democrata. Embora os arquivos do NSDAP (Partido Nacional-Socialista) confirmassem que Kiesinger não nutria sentimentos antissemitas, sua nomeação gerou controvérsias. Ele presidiu a União Democrata- Cristã de 1967 a 1971. p. 105, 112.

KODÁLY, Zoltán (1882-1967), compositor e pedagogo húngaro. Estudou piano, órgão e violoncelo. Aos dezesseis anos, compôs uma missa. Estudou composição na Academia de Música de Budapeste, onde conheceu Béla Bartók. Juntos, eles percorreram o interior da Hungria recolhendo canções folclóricas, que mais tarde foram publicadas em vários volumes pela Academia de Ciência da Hungria. Kodály também atuou como professor de música e, graças a ele, as aulas de música nas escolas se tornaram parte relevante do ensino. Foi professor na Escola Superior de Música na Hungria. Recebeu três vezes o Prêmio Kossuth (1948, 1952 e 1957). São dele o *Psalmus hungaricus* e a *Missa brevis* para solista, coro e órgão. p. 97, 121, 170, 249, 263.

KÖHALMI, Béla (1884-1970), bibliógrafo e bibliotecário húngaro. Graduou-se em direito na Universidade de Tecnologia de Budapeste e em 1910 especializou-se em biblioteconomia. De 1913 a 1919, editou o *Könyvtári Szemle*, que abordava questões de organização do trabalho e inovação tipográfica. Durante a República Soviética, foi vice-diretor do Instituto Nacional de Bibliotecas e Bibliografia. Participou da organização de bibliotecas em fábricas, da compra e distribuição de livros e da criação da primeira filial da Biblioteca Nacional em Buda e do Instituto Nacional de Bibliotecas e Bibliografia. Emigrou para a Áustria em 1920, retornando em 1934. p. 121.

KORVIN, Ottó (1894-1919), político húngaro. Estudou ciências sociais em Budapeste, onde conheceu o marxismo. Uniu-se à ala de esquerda da Associação Nacional dos Diretores de Banco e ao movimento antimilitarista, organizado pelo Círculo Galileu. Após a vitória da revolução de 1918, tornou-se líder dos socialistas revolucionários húngaros. No mesmo ano, fez parte do Comitê Central do Partido Comunista da Hungria. Sob a República Soviética da Hungria, foi diretor político do Comissariado do Povo para Assuntos Internos. Após a derrota da República dos Conselhos, em 1919, foi preso e executado por enforcamento. p. 136, 251.

KRUSHCHEV, Nikita (1894-1971), estadista russo. Trabalhou na adolescência como operário e mineiro. Em 1918 foi eleito para o conselho operário de Rutchenkovo, na Ucrânia, e ingressou como comissário político no Exército Vermelho. Em 1921, tornou-se diretor da mina de Rutchenkovo, chamando a atenção do partido por seu esforço para retomar a produção. Nos anos 1930, transferiu-se para Moscou e lá exerceu diversos cargos. Em 1939 entrou para o Politburo. De 1953 a 1964 foi secretário-geral do Partido Comunista da União Soviética e ocupou o posto de primeiro-ministro de 1958 a 1962, quando foi afastado em consequência da crise dos mísseis em Cuba. Krushchev foi responsável por uma desestalinização parcial da União Soviética e por reformas relativamente liberais na política interna. Esta se mostrou pouco eficaz, sobretudo na agricultura. Embora tivesse adotado uma postura de "coexistência pacífica" com os Estados Unidos, seu governo viveu os anos mais tensos da Guerra Fria. p. 76.

KÚN, Béla (1886-1938), político húngaro. Estudou direito na Universidade de Kolozsvár, trabalhou como jornalista e entrou muito jovem para a política. Entrou em contato com o marxismo a partir de 1916, quando foi feito prisioneiro de guerra e enviado a um campo nos Urais. Na Rússia, faz cursos de propaganda e tática revolucionária. Em novembro de 1918, ele e outros simpatizantes comunistas fundaram o Partido Comunista Húngaro. Aproveitando-se da demissão do presidente Mihály Károly, que recusou as condições da Tríplice Entente, comunistas e social-democratas proclamaram a República dos Conselhos da Hungria. Béla Kún ocupou o posto de comissário dos Assuntos Estrangeiros, mas na prática era o principal dirigente do regime. Após o fim da República dos Conselhos, que durou 133 dias, exilou-se em Viena e na União Soviética, onde desempenhou diferentes funções dentro do partido. Foi executado durante os grandes expurgos stalinistas. p. 119, 127, 220, 223, 253, 256, 257, 259.

KUNFI, Zsigmond (1879-1929), político húngaro, editor, historiador, jornalista e tradutor. Graduou-se em 1904 em literatura húngara e alemã na Universidade de Kolozsvár. Foi editor de 1908 a 1914 do órgão do Partido Socialista Húngaro, o *Szocializmus*, e integrou o conselho editorial do *Népszava*. Em 1908-1909 foi o principal ideólogo do partido. Sob o governo de Mihály Károly, foi nomeado ministro da Educação. p. 121-2, 251.

LABRIOLA, Antonio (1843-1904), teórico marxista e filósofo italiano. Estudou letras e filosofia na Universidade de Nápoles, onde foi aluno de Bertrando Spaventa e Augusto Vera. Está entre os principais difusores do marxismo na Itália, em particular com seus livros sobre o materialismo histórico. Seu percurso filosófico e político pode ser dividido em três momentos: proponente do idealismo hegeliano (por influência de Spaventa); rejeição do idealismo em nome do realismo de Herbart; e, já na maturidade, adesão integral ao marxismo. Apoiou o nascimento do Partido Socialista Italiano em 1892, atuando como conselheiro de Filippo Turati, e foi professor de Benedetto Croce. Labriola marcou intelectualmente a história da esquerda italiana. p. 208.

LENZ, Siegfried (1926-2014), escritor e roteirista alemão. Foi convocado pela Marinha alemã em 1943, mas desertou pouco antes do fim da guerra e foi feito prisioneiro pelos ingleses. Estudou filosofia, letras e história da literatura na Universidade de Hamburgo e, em 1950-1951, foi redator do jornal *Die Welt*. A partir de 1951, dedicou-se integralmente à literatura. Em 2000, no 250º aniversário de nascimento de Johann Wolfgang von Goethe, recebeu o Prêmio Goethe. São dele *O barco farol*[25] (1960), *A lição de alemão*[26] (1968) e *Minuto de silêncio*[27] (2008). p. 115.

LESSING, Gotthold Ephraim (1729-1781), escritor, filósofo, dramaturgo, publicista e crítico de arte alemão. Ingressou em 1746 na Universidade de Leipzig, onde estudou

---

[25] Trad. Maria Inês Madeira de Andrade, Lisboa, Fragmentos, 1987.

[26] Trad. Maria Antônia Espadinha Soares, Lisboa, Dom Quixote, 1991.

[27] Trad. Kristina Michahelles, Rio de Janeiro, Rocco, 2010.

284 | Essenciais são os livros não escritos

teologia, medicina, filosofia e filologia. Aprendeu nessa época, no convívio com artistas de teatro, as técnicas de palco. Foi revisor e editor do jornal liberal *Vossische Zeitung* e fundou a revista *Beiträge zur Historie und Aufnahme des Theaters*, que revelou seu talento para a crítica. Em 1767, já reconhecido como dramaturgo, apresentou uma nova teoria dramática, baseada nos autores da Antiguidade e em Shakespeare. Lessing influenciou o desenvolvimento da literatura alemã: estabeleceu o modelo da comédia alemã com *Minna von Barnhelm* (1767), fundou o drama burguês com *Emilia Galotti*[28] (1772) e apresentou normas para a literatura alemã com *Nathan, o sábio*[29] (1779). p. 117, 264.

LEWIN, Max (1937), político húngaro. Dirigente do Partido Socialista Cristão sob a República dos Conselhos. p. 136.

LIEBKNECHT, Karl (1871-1919), político alemão. Filho de Wilhelm Liebknecht, colaborador de Karl Marx e Friedrich Engels e cofundador do Partido Social-Democrata da Alemanha. Envolveu-se com o movimento socialista quando ainda era estudante de direito nas universidades de Leipzig e Berlim. Foi preso pela primeira vez em 1907 por se manifestar contra o militarismo alemão. Elegeu-se deputado pelo Partido Social-Democrata em 1912. Em 1915 fundou com Rosa Luxemburgo a Liga Spartacus, movimento de esquerda que surgiu em oposição ao governo social-democrata da República de Weimar, acusado de ter se desviado de seus princípios. Liebknecht está entre as figuras essenciais da insurreição de 1918, organizando greves e manifestações de massa. O governo respondeu com violência, e Liebknecht foi assassinado ao ser levado preso. p. 131, 196, 213.

MAKARENKO, Anton Semionovitch (1888-1939), pedagogo e escritor soviético. Formou--se professor em 1905 na renomada Escola dos Ferroviários. Foi professor e diretor de várias escolas secundárias. Em 1920 criou e assumiu a direção da Colônia Górki, um internato para jovens órfãos e delinquentes. Publicou seus primeiros ensaios pedagógicos em 1932 e, em 1936, suas teorias foram oficialmente reconhecidas, levando a uma mudança completa no Comissariado da Instrução Pública. p. 40, 78.

MARCUSE, Herbert (1898-1979), sociólogo e filósofo alemão, naturalizado estadunidense. Filiou-se ao Partido Social-Democrata da Alemanha em 1917 e participou de um conselho de soldados, mas abandonou o partido após o assassinato de Karl Liebknecht e Rosa Luxemburgo. Estudou filosofia e economia política em Berlim e foi assistente de Martin Heidegger na Universidade de Freiburg. Entrou em contato com a Escola de Frankfurt em 1932 e, no ano seguinte, emigrou com a família para a Suíça e depois para os Estados Unidos. Marcuse condenou o marxismo soviético e denunciou o caráter repressivo da sociedade capitalista; para ele, a libertação está na transformação da sexualidade em Éros e no fim do trabalho alienado. São dele *Eros e civilização*[30]

---

[28] Trad. Fátima Saadi, São Paulo, Peixoto Neto, 2007.

[29] Trad. Christine Röhrig, São Paulo, Cereja, 2014.

[30] Trad. Álvaro Cabral, 8. ed., Rio de Janeiro, Zahar, 1981.

(1955), O *homem unidimensional*[31] (1964) e *Contrarrevolução e revolta*[32] (1972). p. 101, 213.

MIKSZÁTH, Kálmán (1847-1910), jornalista, escritor e político húngaro. Estudou direito na Universidade de Budapeste, mas não se diplomou. Teve um início difícil na literatura, pois seu estilo não agradava e seus temas tinham pouco apelo na época. Com o fracasso de seu primeiro romance, dedicou-se ao jornalismo, com o qual se tornou popular. Seus romances continham um tom satírico que, pouco a pouco, se tornou crítica à aristrocracia e ao peso que ela representava para a sociedade. Mikszáth era do Partido Liberal e, em 1887, foi eleito para a Dieta. De 1879 até a sua morte foi representante dos distritos de Illyefalva e Fogaras. p. 72-3, 76.

MILLS, Wright (1916-1962), sociólogo e professor estadunidense. Era mestre em arte, filosofia e sociologia pela Universidade do Texas e doutor em sociologia e antropologia pela Universidade de Wisconsin. Em 1945, começou a lecionar sociologia na Universidade Columbia, onde permaneceu até a sua morte. Foi um crítico severo de tradições teóricas importantes. Em *A elite do poder*[33] (1956), denunciou a falta de mobilidade social nos Estados Unidos, que, para ele, se restringia à circulação das elites entre os três principais setores do poder (político, econômico e militar). Em *A imaginação sociológica*[34] (1959), criticou a tendência à manipulação da evidência histórica e a crença de que as ciências sociais devem construir "uma teoria sistemática da 'natureza do homem e da sociedade'", preocupando-se mais com elaborações abstratas do que com os grandes problemas sociais. p. 30.

MORANTE, Elsa (1912-1985), escritora, ensaísta, poeta e tradutora italiana. Começou ainda criança a produzir poemas, contos de fadas e histórias curtas que publicou em jornais de vários tipos, como *Corriere dei Piccoli*, *Meridiano di Roma* e, sobretudo, *Oggi*, para o qual escreveu também com pseudônimos masculinos. Seu primeiro romance, *Menzogna e sortilegio* (1948), recebeu o Prêmio Viareggio. Foi a primeira mulher a ganhar o Prêmio Strega, com a novela *A ilha de Arturo*[35], em 1957. Outro de seus romances, *A história*[36] (1974), foi considerado um dos cem melhores livros de todos os tempos pelo Norwegian Book Club (2002). p. 32.

MORAVIA, Alberto (1907-1990), escritor e jornalista italiano. Aos dezoito anos, escreveu seu primeiro romance, *Os indiferentes*[37] (1929), obra de caráter existencialista em

---

31 Trad. Robespierre de Oliveira, Deborah Christina Antunes e Rafael Cordeiro Silva, São Paulo, Edipro, 2015.

32 Trad. Álvaro Cabral, 2. ed., Rio de Janeiro, Zahar, 1981.

33 Trad. Waltensir Dutra, 4. ed., Rio de Janeiro, Zahar, 1981.

34 Trad. Waltensir Dutra, 6. ed., Rio de Janeiro, Zahar, 1982.

35 Trad. Loredana de Stauber Caprara, São Paulo, Berlendis & Vertecchia, 2005.

36 Trad. Wilma Freitas Ronald de Carvalho, 2. ed., Rio de Janeiro, Record, 1988.

37 Trad. Álvaro de Almeida, Lisboa, Livros do Brasil, 2017.

286 | Essenciais são os livros não escritos

que faz um retrato corrosivo da burguesia italiana. Nos anos 1930 viajou pelo mundo como turista e correspondente, segundo ele, para escapar da atmosfera sufocante do fascismo. As relações do autor com o regime de Mussolini se deterioram, e o romance *A mascarada*[38] (1941) é censurado. Em 1943 Moravia se exilou. Manteve uma posição independente dentro da esquerda italiana, mas aproximou-se do Partido Comunista nos anos 1970. p. 32.

NAGY, Imre (1896-1958), político húngaro. Abandonou os estudos muito cedo para se tornar aprendiz de serralheiro. Lutou na Primeira Guerra Mundial pelo Exército Austro-Húngaro e foi prisioneiro de guerra de 1916 a 1918 em Ulan-Ude, na Rússia, onde se tornou marxista. Ingressou na Guarda Vermelha e lutou na Guerra Civil Russa. Tomou parte do efêmero governo de Béla Kún. Estudou agricultura no Instituto de Moscou e foi membro ativo do Instituto de Ciência Agrícola. Retornou definitivamente à Hungria em 1944 e ingressou no Partido Comunista Húngaro. Em 1945, como ministro da Agricultura, iniciou a reforma agrária no país. Nos anos seguintes foi ministro do Interior (1945-1946), presidente da Assembleia (1947-1949) e primeiro-ministro (1953-1955), no lugar de Mátyás Rákosy. Como primeiro-ministro, levou a cabo reformas políticas e econômicas que desagradaram ao Partido dos Trabalhadores Húngaros. Durante o levante popular de outubro de 1956, formou um governo que pretendia a retirada das tropas soviéticas e a neutralidade da Hungria. Foi preso em novembro, condenado à morte e executado em 1958. p. 29, 263.

NOVOTNÝ, Antonín (1904-1975), estadista tcheco. Mecânico e serralheiro, ingressou em 1921 no Partido Comunista da Tchecoslováquia, do qual foi secretário-geral de 1953 a 1968. Na Segunda Guerra Mundial, fez parte da resistência comunista, foi preso em 1941 e libertado em 1945. Participou do Golpe de Praga, em 1948. Ocupou o cargo de presidente da Tchecoslováquia de 1957 a 1968. Renunciou ao cargo de líder do partido por pressão popular, sendo substituído pelo reformista Alexander Dubček. Foi deposto em 1968, durante a Primavera de Praga. p. 46.

PÁNDI, Pál, nascido Pál Kardos (1926-1987), historiador literário, crítico, editor e professor húngaro. Foi enviado em 1944 para um campo de concentração. No ano seguinte, iniciou os estudos de húngaro e alemão na Universidade de Budapeste. A partir de 1949, lecionou literatura nas universidades de Budapeste e Szeged. Pesquisou sobretudo a poesia de Petöfi e, mais tarde, a literatura húngara contemporânea. Um dos fundadores e editores da revista literária Új Írás, foi colunista do *Népszabadság* de 1967 a 1971. Nas décadas de 1950 e 1960 tornou-se uma das figuras decisivas da política de educação na Hungria. p. 35-44.

PANNEKOEK, Antonie (1873-1960), teórico marxista e astrônomo holandês. Estudou matemática e física em Leiden e, alguns anos depois de formado, começou a trabalhar no Observatório de Leiden. Foi um dos principais teóricos do comunismo de conselhos, uma corrente comunista antileninista que defendia a ideia de que todo o poder

---

[38] Trad. Rosália Braancamp, Lisboa, Livros do Brasil, 1992.

de decisão e gestão deveria emanar dos conselhos de trabalhadores. Em 1919, fundou o Partido Comunista da Holanda, com David Wijnkopf, Herman Gorter e Henriette Roland-Hlost. Escreveu em 1938 sua obra mais importante, *Conselhos operários*[39]. p. 136, 250.

PASTERNAK, Boris Leonidovitch (1890-1960), poeta, romancista e tradutor russo. Estudou filosofia em Berlim com Paul Natorp e Hermann Cohen. Retornou a Moscou em 1914 e, no mesmo ano, publicou sua primeira coletânea de poesias. Durante a Primeira Guerra Mundial, trabalhou numa usina localizada nos Urais, de onde tirou matéria para sua obra mais famosa, *Dr. Jivago*[40] (1958). Profundo crítico do stalinismo, foi perseguido durante toda a vida. Precisou recorrer a táticas literárias para escapar da censura – táticas que depois foram seguidas por Alexander Soljenítsin e outros dissidentes soviéticos. Ganhou o Prêmio Nobel de 1958, mas não foi autorizado a recebê-lo por questões políticas. p. 64.

PETÖFI, *Sándor* (1823-1849), poeta húngaro. É considerado o inspirador do nacionalismo húngaro. Trabalhou como ator, professor e soldado após concluir o ensino médio. Em 1941 publicou seus primeiros poemas, nos quais explorava as possibilidades da poesia popular tradicional. Começou a trabalhar, em 1844, como redator num jornal de Peste e publicou sua primeira coletânea. Pouco a pouco, adotou a linguagem popular, abandonando os elementos mitológicos e as perífrases empoladas e dirigindo-se de forma simples e compreensível ao povo. Em 1848 ficou à frente da "juventude de Peste" e foi um dos líderes espirituais da revolução. Morreu na Transilvânia, como major do Exército revolucionário húngaro. p. 41, 90, 262.

PETROVICS, Elek (1873-1945), crítico e historiador da arte húngaro. Diplomou-se em direito e em 1896 começou a trabalhar no Ministério do Interior. Em 1914 foi nomeado diretor do Museu de Belas-Artes, cargo que exerceu até 1935. Nesse período, enriqueceu o acervo do museu com obras do século XX. Tornou-se membro da Academia de Ciências da Hungria em 1941. p. 121.

PLEKHÁNOV, Gueórgui (1856-1918), revolucionário e teórico marxista russo. Abandonou o curso de engenharia em 1875 para se dedicar às atividades revolucionárias. Participou da organização das primeiras manifestações políticas na Rússia: em 1876, fez um discurso inflamado em frente à Catedral de Nossa Senhora da Cazã. Nos quase quarenta anos de exílio na Europa, abandonou o bakuninismo e converteu-se ao marxismo. Achava ilusória a ideia de uma ditadura do proletariado na Rússia de sua época. Em 1883 fundou em Genebra, com outros exilados russos, o grupo Emancipação do Trabalho, que se encarregou de traduzir e difundir as obras de Marx na Rússia. Em seus escritos, Plekhánov estabeleceu os fundamentos do marxismo russo: as semelhanças entre a evolução russa e a europeia, as duas etapas antes do socialismo, a importância da consciência de classe e da intelectualidade radical. Em 1900 fundou com Lênin, em Genebra, a revista *Iskra*.

---

[39] Trad. Carlos Lemos e Leonor Marinho Dias, Coimbra, Centelha, 1976.

[40] Trad. Zoia Prestes e Marco Lucchesi, Rio de Janeiro, Record, 2002.

288 | Essenciais são os livros não escritos

Após 1903, afastou-se de Lênin e aproximou-se dos mencheviques. Na Revolução de 1917 tomou posições a favor da guerra e da cooperação com os partidos burgueses. Exilou-se na Finlândia antes do início da guerra civil. p. 95.

POGÁNY, Kálmán (1882-1951), historiador da arte húngaro. Foi diretor do Museu de Belas-Artes de Budapeste de 1908 a 1920. Trabalhou como vice-comissário de György Lukács, organizou e dirigiu o Comitê de Socialização dos Tesouros Artísticos. Editou a revista *Ars Una* de 1923 a 1924. p. 121.

PÓR, Bertalan (1880-1964), pintor húngaro. Estudou na Universidade Húngara de Belas--Artes e, em 1901, ganhou uma bolsa que lhe permitiu estudar na Academia Julian, em Paris. Fez parte do Círculo dos Impressionistas e Naturalistas Húngaros e cofundou o grupo de vanguarda Nyolcak. Participou ativamente da Revolução Húngara e criou um dos mais famosos cartazes da época: *"Világ Proletárjai Egyesüljetek!"* [Proletários de todos os países, unam-se!]. Após o fim da república, refugiou-se na Tchecoslováquia. Retornou à Hungria depois de 1948. p. 121.

PRAGER, Theodor (1917-1986), economista e jornalista austríaco. Participou da Associação dos Estudantes Socialistas Secundaristas desde sua criação, em 1925. Foi preso e condenado em 1934 por distribuir panfletos de uma organização ilegal, sendo obrigado a emigrar para continuar os estudos. Retornou em 1945 a Viena, onde foi funcionário do Comitê Central do Partido Comunista. Juntamente com Ernst Fischer e Franz Marek, tornou-se um dos principais intelectuais do Partido Comunista da Áustria, mas nos anos 1950 foi acusado de revisionismo. Deixou o partido em 1969. Foi amigo dos economistas Joan Robinson, Nicholas Kaldor, Maurice Dobb e Piero Sraffa, assim como do historiador Eric Hobsbawm e do sociólogo e político trabalhista Michael Young. p. 158.

PÚCHKIN, Aleksandr (1799-1837), poeta e romancista russo. É considerado por muitos o maior poeta russo e o fundador da literatura russa moderna. Introduziu a linguagem coloquial em suas obras e criou um estilo próprio, em que misturava drama, sátira e romance. Antes mesmo de concluir os estudos no Liceu Imperial de Tsárskoie Selo, já era reconhecido nos meios literários. Em 1820 foi condenado ao exílio pelo imperador Alexandre I em razão do caráter sedicioso de seus poemas. Nos seis anos em que viveu no exílio, escreveu seus primeiros grandes trabalhos e iniciou sua obra-prima *Eugênio Oneguin*[41] (1823-1830). Morreu após ser ferido num duelo. p. 62, 75.

RÁDAY, Gedeon (1713-1792), escritor e político húngaro. Estudou teologia, filosofia e história em Bratislava e Berlim, e em 1732-1733 estudou direito em Fankfurt. Após a morte do pai, retornou para casa para cuidar dos negócios da família. Envolveu-se na vida pública de sua região e nas lutas religiosas. Formou uma biblioteca admirável, de cerca de 6.500 títulos. Introduziu na poesia húngara a métrica rimada, por muito tempo conhecida como "gênero Ráday". Perdeu-se a maioria de suas obras, mas János Váczy (1892), que também foi seu biógrafo, publicou algumas. p. 73, 76, 78.

---

[41] Trad. Dário Moreira de Castro Alves, São Paulo, Record, 2010.

Índice onomástico | 289

RADEK, Karl, nascido Karol Sobelsohn (1885-1939), revolucionário polonês. Filiou-se em 1901 ao Partido Social-Democrata do Reino da Polônia e da Lituânia, fundado em 1899 por Rosa Luxemburgo e Leo Jogiches. Participou da Revolução de 1905, em Varsóvia, e em 1908, no exílio, colaborou com o jornal alemão *Bremer Bürger-Zeitung*, no qual se destacou pela virulência de seus artigos. Polemizou com dirigentes como August Bebel, Karl Kautsky e Rosa Luxemburgo. Expulso do partido em 1912, foi reabilitado graças ao apoio de Lênin, com quem organizou em 1916 um *bureau* de propaganda revolucionária na Alemanha. Após a Revolução de Outubro, foi enviado à Alemanha como emissário do Comintern para organizar o movimento comunista. Em 1920 retornou a Moscou, onde trabalhou na Internacional Comunista. Em 1927 foi expulso do partido em razão de suas divergências com Stálin. Recebeu sentença de condenação por alta traição em 1937, e morreu na prisão. p. 148.

RÁKOSI, Mátyás (1892-1971), político húngaro. Filiou-se ao Partido Social-Democrata Húngaro em 1910 e foi membro ativo do Círculo Galileu. Preso em 1915 pelos russos, conseguiu fugir para Petrogrado, onde se juntou ao movimento revolucionário. De volta à Hungria, foi comissário para o comércio da República dos Conselhos. Em 1924, ao retornar do exílio na União Soviética, foi preso pelo regime de Horthy e enviado, dezesseis anos depois, para Moscou, onde foi membro do Comintern. Regressou à Hungria em 1945 como chefe dos comunistas. De 1945 a 1956 foi secretário-geral do Partido Comunista Húngaro e primeiro-ministro, sendo destituído em 1956. Viveu na União Soviética até sua morte. p. 33, 47, 77, 90, 98, 152-3, 155, 199, 261, 263.

REIF, Adelbert (1936-2013), jornalista alemão. Trabalhou para vários jornais, entre eles *Aargauer Zeitung, Der Tagesspiegel, Die Welt, National-Zeitung, Schweizerische Handeslzeitung* e *Stuttgarter Nachrichten*. Era especialista em ciência, filosofia e cultura. Entrevistou artistas e intelectuais eminentes, como Hannah Arendt, Roland Barthes, Ernst Bloch, György Lukács, Edgar Morin, Gerhard Roth, Annemarie Schimmel, Albert Speer, Claude Lévi-Strauss e outros. Reif escreveu vários livros, incluindo *Gespräche mit Hannah Arendt* (1976), *Denken heisst Überschreiten: In memoriam Ernst Bloch 1885-1977* (1978) e *Claude Lévi-Strauss: Mythos und Bedeutung* (1992). p. 105-118.

REINHARDT, Max, nascido Marx Goldmann (1873-1943), produtor, diretor de teatro e cinema austríaco. De família pobre, iniciou a carreita de ator em 1890, em Schönbrunn. Em 1894 começa a trabalhar em Berlim, no Deutsches Theater, e no ano seguinte parte em turnê pela Europa com uma trupe de jovens atores berlinenses. Dirigiu o famoso cabaré literário Schall und Rauch (1902-1933) e o Deutsches Theater (1905-1930) e se tornou o primeiro intendente do teatro Volksbühne (1915-1918) e do Theater in der Josefstadt (1924-1933), em Viena. Criou o Festival de Salzburgo em 1920, com Richard Strauss e Hugo von Hofmannsthal. Exilou-se na Inglaterra em 1938 e nos Estados Unidos, onde teve uma carreira de sucesso. Por suas produções inovadoras, é considerado um dos mais importantes diretores do teatro de língua alemã do início do século XX. p. 94.

REINITZ, Béla (1878-1943), compositor e crítico musical húngaro. Formou-se em direito pela Universidade de Budapeste, mas nunca exerceu a advocacia. De 1906 a 1917 foi crítico musical do jornal de esquerda *Népszava*. Compôs para cabarés, musicou poemas (sobretudo de Endre Ady) e escreveu canções de trabalho para os movimentos de esquerda. Em 1919, sob a República dos Conselhos, atuou como comissário para assuntos artísticos e diretor de teatro. Exilou-se em Viena em 1920, retornando à Hungria apenas em 1931. p. 121.

RENNER, Karl (1870-1950), estadista austríaco. Décimo oitavo filho de camponeses pobres, conseguiu formar-se em direito pela Universidade de Viena em 1896. Trabalhou como assistente na biblioteca do Parlamento austríaco de 1895 a 1907. Filiou-se ao Partido Operário Social-Democrata em 1896 e elegeu-se deputado em 1907 para o primeiro Parlamento eleito por sufrágio universal masculino. Foi chanceler e ministro dos Negócios Estrangeiros (1918-1920). Afastou-se da política sob a ocupação nazista, retornando em 1945 como presidente da Áustria, função que exerceu até sua morte. p. 222-5.

RÉNYI, Péter (1920-2002), jornalista, crítico e analista político húngaro. Na década de 1940 foi membro da Associação Húngara de Trabalhadores da Juventude Comunista, que na época atuava clandestinamente. De 1948 a 1954 trabalhou no Departamento de Agitação e Propaganda do Partido dos Trabalhadores Húngaros. Foi diretor cultural de 1954 a 1956 do *Szabad Nép*, jornal do Partido Comunista, e editor de 1956 a 1988 do *Népszabadság*, órgão do Partido Operário Socialista Húngaro. Entre 1963 e 1988 foi presidente do conselho de cinema e em março de 1980, foi eleito para o Comitê Central do partido, no qual permaneceu até 1988. Após sua aposentadoria, trabalhou nas editoras Láng e PPS. p. 35-44.

RÉVAI, József, nascido József Lederer (1898-1959), crítico literário e político húngaro. Estudou comércio na Kereskedelmi Akadémia, em Budapeste. Ainda estudante, participou do movimento antimilitarista e integrou o Círculo Galileu. Foi um dos fundadores do Partido Comunista Húngaro, em 1918, e colaborador do jornal comunista *Vörös Ujság* desde sua criação, em dezembro de 1918. Por influência de Béla Kún e György Lukács, escreveu sobre os problemas da força de trabalho e a ditadura. Permaneceu no exílio entre as duas guerras mundiais. Em 1945 voltou à Hungria, onde fez parte da cúpula do partido. Foi redator-chefe do *Szabad Nép* e ministro da Cultura de 1949 a 1953. Esteve entre os mais obstinados contestadores de Lukács nas famosas "discussões" com o filósofo no Parlamento húngaro em 1949. p. 40, 42, 250-1, 255, 259, 261.

ROLAND-HOLST, Henriette (1869-1952), poeta e militante socialista holandesa. Ingressou em 1897 no Partido Social-Democrata da Holanda, do qual participou ativamente como palestrante, professora e membro da executiva até 1912. Após a Primeira Guerra Mundial, fundou a Associação Socialista Revolucionária, a qual se uniu ao Partido Social-Democrata em 1916 (a partir de 1918, Partido Comunista da Holanda). Em 1917 tornou-se editora da revista *De Communistische Gids*. Deixou o partido em 1927, denunciando o cerceamento da liberdade de opinião. Escreveu poemas sobre o socialismo e textos teóricos sobre as greves de 1903 e as condições de vida da classe trabalhadora. Também foi responsável pela tradução do hino *A internacional* para o holandês. p. 136, 250.

RUSKIN, John (1819-1900), pintor, poeta, escritor, crítico de arte, pensador e ativista social britânico. É considerado um dos maiores escritores da era vitoriana. Ficou conhecido por suas múltiplas facetas: artista, escritor, cientista, ambientalista, filósofo, crítico e historiador da arte e ativista social, chegando a provocar reformas importantes, em questões como a pensão por velhice, a educação pública e a organização do trabalho. Combateu o materialismo da era vitoriana, apoiando e defendendo o artesanato e os ofícios artísticos. Ingressou em 1837 na Oxford, onde também lecionou artes a partir de 1869. Passou também pela Working Men's College, Universidade de Edimburgo, Winnington Girl's School e London Institution. p. 161.

SALLAI, Imre (1897-1932), político húngaro. Membro do Círculo Galileu, organizou com Ottó Korvin o movimento antimilitarista. Foi preso em janeiro de 1918, por distribuir panfletos que incitavam os soldados a seguir o exemplo dos revolucionários russos. Filiou-se ao Partido Comunista da Hungria desde sua fundação. Foi editor do *Vörös Katona*, jornal proletário comunista. Após 1919, exilou-se em Moscou. Enviado de volta à Hungria para organizar a imprensa clandestina, foi preso em 15 de julho de 1932, com Alexander Fürst, sob a falsa acusação de terrorismo, em Biatorbágy. Ambos foram executados em 29 de julho desse ano. p. 42.

SCHACHERL, Bruno (1920-2015), jornalista, escritor e tradutor croata. Formou-se em letras pela Universidade de Florença em 1941. Antifascista, fez parte do grupo de intelectuais do café Le Giubbe Rosse e lutou na Resistência. Foi jornalista de *L'Unità* e colaborou com as revistas *Rinascita*, *Il Nuovo Corriere* e *Il Contemporaneo*. Também foi crítico e tradutor de grandes nomes da literatura francesa, como Stendhal, Honoré de Balzac, Marcel Proust e Théophile Gautier. p. 21-7.

SCHILLER, Karl August Fritz (1911-1994), economista e político alemão. Formou-se em direito e economia em 1935 pela Universidade de Kiel. Juntou-se em 1933 à União dos Estudantes Nacional-Socialistas e à Sturmabteilung [Tropas de assalto]. Em 1937, após doutorar-se em economia pela Universidade de Heidelberg, filiou-se ao Partido Nacional-Socialista dos Trabalhadores Alemães. Durante a Segunda Guerra Mundial, serviu quatro anos no Exército alemão. Em 1941 juntou-se ao Partido Social-Democrata da Alemanha e elegeu-se deputado. Foi ministro da Economia de 1966 a 1971, sob o governo de coalizão de Kurt Georg Kiesinger, e ministro da Economia e das Finanças de 1971 a 1972. Demitiu-se por discordar da política do governo. p. 113.

SEGHERS, Anna, nascida Netty Reiling (1900-1983), escritora alemã. Estudou história da arte e sinologia nas universidades de Colônia e Heidelberg, doutorando-se em 1924. Filiou-se ao Partido Comunista da Alemanha em 1928 e, no mesmo ano, recebeu o Prêmio Kleist por seu primeiro romance, publicado com o pseudônimo Anna Seghers, *Aufstand der Fischer von St. Barbara* [A insurreição dos pescadores de Santa Bárbara]. Foi cofundadora em 1929 da Liga dos Autores Revolucionários Proletários e Revolucionários. Sob o nazismo, seus livros foram proibidos e queimados. No exílio, em Paris, começou a escrever *A sétima cruz*[42] (1941), laureado em 1947 com o Prêmio Büchner: essa obra, uma das poucas a falar durante a guerra sobre os campos de concentração nazistas, tornou-se filme[43] em 1944. Ela retornou em 1947 à Alemanha, onde foi cofundadora da Academia de Artes da República Democrática Alemã e membro do Conselho de Paz Mundial. p. 55, 248.

SHELLEY, Percy Bysshe (1792-1822), poeta inglês. Estudou em Eton e na Universidade de Oxford, de onde foi expulso em 1811 por ter escrito um panfleto intitulado "Sobre a necessidade do ateísmo". Seus textos de cunho revolucionário chamaram a atenção da polícia, e o poema *Queen Mab* (1813), sobre a humanidade oprimida pelo mundo industrializado, tornou-se mais tarde a bíblia do cartismo. Shelley é uma das figuras mais importantes do Romantismo e considerado um dos melhores poetas líricos e filosóficos da língua inglesa. Morreu num naufrágio ao largo de Lerici, na Itália. p. 41.

SHOLOKHOV, Mikhail (1905-1984), romancista soviético. Tinha treze anos quando se juntou aos bolcheviques na Guerra Civil, em 1918. Instalou-se, em 1922, em Moscou, onde foi pedreiro, estivador e contador. Frequentou oficinas de escrita e publicou seus primeiros contos em diversos jornais. Seu primeiro romance, *O Don silencioso*[44] (1926- -1940), é um exemplo de realismo socialista: conta em tom de tragédia e predestinação a história de um cossaco que lutou pelo Exército tsarista e pelos revolucionários. Por essa obra, Sholokhov recebeu o Prêmio Stálin e o Prêmio Nobel de Literatura em 1965. p. 40.

SPAVENTA, Bertrando (1817-1883), filósofo e político italiano. Ordenou-se no Seminário Diocesano de Chieti. Em 1840 mudou-se para Nápoles, onde estudou inglês e alemão. Afastando-se dos círculos liberais, aproximou-se de Ottavio Colecchi e Antonio Tari e fundou sua própria escola de filosofia. Após a revogação da Constituição italiana em 1848, abandonou o sacerdócio e trabalhou como jornalista. Em 1859 assumiu a cátedra de filosofia do direito na Universidade de Modena e, nos dois anos seguintes, a de história da filosofia na Universidade de Bolonha e a de filosofia em Nápoles. Spaventa difundiu a idealismo hegeliano na Itália. Elegeu-se três vezes deputado. Defendeu políticas seculares, como o sufrágio universal e o Estado como garantidor de um desenvolvimento civil harmonioso. Suas ideias tiveram grande influência sobre a unificação da Itália e o pensamento filosófico do século XX. p. 208.

SPENCER, Herbert (1820-1903), filósofo, sociólogo e antropólogo inglês. Autodidata, trabalhou como engenheiro civil no auge da construção de ferrovias. De 1848 a 1853 foi editor-adjunto da revista *The Economist*, na qual entrou em contato com os pensadores

---

[42]   Trad. Marília Vasques, Porto, Inova, 1972.

[43]   O filme, lançado no Brasil em 1944 com o título *A sétima cruz*, foi dirigido por Fred Zinnemann e estrelado por Spencer Tracy e Signe Hasso. Conta a história de sete homens que conseguem escapar de um campo de concentração. Após a fuga, o diretor do campo finca sete cruzes e manda a Gestapo atrás dos fugitivos. Um a um eles são mortos e enterrados sob cada uma das cruzes. Apenas um deles consegue a liberdade.

[44]   Trad. Costa Neves, Rio de Janeiro, O Cruzeiro, 1945.

radicais do capital: John Stuart Mill, Harriet Martineau, George Henry Lewes e Mary Ann Evans. Criou um sistema filosófico centrado no princípio da evolução, que, para ele, é a passagem do menos complexo para o mais complexo, do menos adaptado para o mais adaptado. Tentou aplicar esse princípio à biologia, à psicologia, à ética e à sociologia. Na década de 1870 era um filósofo conhecido e suas obras foram traduzidas para várias línguas. São dele *Educação moral, intelectual e física*[45] (1861) e *Do progresso: sua lei e sua causa*[46] (1857). p. 130.

STRAUSS, Franz Josef (1915-1988), político alemão. Estudou línguas e história na Universidade de Munique com o objetivo de seguir a carreira de professor. Entrou para o Corpo de Motociclistas Nacional-Socialistas em 1937 e, na universidade, foi membro de uma fraternidade católica. Participou da fundação da União Social-Cristã da Baviera. Em 1949 foi eleito para o primeiro Parlamento da Alemanha Ocidental e nomeado ministro para Assuntos Especiais. Ocupou, em 1951, o cargo de titular do recém-criado Ministério de Energia Nuclear e, em 1956, do Ministério da Defesa. Em 1961, como ministro da Defesa, mandou prender por alta traição vários jornalistas do *Spiegel* que criticaram sua atuação. Demitiu-se em 1962 e, desde então até sua morte, foi presidente da União Social-Cristã na Baviera. p. 197.

STYRON Jr., William Clark (1925-2006), escritor estadunidense. Ingressou na Universidade Duke em 1943 como parte do programa de treinamento de oficiais da Marinha dos Estados Unidos. Não chegou a combater, pois os japoneses se renderam. Graduou-se em inglês e começou a trabalhar como editor. Em 1951 publicou *Deitada na escuridão*[47], pelo qual recebeu o Prêmio de Roma. Reconvocado em 1952 pelo Corpo de Fuzileiros Navais, foi dispensado por problemas físicos. A curta experiência em Camp Lejeune, porém, serviu de base para o romance *The Long March* (1952). Suas obras mais conhecidas são *As confissões de Nat Turner*[48] (1967) e *A escolha de Sofia*[49] (1979). p. 32.

SUSLOV, Mikhail Andreievitch (1902-1982), ideólogo e político soviético. Estudou economia nos institutos Plekhánov e dos Professores Vermelhos, lecionando em seguida na Universidade de Moscou e na Academia Industrial. Em 1931 ingressou na Comissão de Controle do Partido Comunista e, em 1933-1934, chefiou os expurgos do partido nos Urais e em Tchernigov. De 1949 a 1950 ocupou o posto de redator-chefe do *Pravda*. Foi nomeado para o Politburo em 1952 e atuou diretamente no sufocamento das revoltas na Hungria em 1956 e no combate às forças de oposição ao stalinismo na Tchecoslováquia em 1968. Foi peça-chave no afastamento de Nikita Krushchev em favor de Leonid Brejnev. p. 207.

---

[45] Trad. Emídio de Oliveira, 3. ed., Porto, Chardron, 1927.

[46] Trad. Eduardo Salgueiro, 2. ed., Lisboa, Inquérito, 1959.

[47] Trad. José Sanz, São Paulo, Círculo do Livro, 1988.

[48] Trad. Inês Busse, Lisboa, Círculo de Leitores, 1985.

[49] Trad. Vera Neves Pedroso, São Paulo, Geração Editorial, 2010.

SUVOROV, Alexander (1730-1800), generalíssimo russo e herói nacional. Formou-se na Escola de Cadetes de São Petersburgo e aos treze anos serviu na Guerra Russo-Sueca de 1741-1763. Distinguiu-se na Gerra dos Sete Anos (1756-1763) contra as tropas prussianas. Tornou-se coronel em 1762. Ganhou a fama de invencível na guerra contra os turcos, quando venceu o Exército tártaro em 1774. Catarina II o nomeou general--marechal de campo em 1795, após a campanha vitoriosa na Polônia. Foi afastado por Paulo I e reabilitado em 1799, quando chamado para comandar as tropas que lutavam na Itália ocupada por Napoleão. Retornou vitorioso a São Petersburgo, mas, em lugar das honras, encontrou uma ordem de exílio. p. 75.

SZABÓ, Ervin (1877-1918), cientista social, bibliotecário e pensador húngaro. Estudou direito nas universidades de Budapeste e Viena. Em 1911, como diretor da Biblioteca Metropolitana, iniciou a criação de uma rede de bibliotecas inspirada no modelo público inglês. Colaborou com as revistas *Népszava, Neue Zeit* e *Mouvement Socialiste*. Foi o principal teórico do sindicalismo libertário. Opôs-se aos elementos reformistas nos sindicatos e defendeu a formação de sindicatos independentes da social-democracia. Seu antimilitarismo e suas posições a favor da ação direta e contra o Estado ganharam o apoio de jovens como Ottó Korvin, Imre Sallai e György Lukács. p. 121, 249-50.

SZÁLASI, Ferenc (1897-1946), político e militar húngaro. Graduou-se na Academia Militar de Wiener Neustadt, de onde saiu em 1915 como tenente. Nacionalista fanático, publicou em 1933 um plano para a construção do Estado húngaro que o levou a vinte dias de detenção (oficiais militares não podiam envolver-se com política) e ao degredo. Szálasi renunciou ao Exército no ano seguinte para se dedicar à política. Fundou dois partidos, ambos proibidos por seu radicalismo. Em 1938 foi proclamado líder do partido nacional-socialista Cruz Flechada e em novembro 1944, sob a ocupação nazista, tomou posse como governante da nação. Em 163 dias de governo, promoveu a lei marcial e reiniciou a deportação de judeus. Seus seguidores assassinaram de 10 mil a 15 mil judeus. Depois da guerra, Szálasi foi executado pelos soviéticos por crimes contra a humanidade. p. 80.

TAINE, Hippolyte (1828-1893), filósofo, historiador e crítico francês. Em 1848 iniciou os estudos de letras e filosofia na École Normale Supérieure. Foi professor de liceu e escreveu artigos filosóficos, literários e históricos para duas grandes publicações da época: *Revue des Deux Mondes* e *Journal des Débats*. Adepto das ideias positivistas e cientificistas, tentou explicar os fatos históricos e as obras artísticas a partir da influência de três elementos conjugados: hereditariedade, meio e momento. Após a derrota na Guerra Franco-Alemã de 1870 e a violenta repressão à Comuna de Paris, dedicou-se a sua obra principal, *Les Origines de la France contemporaine* (1875-1893), em que esmiúça as causas da Revolução Francesa e aponta a artificialidade das estruturas políticas na França, contrária ao crescimento lento e natural das instituições estatais. p. 74.

TALLEYRAND-PÉRIGORD, Charles Maurice de (1754-1838), bispo, político e diplomata francês. Ordenou-se padre em 1779 e em 1788 foi consagrado bispo de Autun. Foi deputado nos Estados-Gerais e na Assembleia Constituinte em 1789, quando propôs a nacionalização dos bens da Igreja e apoiou a constituição civil do clero. Demitiu-se em 1791 de seu cargo episcopal e, no ano seguinte, no início do Terror, refugiou-se na Inglaterra e nos Estados Unidos. Retornou à França em 1796 e foi ministro das Relações Exteriores (1797-1807) sob o Diretório, o Consulado e o Primeiro Império. Foi demitido em 1807, por Napoleão I, por defender a paz com a Áustria. Atuou como chefe do governo provisório em 1814 e de novo como ministro das Relações Estrangeiras sob a Primeira Restauração (1814-1815). Manteve-se na oposição liberal ao governo de 1815 a 1830. Sob a Monarquia de Julho (1830-1848), tornou-se embaixador em Londres, cargo que exerceu de 1830 a 1834. p. 51, 226.

TCHEKHOV, Anton (1860-1904), médico, dramaturgo e contista russo. Neto de um servo libertado, conheceu a miséria enquanto estudava medicina. O sucesso da peça *Ivánov*[50] (1887) e da novela *A estepe*[51] (1887) permitiu que se dedicasse exclusivamente à literatura. É considerado um dos maiores escritores de ficção curta da história. Sua obra rompeu com as convenções clássicas e influenciou grandes escritores modernistas. Como dramaturgo, produziu clássicos notáveis, como *Tio Vânia*[52] (1899-1900), *As três irmãs*[53] (1901) e *O cerejal*[54] (1904). p. 62, 81, 97.

TCHERNICHÉVSKI, Nikolai (1828-1889), filósofo, editor, crítico literário e revolucionário russo. Em 1952 assumiu o posto de editor-chefe da revista *Sovreménnik*, criada, em 1836, por Aleksandr Púchkin e em que ele pôde publicar seus primeiros ensaios políticos e filosóficos. Socialista utópico, comunista, niilista ou libertário, ele **não se** enquadra facilmente em uma escola política ou filosófica. Em 1862, preso na Fortaleza de Pedro e Paulo, em São Petersburgo, escreveu o famoso romance *O que fazer?*[55], mais tarde a bíblia de muitos revolucionários russos, como Vladímir Lênin, que deu o mesmo título a um de seus tratados políticos. Foi líder do movimento democrático revolucionário na década de 1860. p. 75.

TISZA, conde Itsván (1861-1918), político húngaro. Filho de Kálmán Tisza, primeiro--ministro de 1875 a 1890, estudou direito em Budapeste, direito internacional em Heidelberg, economia em Berlim e ciência política em Oxford. Elegeu-se deputado em 1886 pelo Partido Liberal e nos anos 1890 foi diretor do Banco Industrial e Comercial Húngaro – sob sua direção, o pequeno banco tornou-se o maior do país. Ocupou o cargo de primeiro-ministro de 1903 a 1905 e de 1913 a 1917. Foi o principal representante da política húngara em favor do acordo de 1867 com o imperador Francisco José no início do século. p. 86, 170, 251.

---

[50] Trad. Arlete Cavaliere e Eduardo Tolentino Araújo, São Paulo, Edusp, 2014.

[51] Trad. Sérgio Borín, São Paulo, Nova Alexandria, 2003.

[52] Trad. Eduardo Moreira e Arildo de Barros, Belo Horizonte, Autêntica, 2012.

[53] Trad. Maria Jacintha e Boris Schnaiderman, São Paulo, Abril Cultural, 1982.

[54] Trad. Barbara Heliodora, São Paulo, Edusp, 2012.

[55] Trad. Angelo Segrillo, Curitiba, Prismas, 2015.

296 | Essenciais são os livros não escritos

TITO, Josip Broz (1892-1980), estadista iugoslavo. Começou a trabalhar aos quinze anos como aprendiz de serralheiro em Sisak e aos dezessete filiou-se ao Partido Social-Democrata da Croácia-Eslovênia. Em 1915, foi feito prisioneiro pelos russos com todo o batalhão e em 1917, após fugir de um campo de trabalhos forçados, juntou-se aos manifestantes de Petrogrado. Ingressou no Partido Comunista Russo em 1918 e, dois anos depois, participou da fundação do Partido Comunista da Iugoslávia – embora tenha sido o terceiro partido mais votado nas eleições daquele mesmo ano, ele foi proibido. Tito foi nomeado primeiro-secretário em 1937, mesmo o partido sendo ilegal. Em 1941, em resposta à ocupação alemã, criou um exército de libertação popular com quase 1 milhão de homens. Em 1943, assumiu a direção do governo provisório com o apoio dos Aliados e, em 1945, proclamou a destituição da monarquia e a criação da República Federativa Popular da Iugoslávia. Nos anos 1950 desafiou o Comintern e aproximou-se dos países ocidentais. Elegeu-se presidente em 1953 e reelegeu-se sucessivamente, até ser nomeado presidente vitalício em 1974. p. 132-3, 238.

TOGLIATTI, Palmiro Michele Nicola (1893-1964), político italiano. Estudou direito na Universidade de Turim de 1911 a 1915, ingressando no Partido Socialista em 1914. Nos anos 1920 foi redator do jornal *L'Ordine Nuovo*, juntamente com Antonio Gramsci, e um dos fundadores do Partido Comunista da Itália, do qual foi secretário-geral em 1931. Dirigiu a Internacional Comunista a partir de 1924, seguindo fielmente as diretivas de Moscou. Em 1926, quando o partido foi declarado ilegal pelo governo fascista italino, estava em Moscou e ali residiu até 1944. Participou da Guerra Civil Espanhola como representante máximo da Internacional Comunista. Na Itália, apoiou medidas democráticas para a implantação da República e participou dos governos de unidade nacional: foi ministro da Justiça e vice-primeiro-ministro. Sob sua direção, o Partido Comunista se tornou o segundo maior da Itália e o maior da Europa Ocidental. p. 154, 207-8, 214.

TOLNAY, Charles de, nascido Karoly Vagujhely Tolnai (1899-1981), historiador da arte e professor húngaro. Fez parte do Círculo Dominical, organizado por György Lukács. Estudou história da arte e arqueologia em Berlim, Frankfurt e Viena. Em 1928 foi professor na Universidade de Hamburgo, onde fez sua habilitação sobre a arquitetura tardia de Michelangelo. Mudou-se para Roma no ano seguinte para pesquisar o artista italiano, no qual se tornaria especialista. Deu aulas na Sorbonne de 1934 a 1939, quando emigrou para os Estados Unidos. Segundo Erwin Panofsky, ele foi "um dos mais brilhantes historiadores da arte" de seu tempo. p. 170, 246, 249, 251.

WEHNER, Herbert Richard (1906-1990), político alemão. Trabalhava no comércio em 1927 quando aderiu ao Partido Comunista da Alemanha. Em 1930 tornou-se vice-secretário do partido e, no mesmo ano, deputado no Parlamento saxão. Após a chegada dos nazistas ao poder, trabalhou na ilegalidade até transferir-se, em 1937, para o Comintern, em Moscou. Em 1942, cumprindo pena de um ano na Suécia por ameaça à liberdade e à neutralidade do país, foi expulso do Partido Comunista por desacordo. Retornou à Alemanha em 1946, aderindo ao Partido Social-Democrata. Foi deputado do Bundestag de 1949 a 1983 e vice-presidente do grupo parlamentar dos social-democratas de 1958 a 1973. p. 112-3, 197.

WILDE, János (1891-1970), historiador da arte e professor húngaro. Estudou na Universidade de Budapeste e, de 1914 a 1920, trabalhou no Museu de Belas-Artes. Foi vice-diretor da Comissão de Artes da República dos Conselhos, presidida por Frigyes Antal. Emigrou para Viena, onde começou a publicar seus trabalhos. Mudou-se em 1939 para a Grã-Bretanha e trabalhou na National Gallery. Wilde foi pioneiro no uso do raio-X para o estudo do processo de criação das pinturas e de seu estado de conservação. De 1948 a 1958 atuou como vice-diretor do Courtauld Institute of Art em Londres. p. 121.

WOLFE, Thomas Clayton (1900-1938), romancista estadunidense. Diplomou-se em dramaturgia na Universidade Harvard em 1922. Com dificuldades em se estabelecer no teatro, começou a lecionar na Universidade de Nova York em 1924. Publicou, em 1929, seu primeiro romance, *Look Homeward, Angel*. Foi o autor de quatro longos romances, vários contos, peças teatrais e novelas. Morreu precocemente, em 1938, de tuberculose, mas conquistou fama ainda em vida. p. 32.

ZINOVIEV, Gueórgui Yevseievitch (1883-1936), revolucionário e político soviético. Foi educado em casa e aos quinze anos começou a trabalhar como professor. Ingressou no Partido Social-Democrata dos Trabalhadores da Rússia em 1901 e no ano seguinte foi para Berlim e Paris, onde estudou filosofia, literatura e história. Conheceu Vladímir Lênin e Gueórgui Plekhánov em Berna, em 1903. De volta à Rússia, em 1906, participou ativamente da agitação dos metalúrgicos, tendo sido eleito, um ano depois, para o Comitê Central. Em 1917 declarou-se contra a insurreição e a favor de uma aliança entre os partidos socialistas em vista da Assembleia Constituinte. Não obstante, ocupou postos importantes dentro do partido de 1918 a 1925 e, após a morte de Lênin, formou o célebre triunvirato com Stálin e Kamenev. Com o fracasso da aliança, e a acumulação de poder por Stálin, Zinoviev e Kamenev passaram para a oposição e em 1927 foram expulsos do partido. Passado um ano, após se retratarem publicamente, voltaram ao partido, mas nomeados para postos de pouca importância. Nos anos que se seguiram, tentaram unir as oposições para depor Stálin. Em 1932, foram novamente expulsos do partido e mandados para o exílio. No início de 1933, Zinoviev escreveu uma carta em que se dizia arrependido de seus atos e foi readmitido no partido, assim como Kamenev. Em 1934, porém, ele foi acusado de cumplicidade no assassinato de Serguei Kirov e, dois anos depois, foi julgado e condenado à morte. p. 154, 234-5, 255.

ZWEIG, Arnold (1887-1968), escritor alemão. Estudou filologia, filosofia, psicologia, história da arte e economia na Universidade de Breslau. Estreou na literatura em 1912 com *Novellen um Claudia* [Histórias curtas sobre Cláudia] e em 1915 ganhou o prêmio Kleist pela tragédia *Ritualmord in Ungarn* [Assassinato ritual na Hungria]. Marcado pelo antissemitismo e pela experiência de combate na Primeira Guerra Mundial, definia-se como um socialista humanista. Seu romance mais conhecido é *O caso do sargento Grischa*[56] (1927), que atraiu a atenção de Sigmund Freud. A partir dessa época, Zweig e Freud mantiveram uma abundante correspondência que se estendeu até 1939. p. 55.

---

[56] Trad. João Amaral Júnior e José Ribeiro dos Santos, Lisboa, Nova Mundo, 1931.

Obras de György Lukács publicadas no Brasil

Ensaios sobre literatura. Coordenação e prefácio de Leandro Konder; tradução de Leandro Konder et al. Rio de Janeiro, Civilização Brasileira, 1965 [2. ed., 1968]. Reúne os seguintes ensaios: "Introdução aos escritos estéticos de Marx e Engels", "Narrar ou descrever?", "Balzac: *Les Illusions perdues*", "A polêmica entre Balzac e Stendhal", "O humanismo de Shakespeare", "Dostoiévski", "O humanismo clássico alemão: Goethe e Schiller" e "Thomas Mann e a tragédia da arte moderna".

Existencialismo ou marxismo?. Tradução de José Carlos Bruni. São Paulo, Senzala, 1967 [2. ed., São Paulo, Ciências Humanas, 1979].

Introdução a uma estética marxista. Tradução de Carlos Nelson Coutinho e Leandro Konder. Rio de Janeiro, Civilização Brasileira, 1968 [3. ed., 1977].

Marxismo e teoria da literatura. Seleção e tradução de Carlos Nelson Coutinho. Rio de Janeiro, Civilização Brasileira, 1968 [2. ed., São Paulo, Expressão Popular, 2010]. Reúne os seguintes ensaios: "Friedrich Engels, teórico e crítico da literatura", "Marx e o problema da decadência ideológica", "Tribuno do povo ou burocrata?", "Narrar ou descrever?", "A fisionomia intelectual dos personagens artísticos", "O escritor e o crítico", "Arte livre ou arte dirigida?" e "O problema da perspectiva".

Conversando com Lukács. Tradução de Giseh Vianna Konder. Rio de Janeiro, Paz e Terra, 1969. Entrevista concedida a Hans Heinz Holz, Leo Kofler e Wolfgang Abendroth.

Realismo crítico hoje. Tradução de Ermínio Rodrigues; introdução de Carlos Nelson Coutinho. Brasília, Coordenada, 1969 [2. ed., Brasília, Thesaurus, 1991].

Ontologia do ser social. A falsa e a verdadeira ontologia de Hegel. Tradução de Carlos Nelson Coutinho. São Paulo, Ciências Humanas, 1979.

Ontologia do ser social. Os princípios ontológicos fundamentais de Marx. Tradução de Carlos Nelson Coutinho. São Paulo, Ciências Humanas, 1979.

300 | Essenciais são os livros não escritos

Lukács. Organização de José Paulo Netto; tradução de José Paulo Netto e Carlos Nelson Coutinho. São Paulo, Ática, 1981. Grandes Cientistas Sociais (série Sociologia), v. XX. Reúne o ensaio "O marxismo ortodoxo", extratos de *Para uma ontologia do ser social*, do ensaio "Marx e o problema da decadência ideológica" e do capítulo "A sociologia alemã do período imperialista" de *A destruição da razão*, parte do prefácio a *História do desenvolvimento do drama moderno*, o texto "Nota sobre o romance" e um excerto de *Introdução a uma estética marxista*.

Pensamento vivido: autobiografia em diálogo. Tradução de Cristina Alberta Franco. São Paulo/Viçosa, Ad Hominem/Universidade Federal de Viçosa, 1999. Entrevistas concedidas a István Eörsi e Erzsébet Vezér.

A teoria do romance. Tradução, posfácio e notas de José Marcos Mariani de Macedo. São Paulo, Editora 34/Duas Cidades, 2000.

História e consciência de classe: estudos sobre a dialética marxista. Tradução de Rodnei Nascimento. São Paulo, WMF Martins Fontes, 2003.

O jovem Marx e outros escritos de filosofia. Organização, apresentação e tradução de Carlos Nelson Coutinho e José Paulo Netto. Rio de Janeiro, Editora da UFRJ, 2007 [2. ed., 2009]. Reúne: "Concepção aristocrática e concepção democrática do mundo", "As tarefas da filosofia marxista na nova democracia", "O jovem Hegel: os novos problemas da pesquisa hegeliana", "O jovem Marx: sua evolução filosófica de 1840 a 1844", "A responsabilidade social do filósofo" e "As bases ontológicas do pensamento e da atividade do homem".

Socialismo e democratização: escritos políticos 1956-1971. Organização, apresentação e tradução de Carlos Nelson Coutinho e José Paulo Netto. Rio de Janeiro, Editora da UFRJ, 2008 [2. ed., 2010]. Reúne: "Meu caminho para Marx", "A luta entre progresso e reação na cultura de hoje", "O processo de democratização", "Para além de Stálin" e "Testamento político".

Arte e sociedade: escritos estéticos 1932-1967. Organização, apresentação e tradução de Carlos Nelson Coutinho e José Paulo Netto. Rio de Janeiro, Editora da UFRJ, 2009 [2. ed., 2010]. Reúne: "A estética de Hegel", "Introdução aos escritos estéticos de Marx e Engels", "Nietzsche como precursor da estética fascista", "A questão da sátira", "O romance como epopeia burguesa", "A característica mais geral do reflexo lírico" e "Sobre a tragédia".

Prolegômenos para uma ontologia do ser social. Tradução de Lya Luft e Rodnei Nascimento; prefácio e notas de Ester Vaisman e Ronaldo Vielmi Fortes; posfácio de Nicolas Tertulian. São Paulo, Boitempo, 2010.

O romance histórico. Tradução de Rubens Enderle; apresentação de Arlenice Almeida da Silva. São Paulo, Boitempo, 2011.

Lênin: um estudo sobre a unidade de seu pensamento. Tradução de Rubens Enderle; apresentação e notas de Miguel Vedda. São Paulo, Boitempo, 2012.

Obras de György Lukács publicadas no Brasil | 301

Para uma ontologia do ser social I. Tradução de Carlos Nelson Coutinho, Mario Duayer e Nélio Schneider; revisão da tradução de Nélio Schneider; revisão técnica de Ronaldo Vielmi Fortes, com a colaboração de Ester Vaisman e Elcemir Paço Cunha; apresentação de José Paulo Netto. São Paulo, Boitempo, 2012. Reúne: "Neopositivismo e existencialismo", "O avanço de Nicolai Hartmann rumo a uma ontologia autêntica", "A falsa e a autêntica ontologia de Hegel" e "Os princípios ontológicos fundamentais de Marx".

Para uma ontologia do ser social II. Tradução de Nélio Schneider, com a colaboração de Ivo Tonet e Ronaldo Vielmi Fortes; revisão técnica de Ronaldo Vielmi Fortes, com a colaboração de Elcemir Paço Cunha; prefácio de Guido Oldrini. São Paulo, Boitempo, 2013. Reúne: "O trabalho", "A reprodução", "O ideal e a ideologia" e "O estranhamento".

A alma e as formas. Tradução e posfácio de Rainer Patriota; introdução de Judith Butler. Belo Horizonte, Autêntica, 2015. Reúne os ensaios "Sobre a forma e a essência do ensaio: carta a Leo Popper", "Platonismo, poesia e as formas: Rudolf Kassner", "Quando a forma se estilhaça ao colidir com a vida: Søren Kierkegaard e Regine Olsen", "Sobre a filosofia romântica da vida: Novalis", "Burguesia e *l'art pour l'art*: Theodor Storm", "A nova solidão e sua lírica: Stefan George", "Nostalgia e forma: Charles-Louis Philippe", "O instante e as formas: Richard Beer-Hofmann", "Riqueza, caos e forma: um diálogo sobre Laurence Sterne", "Metafísica da tragédia: Paul Ernst" e "Da pobreza de espírito: um diálogo e uma carta".

Reboquismo e dialética: uma resposta aos críticos de História e consciência de classe. Tradução, comentários e notas de Nélio Schneider; revisão técnica de Ronaldo Vielmi Fortes; prefácio de Michael Löwy; posfácio de Nicolas Tertulian. São Paulo, Boitempo, 2015.

Marx e Engels como historiadores da literatura. Tradução e notas de Nélio Schneider; revisão técnica e notas de José Paulo Netto e Ronaldo Vielmi Fortes; prefácio de Hermenegildo Bastos. São Paulo, Boitempo, 2016.

O jovem Hegel e os problemas da sociedade capitalista. Tradução de Nélio Schneider; revisão técnica e notas de José Paulo Netto e Ronaldo Vielmi Fortes. São Paulo, Boitempo, 2018.

Biblioteca Lukács

Coordenador José Paulo Netto
Coordenador adjunto Ronaldo Vielmi Fortes

Próximos volumes

Goethe por Lukács

O realismo russo na literatura universal (Problemas do realismo II)

Existencialismo ou marxismo

A peculiaridade do Estético

Volumes publicados

2010

Prolegômenos para uma ontologia do ser social
Questões de princípio para uma ontologia hoje tornada possível

> *Tradução* Lya Luft e Rodnei Nascimento
> *Supervisão editorial* Ester Vaisman
> *Revisão técnica* Ronaldo Vielmi Fortes
> *Prefácio e notas* Ester Vaisman e Ronaldo Vielmi Fortes
> *Posfácio* Nicolas Tertulian

2011

O romance histórico
> *Tradução* Rubens Enderle
> *Apresentação* Arlenice Almeida da Silva

2012

Lênin
Um estudo sobre a unidade de seu pensamento
> *Tradução* Rubens Enderle
> *Apresentação e notas* Miguel Vedda

Para uma ontologia do ser social I
Tradução Carlos Nelson Coutinho, Mario Duayer e Nélio Schneider
Revisão da tradução Nélio Schneider
Revisão técnica Ronaldo Vielmi Fortes, com a colaboração de Ester Vaisman e
  Elcemir Paço Cunha
Apresentação José Paulo Netto

2013

Para uma ontologia do ser social II
Tradução Nélio Schneider, com a colaboração de Ivo Tonet e Ronaldo Vielmi Fortes
Revisão técnica Ronaldo Vielmi Fortes, com a colaboração de Elcemir Paço Cunha
Prefácio Guido Oldrini

2015

Reboquismo e dialética
Uma resposta aos críticos de História e consciência de classe
Tradução Nélio Schneider
Revisão técnica Ronaldo Vielmi Fortes
Prefácio Michael Löwy
Posfácio Nicolas Tertulian

2016

Marx e Engels como historiadores da literatura
Tradução e notas Nélio Schneider
Revisão técnica e notas da edição José Paulo Netto e Ronaldo Vielmi Fortes
Prefácio Hermenegildo Bastos

2018

O jovem Hegel e os problemas da sociedade capitalista
Tradução Nélio Schneider
Revisão técnica e notas da edição José Paulo Netto e Ronaldo Vielmi Fortes

Gertrud Bortstieber (1882-1963) e György Lukács (1885-1971), no apartamento deles, em Budapeste, c. 1962.

Publicado em 2020, cem anos após o casamento de György Lukács com Gertrud Bortstieber, seu grande amor de juventude e companheira "de vida e pensamento, de trabalho e lutas" – como escreve o autor na dedicatória da *Estética* –, este livro foi composto em Revival565 BT, corpo 10,5/14,2, e impresso em papel Avena 80 g/m² pela Rettec, em agosto, para a Boitempo, com tiragem de 2 mil exemplares.